Michael Gressmann

Fundgrube Vertretungsstunden

Michael Gressmann hat langjährige Erfahrung als Berufsschullehrer und ist in der Lehrerfortbildung tätig. Als Autor und Lektor für verschiedene Verlage besitzt er umfangreiche Erfahrung im Verfassen von Fachbüchern. Die vorliegende Materialsammlung hat er gemeinsam mit seiner Frau erstellt und in zahlreichen Berufsjahren erprobt.

Michael Gressmann

Fundgrube Vertretungsstunden

[Neue Ausgabe]

Cornelsen
SCRIPTOR

Die in diesem Werk angegebenen Internetadressen haben wir überprüft (Redaktionsschluss Juli 2005). Dennoch können wir nicht ausschließen, dass unter einer solchen Adresse inzwischen ein ganz anderer Inhalt angeboten wird.

Cornelsen online http://www.cornelsen.de

Bibliografische Information: Die Deutsche Bibliothek verzeichnet diese Publikation in der Deutschen Nationalbibliografie; detaillierte bibliografische Daten sind im Internet über http://dnb.ddb.de abrufbar.

Dieses Werk berücksichtigt die Regeln der reformierten Rechtschreibung und Zeichensetzung.

5.	4.	3.	2.	1.	Die letzten Ziffern bezeichnen
09	08	07	06	05	Zahl und Jahr der Auflage.

Redaktion: Stefan Giertzsch, Berlin
Herstellung: Brigitte Bredow, Berlin
Sachzeichnungen: Rainer J. Fischer, Berlin
Fotos: Michael Gressmann, Borken (Hessen)
Umschlagentwurf: Simone Büchner, Berlin
Satz: FROMM MediaDesign GmbH, Selters/Ts.
Druck und Bindearbeiten: Clausen & Bosse, Leck
Printed in Germany
ISBN 3-589-22175-5
Bestellnummer 221755

Gedruckt auf säurefreiem Papier,
umweltschonend hergestellt aus chlorfrei gebleichten Faserstoffen.

Inhalt

Vorwort

Wer von Ihnen kennt nicht die Situation: Wenige Minuten vor Unterrichtsbeginn werden Sie gebeten, den Vertretungsunterricht in einer fremden Klasse zu übernehmen. Ein rascher Blick ins Klassenbuch (Welche Themen sind vorausgegangen?) und ein verzweifelter Griff ins Bücherregal (Wo bekomme ich Material her, das möglichst in dieses Themengebiet passt?), und dann klingelt es schon.
Hier setzt die „Fundgrube Vertretungsstunden" ein. Keine tiefsinnigen didaktischen oder theoretischen Abhandlungen, sondern vielfältige Anregungen und praktische Tipps für entspanntes, spielerisches und kreatives Lernen finden Sie in dieser Sammlung. Schnell an den Kopierer oder ein Griff in die kleine Materialkiste (die ich jedem Kollegen empfehle anzulegen), und schon verspreche ich Ihnen eine unterhaltsame, stressfreie Stunde, die den Unterrichtsalltag bereichert.
In der Schule wird zu wenig gelacht und gespielt und in fröhlicher Runde gelernt. Ein altes Sprichwort lautet: „Was für den Körper der Schlaf, ist für die Seele die Freude." Dieses Sprichwort soll ein Leitfaden durch die Sammlung: *„Die Fundgrube für Vertretungsstunden"* sein.
In diesem Sinne ist die Sammlung zusammengestellt. Viele Beiträge können sicher auch bei anderen Gelegenheiten den Unterricht ergänzen und auflockern.
Das Leitsystem ermöglicht dem Benutzer dieser Sammlung einen schnellen Zugriff. Dem Inhaltsverzeichnis entnimmt man das Fachgebiet, z. B. „Spiele in der Klasse" oder „Deutschstunde". Über jedem Beitrag, Spielvorschlag, Rätsel usw. befindet sich eine Kopfleiste mit den drei Informationen:

- Für welche Jahrgangsstufe ist der Stoff geeignet?
- Welche Vorbereitungen sind zu treffen?
- Welches Material wird benötigt?

Die Empfehlung für eine Jahrgangsstufe ist nur ein Vorschlag und hängt natürlich von der Schulform und von der Beurteilung des Lehrers ab.

Viele Aufgaben sind erweiterungsfähig. Dabei sind dem Einfallsreichtum und Fleiß des Benutzers keine Grenzen gesetzt. Auch lassen sich die Schüler gern einspannen, die Aufgaben zu erweitern. Schauen Sie sich zum Beispiel die Aufgabe „Punktrechnung geht vor Strichrechnung“ (S. 83) an. Wie schnell haben die Schüler das Prinzip verstanden und sind in der Lage, selbst Aufgaben zu entwickeln. Jeder Schüler legt einen Block mit 15 Aufgaben an, notiert sich auf einem anderen Blatt die Lösungen und gibt das mit seinem Namen versehene Aufgabenblatt zur Bearbeitung an einen Mitschüler weiter. Er selbst löst die Aufgaben eines anderen Schülers. Zur Auswertung geht dann das Blatt an den Urheber zurück.
Mit etwas System kann man allein mit diesem Spiel eine ganze Unterrichtsstunde gestalten.
Ich habe in diese Sammlung manche Beiträge aufgenommen, die schon bekannt sind, auch wenn sie in einem neuen Kleide stecken. Aber ich will auf diese „Evergreens“ nicht verzichten. Vielleicht können sie einmal die Rolle eines Rettungsankers in einer hektischen Stunde spielen. Die Urheber dieser Beiträge mögen mir verzeihen, wenn ich sie im Einzelnen nicht mehr namentlich erwähnen kann.
Dankbar wäre ich, wenn interessierte Leser mir ihre Erfahrungen, Verbesserungen, Änderungsvorschläge oder neue Ideen mitteilen würden.
Und nun: Viel Vergnügen mit der *„Fundgrube für Vertretungsstunden“*!

In eigener Sache
Bitte haben Sie Verständnis dafür, dass Sie nur die eingerahmten Beiträge kopieren dürfen. Das Kopieren bringt auch Ihnen einen Nachteil: Die Schüler geben nach dem Unterricht die Kopien weiter oder spielen zu Hause das Spiel noch einmal. Im Nu ist das Spiel in allen Klassen bekannt, und die nächste Vertretungsstunde ist nur noch halb so spannend. Dem steht aber nicht entgegen, dass Sie einzelne Beiträge auf ein Schülerarbeitsblatt übertragen. So können Sie das Vorhaben auf Ihre Bedürfnisse einstellen, und die Arbeit bekommt Ihre persönliche Note.

Michael Gressmann

1. Spiele in der Klasse

Montagsmaler

5–10 *Wörterliste, Tafel, Kreide, evtl. Overheadprojektor (OHP), Folienstifte*

Dieses Rate- und Zeichenspiel macht Schülern und Lehrern gleichermaßen Spaß. Den meisten sind die Spielregeln bekannt. Der Lehrer teilt die Klasse in zwei bis vier Gruppen (A bis D) und schreibt eine Punktetabelle an die Tafel. Dann zeichnet er einen Gegenstand (oder einen Begriff) an die Tafel. Die Schüler sollen während des Zeichnens den Namen des Gegenstandes (oder Begriffs) erraten. Die Gruppe, die den gesuchten Namen zuerst nennen kann, ist Sieger.
Jeder auf Anhieb richtig geratene Gegenstand oder Begriff bringt zehn Punkte. Für jeden falsch genannten Namen wird ein Punkt abgezogen. Wenn beispielsweise die Gruppe B achtmal falsch geraten hat und dann zuerst den richtigen Begriff nennt, erhält sie nur zwei Punkte gutgeschrieben. Die anderen Gruppen bekommen für dieses Spiel natürlich keine Punkte.

Gesuchter Begriff:
Streik

Der Schüler, der als Erster den richtigen Namen gefunden hat, darf als Nächster den Gegenstand oder Begriff zeichnen, den ihm der Lehrer auf einem vorbereiteten Blatt zeigt. Sieger ist die Gruppe, die zum Spielende die meisten Punkte gesammelt hat.
Gezeichnet wird am besten an der Wandtafel, da das Bild für alle Schüler gleichzeitig gut sichtbar ist. Geeignet ist auch der Overheadprojektor. Die Begriffe können – nach Schwierigkeitsgrad gestaffelt – auch mehr als zehn Punkte bringen. Die folgende Liste mit möglichen Begriffen ist in die Stufen leicht – mittel – schwer unterteilt:

Leichte Wörter:

KALENDER	TELEFONHÄUSCHEN	EINGANG
ABEND	STREIK	DISKOTHEK
NAME DES LEHRERS	ZAHNARZT	SAUNA
SCHATTEN	DRECK	MILLIONÄR
SONNTAG	FRÜHLING	LAUB
MOTOR	UNKRAUT	ERBSEN
DÜNGER	MIST	TEUFEL
APOTHEKE	TARZAN	STEIGBÜGEL
SPIEGEL	GIFT	WERKZEUG
RICHTER	GEBURTSTAG	

Mittlere Schwierigkeitsstufe:

ABENTEUER	MUSIK	EIFERSUCHT
SOUVENIR	ÄRGER	STRAFE
PURZELBAUM	LUXUS	ABFALL
HUNGER	GLÜCK	KUMPEL
GENIE	MIETE	FERIEN
TRAUM	NATUR	KATASTROPHE
UMWEG	BALLAST	SCHMERZ

Schwere Wörter:

HOFFNUNG	ERINNERUNG	PERÜCKE
GEORGE W. BUSH	MODELL	LEISTUNG
WUNSCH	GEDULD	FREUDE
ZUKUNFT	ERFINDUNG	SCHULDEN
SÜNDE	VERRAT	BESUCH
LITERATUR	DUNKELHEIT	SIEG
IRRTUM	FRAGE	

Und nun viel Vergnügen mit den Montagsmalern!

Neue Montagsmaler

9 – 10 ***Liste mit Begriffen, Sprichwörter, Redensarten, Bleistifte, Papier***

Der Lehrer teilt die Klasse in zwei oder drei Gruppen auf. Wenn das Spiel beginnt, sitzt der Lehrer etwas abseits. Er ruft je einen Schüler aus den Gruppen zu sich und zeigt ihnen aus seiner Wörterliste einen bestimmten Begriff, z. B. „Riesenrad".

Die Schüler gehen zurück zur Gruppe und fangen an zu zeichnen. Wenn ein Gruppenmitglied meint, das richtige Wort gefunden zu haben, schreibt er es auf und zeigt es dem Lehrer. Ist es richtig, bekommt die Gruppe 20 Punkte. Dann zeigt der Lehrer dem Schüler den nächsten Begriff, der zu zeichnen und zu raten ist.

Ist der Begriff aber falsch, wird er zurückgeschickt und die Gruppe bekommt fünf Punkte abgezogen. Nach einer bestimmten Zahl von Durchgängen ist Schluss; dann werden die Punkte zusammengezählt und die Sieger ermittelt. Entscheidend ist, dass in der Gruppe nicht gesprochen werden darf. Um das zu überwachen, sollte von jeder Gruppe ein Mitspieler als Schiedsrichter bei der anderen Gruppe anwesend sein.

Geeignete **Begriffe** sind:

GEIGENKASTEN	RASIERPINSEL	FUSSBALLSTIEFEL
HAARWASSER	LIPPENSTIFT	PUDELMÜTZE
ZAHNSPANGE	HÜHNERAUGE	HUNDEHÜTTE
KATZENKLO	FUSSPILZ	FLASCHENHALS
BIERKASTEN	HANDSCHUH	

Geeignete **Sprichwörter und Redensarten** sind:

- Auf die Pauke hauen.
- Haare auf den Zähnen haben.
- Den Teufel an die Wand malen.
- In der Not frisst der Teufel Fliegen.
- Die Spatzen pfeifen es von den Dächern.
- Wer anderen eine Grube gräbt, fällt selbst hinein.
- Auf die Nase fallen.
- Auf die lange Bank schieben.
- Den Gürtel enger schnallen.
- Steter Tropfen höhlt den Stein.

Was machst du denn da?

5–8 ***Themenliste***

Bei diesem Spiel kommt es auf eine gute schauspielerische Leistung an: Ein Spieler zeigt durch Pantomime, wie er einen Fahrradschlauch flickt. Die Mitspieler müssen die Tätigkeit erraten. Wer zuerst die Lösung hat, darf das nächste Spiel vorführen.

Folgende **Themen** bieten sich an:

- Mofa fahren
- einen Nagel aus der Wand ziehen
- Tonbandaufnahmen
- ein Brett absägen
- Tanken an der Tankstelle
- einen Film einlegen
- im Supermarkt einkaufen
- ein Geschenk einpacken
- Kirschen essen
- eine Glühlampe einschrauben
- mit dem Zirkel einen Kreis zeichnen
- Rasen mähen
- Fenster putzen
- Kuchen backen
- Brot im Toaster rösten
- eine Flasche öffnen
- Grillkohle anzünden
- einen Brief öffnen
- einen Hund füttern
- einen Faden in eine Nadel einfädeln
- Radwechsel am Auto
- Medizinball gegen eine Wand werfen und wieder auffangen

Einkreisen

7–10 ***Namensliste, Tafel, Kreide, evtl. Overheadprojektor (OHP)***

Der Lehrer (L) schreibt den Namen einer bekannten Persönlichkeit auf die Rückseite der Tafel. Nun müssen die Schüler (Sch) durch geschickte Fragestellung den Namen herausfinden. Der Lehrer darf die Fragen nur mit Ja oder Nein beantworten. Beispiel: *Konrad Adenauer*.

Sch: Ist es ein Mann? *L:* Ja
Sch: Lebt der Mann noch? *L:* Nein
Der nächste Sch: Lebte der Mann in Deutschland? *L:* Ja
Sch: War der Mann ein Filmschauspieler? *L:* Nein
Der nächste Sch: Ein Politiker? usw.

Zehn Punkte bekommt der Schüler, der zuerst den richtigen Namen nennt – abzüglich je einen Punkt für falsch genannte Namen. Also: Nicht zu ängstlich sein, sonst kann es keine Punkte geben!

Geeignete **Persönlichkeiten:**

Margaret Thatcher	Nelson Mandela	Odysseus
Franz Beckenbauer	Günter Grass	Tom Cruise
Michael Jackson	Robert Redford	Martin Luther
Reinhold Messner	Elvis Presley	Robert Koch
Günther Jauch	Verona Pooth	Heinz Rühmann
Boris Becker	Joschka Fischer	Hildegard Knef
Name des Lehrers	Alexander Solschenizyn	

und weitere aus dem aktuellen Zeitgeschehen und der Vergangenheit.

Erweiterung

Hat ein Schüler den gesuchten Namen gefunden, kann er selbst einen Namen an die Tafelrückseite schreiben und von seinen Mitschülern raten lassen. Dabei kann der Lehrer ruhig mitraten. Nicht nur die Namen berühmter Persönlichkeiten sind als Rateobjekt geeignet, es bieten sich auch Berufe, Gegenstände, Länder, Tiere, Städte usw. an.

Bingo

5–10 *Schreibpapier, Lineal, eigene Liste mit Begriffen, evtl. Urkunde oder kleiner Preis*

Alle Schüler zeichnen folgende Tabelle auf ein DIN-A4-Blatt:

	1	2	3	4	5
Deutsche Städte					
Flüsse					
Automarken					
Blumen					
Sportarten					

Statt der Sammelbegriffe in der Tabelle kann man auch andere Begriffe wählen: Berufe, Lebensmittel, Getränke, berühmte Personen, Tiere, Pflanzen, Vornamen, Länder ...

Die Schüler – jeder für sich – füllen nun die Tabelle mit möglichen Wörtern aus.
Ist dies geschehen, nennen Sie als Spielleiter nun eine deutsche Stadt, dann einen Fluss, eine Sportart usw. und fangen dann wieder von vorn an: eine andere deutsche Stadt, einen Fluss ... Natürlich notieren Sie sich die von Ihnen genannten Begriffe, damit eine Wiederholung ausgeschlossen ist. Haben die Schüler einen der von Ihnen genannten Begriffe in ihrer Tabelle stehen, wird dieser deutlich durchgestrichen. Dabei ist es egal, an welcher Stelle das jeweilige Wort steht.

Ein Schüler hat z. B. diese Liste angelegt und die von Ihnen genannten Wörter durchgestrichen:

	1	2	3	4	5
Deutsche Städte	~~Hamburg~~	Düsseldorf	Berlin	Dresden	Leipzig
Flüsse	Oder	Donau	~~Seine~~	Wolga	Nil
Automarken	VW	~~Opel~~	Mitsubishi	Ford	Fiat
Blumen	Rose	~~Nelke~~	Tulpe	Begonie	Aster
Sportarten	Judo	Boxen	Handball	Schach	~~Rudern~~

Gewonnen hat, wer zuerst

- an beliebiger Stelle sieben Wörter angekreuzt hat
- oder in einer Reihe oder Spalte vier Wörter angekreuzt hat.

Variante

Eine sehr einfache Variante ist folgende: Die Schüler tragen beliebige zweistellige Zahlen in die Tabelle ein. Der Lehrer nennt dann ebenfalls beliebige Zahlen, die – falls diese mit denen vom Schüler notierten Zahlen übereinstimmt – durchgestrichen werden.

17	19	22	31	33	40
41	43	~~49~~	50	56	60
65	67	69	~~70~~	75	77
79	81	85	~~86~~	88	89
91	93	94	96	97	99

Bingo mit Grundrechenarten

7–10 ***Spielpläne (Arbeitsblatt), Würfel, Bleistift***

Die Klasse wird in Zweiergruppen aufgeteilt. Bleibt ein Schüler übrig, steigt dieser erst in der nächsten Runde ein. Jede Gruppe erhält drei Würfel und einen Spielplan (Arbeitsblatt siehe unten). Der Lehrer erklärt die Spielregeln:

„Ein Schüler beginnt und wirft die drei Würfel. Die drei Augenzahlen muss er nun in beliebiger Reihenfolge addieren, subtrahieren, multiplizieren oder dividieren, so dass sich eine Zahl zwischen 1 und 36 ergibt. Der Schüler erläutert seine Rechnung und streicht auf dem Spielplan diese Zahl ab. Dabei benutzt er sein Zeichen, z. B. ein X. Ein Beispiel: Sein Wurf brachte die Ziffern 3, 2 und 4. Er könnte nun $3 + 2 + 4 = 9$ rechnen und die 9 abstreichen. Oder $3 \cdot 2 + 4 = 10$ oder $3 \cdot 4 : 2 = 6$ usw. rechnen und die entsprechende Zahl abstreichen. Die Regel: ‚*Punktrechnen geht vor Strichrechnen*' wird bei diesem Spiel außer Kraft gesetzt."

Dann würfelt der zweite Schüler und er rechnet und streicht sein Ergebnis mit seinem Zeichen, z. B. eine 0, ab. So geht es weiter, bis alle Felder abgestrichen sind. Kommt bei einem Wurf kein Ergebnis zustande oder ist das entsprechende Feld schon besetzt, würfelt wieder der andere Schüler. Zum Schluss wird die Trefferzahl notiert und der Lehrer sammelt die Spielpläne ein.

Dann werden neue Gruppen gebildet, neue Spielpläne verteilt und die nächste Runde beginnt. Nach zehn Runden (je nach Spieltempo der Klasse) werden die gesammelten Punkte addiert und der Sieger steht fest.

Runde

Name	Zeichen	Punkte

1	2	3	4	5	6
7	8	9	10	11	12
13	14	15	16	17	18
19	20	21	22	23	24
25	26	27	28	29	30
31	32	33	34	35	36

Aufmerksamkeit gut

1 Luftwörter

5–8

Sie stellen sich vor die Klasse und erläutern das Spiel: „Mit dem Zeigefinger schreibe ich kurze Wörter in die Luft, und zwar Buchstabe für Buchstabe *von oben nach unten*. Ihr müsst die Wörter lesen und aufschreiben."
Damit die Schüler die Buchstaben nicht seitenverkehrt sehen, müssen Sie selbst die Buchstaben in Spiegelschrift vorführen.
Tipp: Üben Sie das Schreiben mit dem Zeigefinger zu Hause vor dem Spiegel. Üben Sie in Schreibschrift und mit Druckbuchstaben. Sie sollten das gesuchte Wort sehr langsam schreiben.
Einfache Wörter sind: Welt, Meer, Wind, Brot, Ahorn, Ofen, Spiel, Boot, Karte.
Etwas schwieriger sind: Mädchen, Fahrrad, Schäfer, Bäcker, Fenster, Straße, Papier.
Schwere Wörter sind: Abenteuer, Ferien, Kunststoff, Eisenbahn, Schulleiter, Hausmeister, Theater.
Nach jeweils vier Wörtern fragen Sie ab und geben für jedes richtig aufgeschriebene Wort einen Punkt. Die Schüler merken sich ihre Punktzahl. Der Schüler mit den meisten Punkten nach einer festgelegten Anzahl von Runden ist Sieger.

2 Wer fehlt und wer ist der Schnellste?

7–10

Wenn sich alle Schüler der Klasse schon gut kennen, macht dieses Spiel besonderen Spaß. Ermittelt wird der Schüler mit der besten Beobachtungsgabe und dem schnellsten Reaktionsvermögen.
Es treten immer zwei Schüler gegeneinander an; vielleicht in der alphabetischen Reihenfolge ihrer Nachnamen. Die beiden Schüler stellen sich ans Fenster und der Rest der Klasse steht auf der Türseite so aufgereiht, dass die beiden Schüler alle Gesichter gut erkennen können. Jetzt drehen sich die beiden Kandidaten zum Fenster, schließen die Augen und legen vorsichtshalber noch die Hände vor die Augen. Einige Schüler tauschen ihre Plätze und einer, der vom Lehrer bestimmt wird, verlässt den Raum. Auf ein Zeichen des Lehrers drehen sich beide Kandidaten gleichzeitig um und nehmen die Hände von den Augen. Wer von ihnen zuerst den Namen des Schülers nennt, der den Raum verlassen hat und draußen steht, hat gewonnen und ist

eine Runde weiter. Dann kommen zwei andere Schüler an die Reihe. Alle Verlierer haben noch die Chance, über eine Trostrunde weiterzukommen.

3 Plätze tauschen

5–8 *Protokoll*

Sechs Schüler stehen nebeneinander in einer Linie. Ihnen gegenüber steht in etwa 5 Meter Abstand ein weiterer Schüler – der Detektiv. Er soll sich die Reihenfolge der sechs gut einprägen. Dann dreht er sich um, schließt seine Augen und hält zusätzlich noch die Hände vor die Augen. Einer der fünf Schüler wechselt seinen Platz. Auf ein Zeichen des Lehrers dreht sich nun der Detektiv wieder um. Er soll zwei Fragen beantworten:

- Welcher Schüler hat seinen Platz getauscht? Diese Frage ist leicht zu beantworten.
- Wer war vor dem Platztausch sein rechter (bzw. linker) Nachbar?

Zwei Punkte erhält der Detektiv, wenn er beide Fragen richtig beantwortet hat. Dann ist der Nächste an der Reihe. Nach meiner Erfahrung dauert dieses Aufmerksamkeitsspiel ca. 45 Minuten, wenn in einer Klasse mit 20 Schülern jeder einmal Detektiv spielt. Und wenn die Punktbesten noch einmal gegeneinander antreten, sind zwei Schulstunden gerade ausreichend.

Quiz in der Vertretungsstunde

8–10 ***Schreibutensilien, Urkunden, Gruppenarbeit***

Warum gehören Quiz-Sendungen – auch wenn sie manchmal nicht besonders niveauvoll sind – mit zu den beliebtesten Fernsehsendungen? Vielleicht, weil sie eine Mischung von Spannung und Entspannung, von Bestätigung *(Das hätte ich auch gewusst.)* und Dazu-Lernen *(Das wusste ich auch noch nicht.)* sind? Auf jeden Fall lassen sich viele Elemente aus Quiz-Sendungen sinnvoll in Vertretungsstunden einbauen.
Ich zeige Ihnen, wie Sie alle Schüler der Klasse an dem Spiel beteiligen können und zum Schluss noch Zeit für die Siegerehrung bleibt.
Jeder Gruppe wird ein Wissensgebiet zugeordnet, aus der sie vier Fragen, die sie auch selbst beantworten kann, auf ein Blatt Papier schreibt. Zu jeder Frage müssen vier Auswahlantworten aufgeschrieben werden, von denen aber nur eine richtig ist.

Beispiele

Gruppe A: Wissensgebiet Erdkunde

A1 Wie heißt der längste Fluss der Welt?
A1a Mississippi A1b Nil A1c Amazonas A1d Jangtsekiang
A2 Welche Stadt liegt auf dem gleichen Breitengrad wie London?
A2a Hamburg A2b Kassel A2c Hannover A2d Wiesbaden
A3 Wie heißt die Hauptstadt von Rumänien?
A3a Sofia A3b Bukarest A3c Budapest A3d Prag
A4 In welches Meer mündet die Wolga?
A4a Barentssee A4b Aralsee A4c Schwarzes Meer A4d Kaspisches Meer

(Unterschrift eines Schülers der Gruppe A)

Gruppe B: Wissensgebiet Musik

B1 Aus welcher Stadt in England kamen die Beatles?
B1a London B1b Manchester B1c Blackpool B1d Liverpool
B2 Welches Musikinstrument ist kein Streichinstrument?
B2a Cello B2b Bratsche B2c Violine B2d Fagott
B3 Wer schrieb die Oper Carmen?
B3a Mozart B3b Paganini B3c Bizet B3d Verdi
B4 Wie viele Töne hat die Tonleiter?
B4a 7 B4b 9 B4c 6 B4d 8

(Unterschrift eines Schülers der Gruppe B)

Gruppe C: Wissensgebiet Sport

C1 Welche Sportart ist keine olympische Disziplin?
C1a Tischtennis C1b Triathlon C1c Drachenfliegen C1d Surfen
C2 Ab wie viel kg Körpergewicht beginnt im Boxen die Schwergewichtsklasse?
C2a ab 75 kg C2b ab 79 kg C2c ab 83 kg C2d ab 87 kg
C3 Der heutige Trainer der Fußball-Nationalelf heißt Jürgen Klinsmann. Wer war sein Vorgänger?
C3a Berti Vogts C3b Rudi Völler C3c Franz Beckenbauer C3d Erich Ribbeck
C4 Welche Disziplin gehört nicht zum Zehnkampf-Programm?
C4a Diskuswerfen C4b Hammerwerfen C4c Speerwerfen C4d Kugelstoßen

(Unterschrift eines Schülers der Gruppe C)

Gruppe D: Wissensgebiet Tiere

...

Gruppe E: Wissensgebiet Politik

...

Gruppe F: Wissensgebiet Physik

...

Gruppe G: Wissensgebiet Hauswirtschaft

...

Gruppe H: Wissensgebiet Pflanzen

...

Gruppe I: Wissensgebiet Auto

...

Gruppe J: Wissensgebiet Mathematik usw.

Achten Sie darauf, dass auf dem Fragebogen alle Fragen und Antworten den richtigen Kennbuchstaben haben und richtig durchnummeriert sind (z. B. B4c ist die dritte Antwort der vierten Frage von Gruppe B).
Das Spiel kann beginnen. Die Gruppen tauschen die Fragebögen untereinander aus. Der Protokollführer jeder Gruppe schreibt die vermuteten richtigen Lösungen auf ein vorbereitetes Lösungsblatt:

Gruppe A: Erdkunde							
A1	a	A2	b	A3	b	A4	d
Gruppe B: Musik							
B1		B2		B3		B4	
Gruppe C: Sport							
C1		C2		C3		C4	
Gruppe D: Tiere							
D1		D2		D3		D4	
usw.							

Sind die Fragebögen beantwortet, kann die Auswertung beginnen. Der Sprecher jeder Gruppe liest noch einmal die Fragen vor und gibt die Lösung bekannt. Die anderen Mitspieler zählen ihre richtigen Antworten und teilen das Ergebnis mit. Der besten Gruppe überreichen Sie eine Siegerurkunde. Sind zwei Gruppen punktgleich, stellen Sie „Entscheidungsfragen“.

Den Anfang finden

5 – 10 *Tafel, Augenbinde, Kreide, Protokoll*

„Geh an die Tafel und lasse dir die Augen verbinden. Jetzt zeichne einen großen Kreis mit einem Durchmesser von ca. 40 cm an die Tafel. Versuche, beim Schließen des Kreises den Anfang wieder zu finden."
Nur selten wird es einem Schüler gelingen, mit verbundenen Augen Kreisanfang und Kreisende zur Deckung zu bringen. Wer es schafft, erhält zehn Punkte. Jeder Zentimeter Abweichung hat einen Punkt Abzug zur Folge.

Tipp: Bei zwei Augenbinden können zwei Schüler gleichzeitig zeichnen. Evtl. erlaubt es Ihre Zeit, ein Dreieck, ein Sechseck ... zeichnen zu lassen.

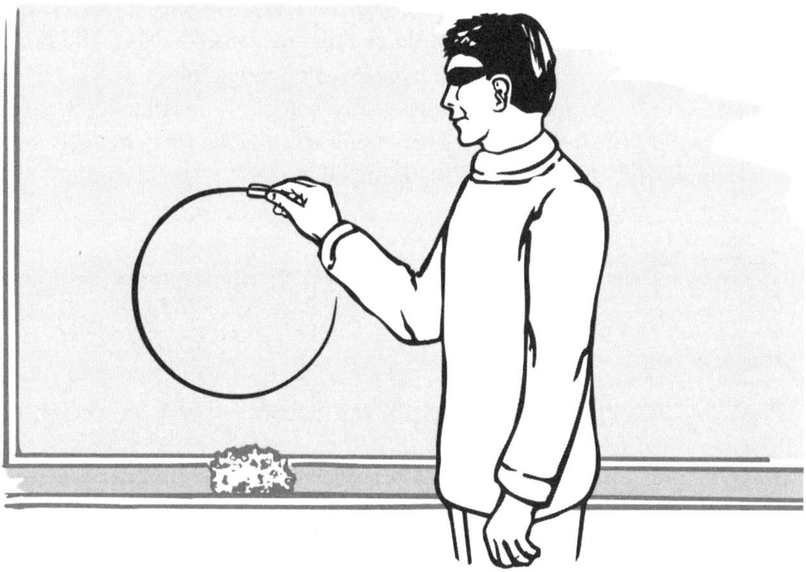

Weitere Aufgaben:

1. „Starte bei Punkt A, führe die Linie um Punkt B herum und gehe nach A zurück."

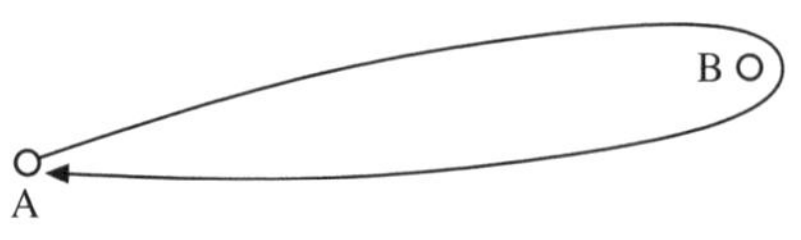

2. „Starte bei A, umrunde B, C und D und gehe nach A zurück."

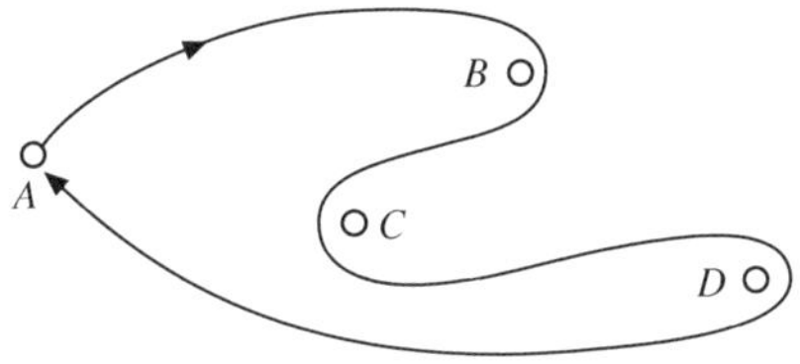

3. „Starte bei A, gehe Zickzack durch B, C, D und E und gehe nach A zurück."

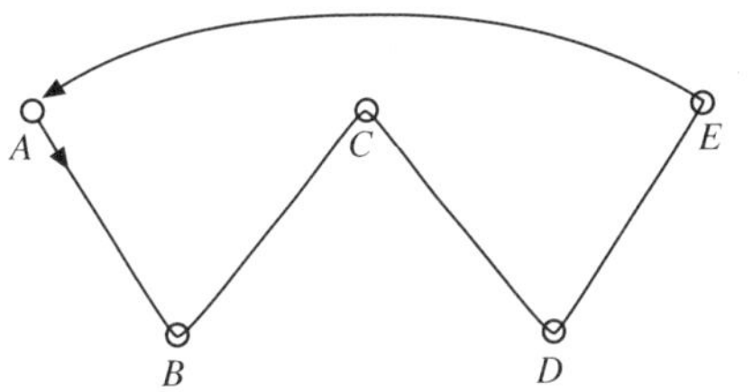

Protokoll

Schüler	Kreis	Quadrat	Sechseck	Aufgabe 1	Aufgabe 2	Aufgabe 3	Punkte

Die Überleitung finden

5–10 *Sitzkreis*

Vertretungsstunden bieten eine gute Gelegenheit, in spielerischer Form freies Reden zu üben. Achten Sie darauf, dass auch die schüchternen und ängstlichen Schüler zu Worte kommen. Ich stelle Ihnen ein Redespiel vor, das alle zum Mitmachen einlädt, pädagogisch sinnvoll ist und obendrein noch Spaß macht.
Alle Schüler sitzen im Kreis. Einer beginnt mit einer Frage, die leicht zu beantworten ist. Der nächste gibt die Antwort und stellt gleich darauf eine neue Frage, die sich aus der ersten ergibt. Kann jemand eine Frage nicht beantworten, geht das Spiel trotzdem weiter. Er sagt nur: „Das weiß ich nicht, aber ich möchte wissen ..."

A: „Rate mal, bei welcher Firma ich mich um eine Lehrstelle als Kfz-Mechaniker beworben habe."

B: „Bestimmt bei der Firma Hauser. Da will ich mich auch bewerben, aber als Verkäuferin." *An C gewandt:* „Und was willst du nach der Schule machen?"

C: „Das weiß ich noch nicht, ist ja noch lange hin." *An D gewandt:* „Was meinst du, kann man später mit Computerkenntnissen noch Geld verdienen?"

D: „Glaube ich nicht. In ein paar Jahren kann das jeder." *An E gewandt:* „Hast du zu Hause einen eigenen PC?"

E: „Ja, aber damit spiele ich nur." *An F gewandt:* „Und was ist deine liebste Freizeitbeschäftigung?"

F: „Eishockey." *An G gewandt:* „Weißt du wer zur Zeit an der Tabellenspitze der Eishockey-Bundesliga steht?"

So geht das Gespräch immer weiter im Kreis herum. Beispiele für andere Gesprächsanfänge:

- „Wohin wird diesmal unser Klassenlehrer in den Sommerferien fahren?"
- „Warum sieht man immer weniger kleine Kinder auf dem Spielplatz?"
- „Was für ein Auto habt ihr zu Hause?"

Greifen Sie helfend ein, wenn das Redespiel am Anfang stockt. Wichtig ist die erste Frage, die den Anstoß für weitere Fragen geben soll.

Ein Beispiel für ältere Schüler:

A: „Hast du gestern im Fernsehen den Skiunfall von XX gesehen?"
B: „Ja, aber ich finde, dass man so etwas nicht zeigen sollte, besonders nicht mehrere Male hintereinander und dazu noch in Zeitlupe." *An C gewandt:* „Was empfindest du, wenn du im Fernsehen Bilder von Unfällen, Katastrophen, Kriegen siehst?"
C: ...

Figuren merken

5–10 ***Klapptafel, Tafelbild oder Overheadfolie, Schreibutensilien, Merkzettel***

Sie zeichnen eine der abgebildeten Figuren an die Tafel (oder Sie legen eine entsprechende Folie auf den OH-Projektor). Die Schüler schauen sich die Figur eine halbe Minute lang genau an. Dann klappen Sie die Tafel zu (oder decken die Figur auf der Overheadfolie ab) und die Schüler beginnen gleichzeitig mit dem Bleistift zu zeichnen. Nach einer Minute legen alle den Stift hin und Sie zeigen wieder das Tafelbild. Dann gehen Sie herum und verteilen Punkte.

Eine Linie verschwindet

7–10 *vorbereitete Folie, OHP, Schere, wasserlöslicher Folienstift, Lineal*

Ein paar kleine Zaubertricks sollten Sie parat haben, um den Unterricht aufzulockern. Ich zeige Ihnen, wie Sie eine Linie verschwinden lassen können. Die Vorbereitung ist denkbar einfach und die überraschende Erklärung ebenfalls.

Sie legen eine Folie (Bild 1) auf und lassen die senkrechten Linien zählen. Keine Frage: Es sind 10 Linien. Jetzt nehmen Sie eine Schere und schneiden die Folie von links unten nach rechts oben in zwei Teile. Achten Sie darauf, dass der Schnitt gerade verläuft (Bild 2). Legen Sie beide Teile wieder an die alte Stelle und lassen Sie zur Kontrolle noch einmal die Linien zählen. Es bleiben 10.

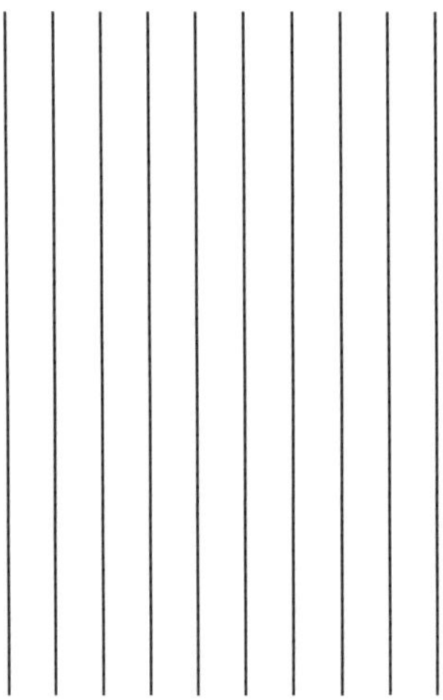

Bild 1

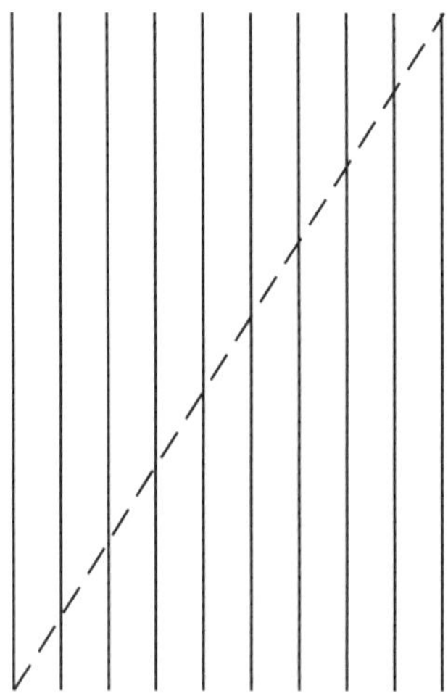

Bild 2

Jetzt verschieben Sie das untere Teil entlang der schrägen Schnittkante um einen Strichabstand nach links und bringen die senkrechten Linien wieder zur Deckung. Die Schüler zählen die Linien und zur allgemeinen Überraschung sind es nur noch 9! Welche Linie ist verschwunden? Wohin ist sie verschwunden? Was geht hier vor? Schieben Sie das untere Teil wieder in die alte Lage zurück, taucht die verschwundene Linie wieder auf und es sind wieder 10.

Die Erklärung ist ganz einfach: Beim Schneiden haben Sie 8 der 10 Linien in zwei Teilstücke zerlegt. Diese 16 Teilstücke haben Sie dann zu 9 Linien zusammengesetzt, von denen jede ein wenig länger ist als zuvor. Dieser Zuwachs an Länge ist gering und die Schüler bemerken ihn nicht sofort. Tatsächlich entspricht die Summe der kleinen Zuwächse genau der Länge einer ursprünglichen Linie.
Damit der schräge Schnitt auch genau gerade verläuft, ziehen Sie mit einem wasserlöslichen Folienstift auf der Folienrückseite eine dünne Linie von links unten nach rechts oben. Nach dem Zerschneiden wischen Sie die Linie wieder weg, so dass er beim Zusammenlegen nicht stört.

Boogle oder Buchstabenquadrat

7–10 ***Tafelbild***

Wer kennt nicht das schöne (aber auch anstrengende und oft zu Streit führende) Spiel „Boogle"? Was steht dem im Wege, es nicht auch in einer Vertretungsstunde einzusetzen? Mehr als ein Tafelanschrieb ist nicht erforderlich und schon sind alle Schüler beschäftigt. Nach dem ersten Durchgang und der dann folgenden Auswertung mit Punktverteilung schreiben Sie dann einfach ein neues Buchstabenquadrat an die Tafel.
Die Schüler sollen nun möglichst lange Wörter aus den Buchstaben des Quadrats bilden. Sie dürfen dabei aber keine Felder überspringen. Erlaubt sind auch angrenzende schräge Buchstaben, z. B. ist das Wort *Feger* erlaubt.

B	R	E	T
A	F	G	S
L	B	E	M
D	I	R	S

1. Buchstabenquadrat

G	E	H	U
K	F	E	N
N	O	P	I
D	M	E	R

2. Buchstabenquadrat

Bilder-Puzzle

5–10 ***Folien, kleine Masken, Protokoll***

Sie wissen doch, dass man mit geeigneten Klarsichtfolien auf dem Kopierer Folien anfertigen kann? Leider sind die entsprechenden Kopierfolien relativ teuer (ca. 50 Cent pro Stück), aber dafür beliebig oft einsetzbar. Und Sie können mit dem Folienstift jede beliebige Änderung vornehmen oder auch einzelne Teile farbig gestalten.

Kopieren Sie verschiedene Gegenstände (Pferd, Auto, Telefonzelle, Kochtopf, Rasenmäher, Staubsauger, Briefmarke usw.) auf eine einheitliche Größe, z. B. 17 × 17 cm. Ihrer Fantasie sind keine Grenzen gesetzt. Am besten eignen sich Bilder aus Werbeprospekten oder Versandhauskatalogen.
Dann basteln Sie aus einer Papptafel 16 kleine Masken (siehe Bild unten rechts) in der Größe 4,5 × 4,5 cm. Zum Anheben der Masken dienen kleine Winkel, die Sie aus Pappe zuschneiden, knicken und auf die Masken kleben. Mit diesen Masken verdecken Sie das Bild auf der Folie. Sie schalten den OH-Projektor ein und das Spiel beginnt. Nach und nach entfernen Sie die Masken und geben das Bild frei. Wer zuerst den abgebildeten Gegenstand richtig benennt, ist Sieger und erhält drei Punkte. Für jeden falschen Rateversuch gibt es einen Punkt Abzug. Beispiel: Jens, der beim ersten Rateversuch danebenliegt und beim nächsten Mal als Erster richtig tippt, erhält nur 2 Punkte.

Wo liegt Bielefeld?

7 – 10 ***Kreideblock, bunte Kreide, kleine Karten mit Städtenamen, evtl. Atlas***

Sicher hat der Schulhof ihrer Schule einen Asphaltboden. Dann können Sie mit einem dicken Kreideblock die Umrisse der Bundesrepublik Deutschland auf den Boden zeichnen. Mit blauer Kreide zeichnen Sie auch den Verlauf der Flüsse Rhein, Main, Donau und Elbe ein.

Jedem Schüler geben Sie ein Kärtchen in die Hand, auf dem der Name einer deutschen Stadt steht. Nun sollen sich die Schüler innerhalb der Umrisslinien ihren richtigen Platz suchen. Natürlich dürfen sich die Schüler gegenseitig helfen und vielleicht erlauben Sie auch, dass ein Atlas benutzt wird.

Auch die Umrisse Europas eignen sich für dieses Lernspiel. Den Schülern wird je eine europäische Hauptstadt zugewiesen und sie suchen sich wieder ihren richtigen Platz.

Lösung:

Die Lösung finden Sie im Anhang auf S. 237.

Schätzungen

7–10 *Merkliste, Bandmaß, Stoppuhr, Küchenwaage o. Ä.*

Sehr unterhaltsam und nebenbei auch lehrreich ist das Schätzen von Längen, Flächen, Massen, Rauminhalten und Zeiten. Beginnen wir mit dem Schätzen von Längen. Der Lehrer hat zu diesem Zweck mehrere Gegenstände im Klassenraum vermessen und sich die Ergebnisse notiert: Höhe und Breite des Klassenzimmers, Länge mal Breite der Wandtafel, Türbreite und -tiefe, Größe des Lehrers, Durchmesser des Globus, Fenstermaße …
Dann wird abgefragt, und jeder Schüler notiert sich sein Schätzergebnis. Bei der Auswertung verteilt der Lehrer Punkte: Für jeden falsch geschätzten Zentimeter (oder Millimeter) gibt es einen Punkt Abzug.

Mit Rauminhalten geht es weiter: Wie viel Liter Wasser sind in diesem Glasgefäß, in diesem Eimer …? Dann werden Massen geschätzt: Wie viel Kilogramm wiegt dieser Stuhl, dieser Tisch, dieser Abtreter, der Overheadprojektor, wie viel Gramm wiegt eine 2-€-Münze, dieser Kugelschreiber, Türschlüssel …? Es macht natürlich viel Mühe, die Gegenstände vorher auszuwiegen. Aber man kann diese Übung jedes Jahr in einer anderen Klasse wiederholen.

Am wenigsten Mühe bereitet es, Zeiten zu schätzen. Der Lehrer gibt ein Startzeichen und nach einer gewissen Zeitspanne das Stoppzeichen. Die Schüler notieren die geschätzte Zeit. Natürlich darf kein Schüler seine Armbanduhr zu Hilfe nehmen.

Teamarbeit

7–10 *Zollstock (Gliedermaßstab), Waage, Eimer, Litergefäß, Protokoll*

Im letzten Lernspiel haben die Schüler Längen, Flächen, Massen (Gewichte), Rauminhalte und Zeiten geschätzt. Auf diesem Spiel aufbauend zeigen Sie, warum das Arbeiten in der Gruppe meist erfolgreicher ist als die Einzelarbeit.

„Wie breit in cm ist die Tafel?“

Jeder Schüler gibt seinen Schätzwert bekannt. 250 cm, 300 cm, 280 cm, 305 cm usw. Sie notieren alle Schätzwerte, bilden die Summe und teilen durch die Anzahl der Schüler. Dieser Mittelwert ist meist genauer als jede Einzelschätzung.

„Wie viel Kilogramm wiegt dieser mit Wasser gefüllte Eimer?"

Sie haben natürlich den Eimer schon vorher gewogen und kennen den genauen Wert. Wieder lassen Sie alle schätzen und einer rechnet dann den Mittelwert aus.

Weiter geht es nun mit dem Schätzen von Flächen: „Wie viel Quadratmeter Flächeninhalt hat dieser Flur?"
Mit Rauminhalten: „Wie viel Liter Wasser kann diese Regentonne aufnehmen?"
Mit Zeiten: Sie geben das Startzeichen und nach einer bestimmten Zeit, die nur Sie kennen, das Stoppzeichen. „Wie viele Sekunden sind vergangen?"

Durchschnittlich

8–10 ***Schreibutensilien, Bandmaß, Personenwaage***

Sehr gut in Gruppenarbeit lässt sich auch das folgende Lernspiel ausführen. Die erste Gruppe erhält den Auftrag, das Durchschnittsalter aller Schüler der Klasse zu bestimmen. Dann ermitteln sie das Durchschnittsalter getrennt nach Mädchen und Jungen. Der Protokollführer schreibt von allen Schülern Namen und Geburtstag auf. Die Gruppe errechnet dann das Lebensalter in Monaten, addiert alle Monate und teilt durch die Schüleranzahl.

Die zweite Gruppe hat den Auftrag, die durchschnittliche Körpergröße aller Schüler zu ermitteln. Wenn Sie ein Bandmaß aus Ihrer Materialsammlung zur Verfügung stellen, kann auch noch die Körpergröße von den Schülern gemessen werden, die keine genauen Angaben machen können. Auch hier wird wieder nach Jungen und Mädchen differenziert.

Gruppe drei bestimmt das durchschnittliche Körpergewicht aller Schüler (evtl. Personenwaage mitbringen, sonst Gewicht nur sagen lassen), Gruppe vier die durchschnittliche Schuhgröße. Vielleicht lassen Sie eine fünfte Gruppe das durchschnittliche Lebensalter der Mütter und Väter berechnen – aber Vorsicht! Wenn es Probleme geben sollte, verzichten Sie lieber auf diesen Teil. Nach Beendigung der Rechenarbeit tragen die Gruppensprecher die Ergebnisse vor. Die anschließende Diskussion beendet diese unterhaltsame und lehrreiche Vertretungsstunde.

Mehrere Dinge gleichzeitig

7–10 ***Pendel, Tafelanschrieb oder Overheadfolie***

„Es kommt im Leben häufig vor, dass man viele verschiedene Dinge gleichzeitig tun muss. Denkt nur an das Autofahren oder an eine Sekretärin, die ein Stenogramm aufnimmt. Ihr sollt das jetzt einmal üben, indem ihr eure Aufmerksamkeit gleichzeitig auf drei Dinge richten müsst. Einmal sollt ihr Pendelschwingungen zählen und gleichzeitig mehrere Wörter mit zugeordneten Zahlen auswendig lernen."

Sie hängen ein selbst gebasteltes Pendel (siehe Tipp auf S. 35) auf und setzen es in Bewegung. Erst einmal üben die Schüler das Zählen der Pendelschwingung (um eine volle Schwingung handelt es sich, wenn das Pendel wieder den Ausgangspunkt erreicht hat). Jetzt projizieren Sie eine Overheadfolie an die Wand, auf der sechs Hauptwörter und sechs zugehörige Zahlen stehen: 7 Äpfel – 3 Bälle – 9 Fahrräder – 2 Handtücher – 5 Zeitungen – 6 Nägel (verfügen Sie über eine Klapptafel, schreiben Sie die Wörter an die Tafel). Wenn das Pendel gerade den höchsten Punkt durchläuft, geben Sie das Startzeichen. Nun müssen die Schüler die Schwingungen zählen und sich gleichzeitig die Zahlen und Wörter merken. Nach einer Minute rufen Sie „stopp", halten das Pendel an und legen die Folie beiseite (oder klappen die Tafel zu).

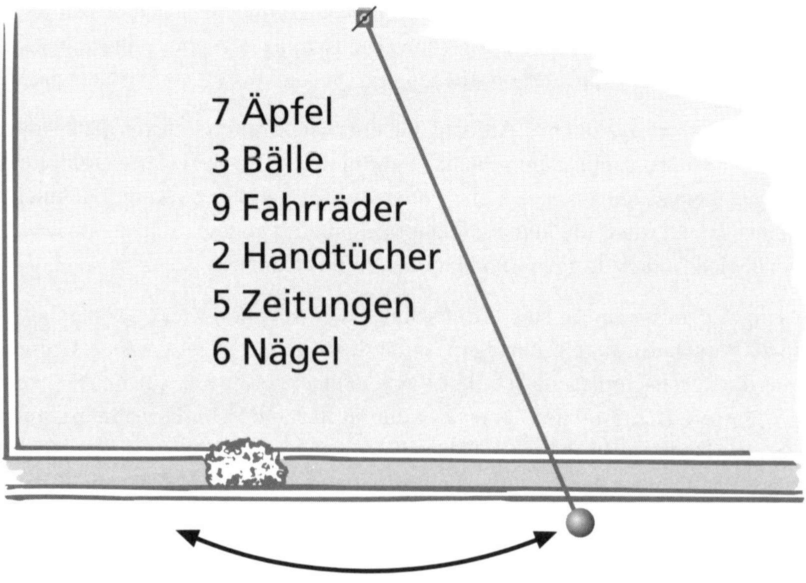

Die Schüler notieren die Anzahl der Schwingungen, die Zahlen und die Wörter. Zur Auswertung legen Sie die Folie wieder auf (oder klappen die Tafel auf).
Statt der Pendelschwingungen können Sie auch im Takt in die Hände klatschen oder auf den Tisch klopfen. Sie können auch sehr langsam auf und ab gehen und die Schüler müssen die Schritte zählen. Anderer Vorschlag: Sie schreiben einen Satz an die Tafel, den sich die Schüler merken müssen. Es bietet sich auch eine kleine Rechenaufgabe an, die gelöst werden muss, während man gleichzeitig die Pendelschwingungen zählt.

Tipp: Wenn kein Deckenhaken vorhanden ist, behelfen Sie sich mit einer Schraubzwinge, die Sie an gut sichtbarer Stelle (an der Tür, am Türrahmen, an der Tafel oder am geöffneten Fensterflügel) befestigen. Das Pendel hängen Sie dann an den überstehenden Arm der Zwinge. Die Pendellänge soll möglichst lang und die Pendelmasse möglichst groß sein, damit das Pendel langsam und gleichmäßig schwingt.

Geheimcode entschlüsseln

7–10 ***Tafelbild, Schreibutensilien***

Zwei Vokale sind vertauscht. Wenn man statt des O ein I setzt (und umgekehrt) und statt des A ein U (und umgekehrt), wird aus *Thomas* ein *Thimus*. Sie schreiben einen Text an die Tafel, bei dem einzelne Wörter vertauschte Vokale haben. Wer findet die vertauschten Vokale als Erster? Und wer liest den Satz entschlüsselt vor?

Dir Biomti wor en Libinsgifohr, ols ir on din giporktin Wogin schouti.

Lösung:
Aus E wird I und aus I wird E, aus A wird O und aus O wird A.
Der Beamte war in Lebensgefahr, als er in den geparkten Wagen schaute.

Dieser Geheimcode war noch relativ einfach zu entschlüsseln, aber wer schafft es, im nächsten Satz die vertauschten Buchstaben zu finden? Eine kleine Hilfe: Zwei Vokale sind mit Konsonanten vertauscht.

Vinrmsl vnrauchtn Pntnr, aniene Selsuf zu vnrbnaanre, dsee gsb nr rnaigeinrt suf.

Lösung:
Statt E setze N, statt N setze E. Und aus A wird S und aus S wird A.
Viermal versuchte Peter, seinen Anlauf zu verbessern, dann gab er resigniert auf.

Fordern Sie die Schüler auf, eine Nachricht zu schreiben und selbst einen Geheimcode zu entwickeln. Es dürfen aber maximal nur zwei Buchstaben vertauscht werden. Dann tauschen die Schüler untereinander die Nachrichten aus und versuchen, den Code zu knacken.

Der Bau einer Verschlüsselungsmaschine ist im Kapitel 7 „Basteln und Zeichnen" (siehe S. 212, 213) beschrieben.

Wettlauf mit sieben Buchstaben

9–10 ***Schreibutensilien, Lineal, Arbeitsblatt, Protokoll***

Jeder Schüler A, B, C, ... notiert sich ein Hauptwort oder Eigenschaftswort mit sieben Buchstaben, z. B.:

A: FREITAG	B: NORDSEE	C: BAUZAUN	D: TAUSEND
E: PFLANZE	F: TROPFEN	G: SCHLANK	

Schüler A beginnt. Er muss aus seinem notierten Wort einen Buchstaben und den Platz des Buchstabens nennen. Die mitspielenden Schüler müssen dann verraten, ob in ihrem Wort der genannte Buchstabe ebenfalls vorkommt und an welcher Position. Wenn der Buchstabe sogar an der richtigen Position steht, müssen sie auch dieses bekannt geben.

Schüler A beginnt den ersten Durchgang mit: „E steht an dritter Stelle."
B antwortet: „E kommt bei mir an 6. und 7. Stelle vor."
C teilt mit: „Kein E enthalten."
D: „Bei meinem Wort steht ein E an 5. Stelle."

Wenn alle mitspielenden Schüler durch sind, ist im zweiten Durchgang B an der Reihe und gibt aus seinem Wort einen Buchstaben preis, *der noch nicht abgefragt* wurde.

B: „Bei mir steht an 5. Stelle ein S."
Jetzt ist Schüler C an der Reihe: „Kein S in meinem Wort."

C ist mutig und wagt den ersten Versuch: „B hat das Wort *Waldsee* aufgeschrieben.“ Dieser Fehlversuch kostet dem Schüler C fünf Minuspunkte.

D ist an der Reihe: „Bei mir steht an 4. Stelle ein S. Und das Wort von B ist *Nordsee.*“
Schüler B scheidet vom weiteren Spiel aus, D bekommt für den richtigen Rateversuch 20 Pluspunkte. Es geht weiter mit den Schülern E, F, G, A und C.

Mein Tipp: Jeder Schüler legt eine Tabelle nach folgendem Muster an (Tafelbild, evtl. Arbeitsblatt):

Arbeitsblatt

	1	2	3	4	5	6	7	kein
A								
B								
C								
D								
E								
F								
G								

Nach der zweiten Runde sieht die Tabelle von Schüler A vielleicht so aus:

	1	2	3	4	5	6	7	kein
A	F	R	~~E~~	I	T	A	G	
B					S	E	E	
C								S, E
D				S	E			
E							E	S
F						E		
G								S, E

In seiner eigenen Zeile streicht Schüler A die mitgeteilten Buchstaben durch.

Weitere Tipps zum erfolgreichen Spielen: Man hüte sich, Wörter mit doppelten Buchstaben zu wählen. Wie schnell hat in unserem Beispiel Schüler B mit „*Nordsee*“ verloren. Aber auch Wörter mit sch führen schnell auf die richtige Spur. Und bitte nicht die Umlaute ä, ö und ü und Wörter in der Mehrzahl verwenden.

Wettlauf mit vier Buchstaben

7 – 10 ***Schreibutensilien, Alphabet-Liste***

Sie schreiben ein Wort mit vier Buchstaben auf einen Zettel, z. B. „Lack". Dieses Wort sollen die Schüler möglichst schnell finden und beim Suchen gewisse Regeln beachten.
Nur wer geschickt kombiniert und über ein gewisses Wortempfinden verfügt, kann Punkte gewinnen.

Erste Schülerfrage: „Bier?" – „Falsch geraten. Die Buchstaben b, i, e, r kommen in dem gesuchten Wort nicht vor."

Die Schüler streichen diese Buchstaben aus einer Alphabet-Liste, die sie auf einem Zettel vorbereitet haben.

a	~~b~~	c	d	~~e~~	f	g	h	~~i~~	j
k	l	m	n	o	p	q	~~r~~	s	t
u	v	w	x	y	z				

Die abgestrichenen Buchstaben dürfen beim nächsten Frageversuch nicht mehr verwendet werden.

Zweite Frage: „Maus?" – „Gut. Das A steht sogar an der richtigen Stelle." Sie ergänzen das vorbereitete Tafelbild.

An der richtigen Stelle				Sind auch enthalten
	a			

Die Buchstaben m, u und s scheiden aus.

a	~~b~~	c	d	~~e~~	f	g	h	~~i~~	j
k	l	~~m~~	n	o	p	q	~~r~~	~~s~~	t
~~u~~	v	w	x	y	z				

Die Schüler haben bisher diese Buchstaben abgestrichen: b, i, e, r, m, u und s. Beim nächsten Rateversuch ist zu beachten, dass diese Buchstaben nicht mehr vorkommen dürfen und an zweiter Stelle des gesuchten Begriffs ein a stehen muss.

Dritte Frage: „Kahn?“ – „Gut. Das K ist in dem gesuchten Wort enthalten, aber es steht nicht an der richtigen Stelle.“ Sie ergänzen das Tafelbild.

An der richtigen Stelle				Sind auch enthalten
	a			k

h und n kommen mit auf die Streichliste.

a	~~b~~	c	d	~~e~~	f	g	~~h~~	~~i~~	j
k	l	~~m~~	~~n~~	o	p	q	~~r~~	~~s~~	t
~~u~~	v	w	x	y	z				

Vierte Frage: „Pack?“ – „a, c und k stehen an der richtigen Stelle. Aber es ist noch nicht das gesuchte Wort.“

An der richtigen Stelle				Sind auch enthalten
	a	c	k	

Jetzt muss es schnell gehen. Die Schüler gehen das Alphabet durch: Das L würde passen. Aber geht auch Sack? Nein, das S ist gesperrt. Also „Lack“.

Bewertung: Wer beim Zuruf ein Wort nennt, das einen gestrichenen Buchstaben enthält, scheidet bei dieser Spielrunde aus. Wer schon mit der ersten Frage (was ziemlich unwahrscheinlich ist) das richtige Wort findet, erhält 100 Punkte. Nach der zweiten Frage 50 Punkte, nach der dritten gibt es 25 und nach der vierten noch 10 Punkte. Spätestens nach der fünften Frage ist das Wort „eingekreist“.

Mein Tipp: Üben Sie das Spiel erst einmal zu Hause – am besten zu dritt oder zu viert. Mit dieser Routine gelingt Ihnen das Spiel dann auch mit der ganzen Klasse.

Schätze verstecken und suchen

9–10 ***Papier, Bleistift, Geodreieck oder Lineal und Winkelmesser***

Mit diesem Spiel üben die Schüler spielerisch den Umgang mit dem Winkelmesser und lernen gleichzeitig den Begriff „Vektoren" kennen (das sind z. B. Strecken, Geschwindigkeiten, Kräfte usw., also Größen, die einen Betrag *und* eine Richtung haben).
Die Schüler übertragen vom Tafelbild auf ein DIN-A4-Blatt das Achsenkreuz mit der Nord-, Süd-, Ost- und West-Einteilung. Bei einem Kompass ist der Kreis in 64 Teile aufgeteilt – wir teilen hier den Kreis in 360 Teile (= 360°) ein und bezeichnen den Nordpfeil mit 0°, Osten mit 90°, Süden mit 180° und Westen mit 270°. Der Streckenmaßstab soll 1 : 10 000 betragen, d. h., 1 cm auf dem Papier entsprechen 10 000 cm oder 100 m in der Natur.

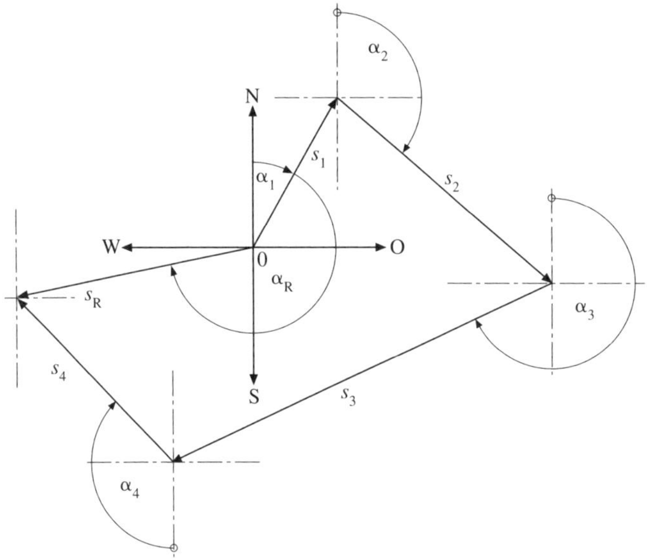

Sie schreiben in Stichworten an die Tafel:
Im Punkt 0 beginnt die Wanderung zum geplanten Versteck. Los geht es mit der Strecke s_1 = 450 m unter einem Winkel von α_1 = 35°.
Die Schüler markieren von der Nord-Süd-Grundlinie aus einen Winkel von 35° (Achtung: Das Zentrum des Winkelmessers oder Geodreiecks in den Achsenschnittpunkt 0 legen!) und zeichnen eine Strecke von 4,5 cm. Den Endpunkt von s_1 markieren sie mit einem Pfeil, der die Wegrichtung anzeigt.

Die nächste Strecke s_2 verläuft unter einem Winkel (immer von der Nord-Süd-Richtung als Grundlinie ausgehend) von $\alpha_2 = 130°$ und hat eine Länge von 750 m. Von dort geht es 1 100 m weiter unter einem Winkel von $\alpha_3 = 250°$ (Rechnung: 180° + 70°). Vom Endpunkt der Strecke s_3 geht es dann 600 m unter einem Winkel von $\alpha_4 = 135°$ weiter und man ist am Ende der Strecke s_4, wo der Schatz versteckt liegt.

Frage: Wie weit ist das Versteck vom Ursprung 0 entfernt? Unter welchem Winkel sollte sich ein Schatzsucher auf den Weg machen?

Lösung:
$s_R = 650$ m, $\alpha_R = 258°$ (aus 180° + 78°)

Gedankenlesen

6 – 10 ***Tafelbild oder vorbereitete Folie, karierte Blätter, Schere, Schreibutensilien***

„Mit diesem Kunststück könnt ihr eure Freunde oder Eltern verblüffen. Stellt sechs kleine Karten her und schreibt auf die Karten verschiedene Zahlen." Sie legen die vorbereitete Folie auf (oder schreiben die Zahlen an die Tafel).

1	15	29	43	57
3	17	31	45	59
5	19	33	47	
7	21	35	49	
9	23	37	51	
11	25	39	53	
13	27	41	55	

2	15	30	43	58
3	18	31	46	59
6	19	34	47	
7	22	35	50	
10	23	38	51	
11	26	39	54	
14	27	42	55	

4	15	30	45	60
5	20	31	46	
6	21	36	47	
7	22	37	52	
12	23	38	53	
13	28	39	54	
14	29	44	55	

8	15	30	45	60
9	24	31	46	
10	25	40	47	
11	26	41	56	
12	27	42	57	
13	28	43	58	
14	29	44	59	

16	23	30	53	60
17	24	31	54	
18	25	48	55	
19	26	49	56	
20	27	50	57	
21	28	51	58	
22	29	52	59	

32	39	46	53	60
33	40	47	54	
34	41	48	55	
35	42	49	56	
36	43	50	57	
37	44	51	58	
38	45	52	59	

Sind alle Karten fertig gestellt, kann das Spiel beginnen. „Gib deinem Nachbarn die sechs Karten. Er soll sich nun eine Zahl zwischen 1 und 60 ausdenken und dir alle Karten zurückgeben, auf denen diese gedachte Zahl enthalten ist. Sofort kannst du ihm dann sagen, welche Zahl er sich ausgedacht hat."

Lösung:
Erstaunlich, aber wahr: Du brauchst nur die ersten Zahlen der dir zurückgegebenen Karten zusammenzählen.

Ordnung schaffen

8 – 10 *Folie, OH-Projektor, Papp-Fenster*

Jeder Schüler soll zeigen, wie schnell er die einzelnen Buchstaben von einem vorgegebenen Wort alphabetisch ordnen kann.
Eine richtige Lösung innerhalb von 5 Sekunden für ein Wort mit 5 Buchstaben gibt 5 Punkte. Zweckmäßigerweise haben Sie die Wörter schon auf eine Overheadfolie geschrieben und geben diese mit einem selbst gefertigten Fenster aus Pappe frei. Zur Kontrolle geben Sie die Lösung frei.
Schwieriger wird das Spiel, wenn Sie die Wörter nur vorlesen.

- Wörter mit 5 Buchstaben (5 Sekunden Zeit, 5 Punkte):
  Karte: A E K R T — Bauch: A B C H U — Monat: A M N O T
  Tafel: A E F L T — Gunst: G N S T U — Vater: A E R T V
  Spiel: E I L P S — Wagen: A E G N W
- Wörter mit 6 Buchstaben (6 Sekunden Zeit, 6 Punkte):
  Zipfel: E F I L P Z — Panzer: A E N P R Z — Nichte: C E H I N T
  Falter: A E F L R T — Kuchen: C E H K N U — Mutter: E M R T T U
- Wörter mit 7 und 8 Buchstaben (7 und 8 Sekunden Zeit, 7 bzw. 8 Punkte):
  Ginster: E G I N R S T — Kirschen: C E H I K N R S
  Hamster: A E H M R S T — Schraube: A B C E H R S U
  Schwein: C E H I N S W — Wilddieb: B D D E I I L W

Geheimschrift

5–7 ***Tafelbild oder Folie auf OHP, Schülerarbeitsblätter***

Dieses Spiel hat echten Wettkampfcharakter: In möglichst kurzer Zeit tragen die Schüler das entsprechende Symbol auf ein vorbereitetes Arbeitsblatt. Die Ziffern und die dazugehörigen Symbole bleiben an der Tafel stehen. Nur der, der nach einem bestimmten System vorgeht, hat eine Chance, das Spiel zu gewinnen. Bewährt hat sich z. B. die Methode, zuerst alle Felder mit der Ziffer 2, dann die Felder mit der Ziffer 4 usw. auszufüllen.
Die Auswertung übernehmen dann die Mitspieler.

Tafelbild

1 _	2 ⊻	3 ⊃	4 L	5 ∪	6 O	7 ∧	8 1	9 ×	0 /

Arbeitsblatt

2	4	6	4	7	0	6	8	1	4	5	2
6	7	9	0	9	3	5	1	1	0	2	3
1	4	5	0	9	8	5	6	2	3	6	7
3	4	0	9	7	8	4	3	1	6	7	4

Oder umgekehrt: Die Symbole sind gegeben, und der Schüler sucht die zugehörigen Ziffern.

Arbeitsblatt

⊻	L	/	=	×	⊃	L	_	∧	=	∧
=	×	_	_	⊃	O	⊃	∪	×	_	⊻
/	∧	O	⊃	⊻	∧	×	=	O	/	L
L	_	∪	⊻	∧	×	=	O	⊻	L	∧
×	/	=	_	⊃	⊃	L	×	/	=	L

Wer kennt sich aus?

5–8 *Wörterliste, Tafelanschrieb*

Der Lehrer schreibt eine Sportart an die Tafel, z. B. „Tennis". Nun sollen die Schüler möglichst viele Hauptwörter aufschreiben, die mit dieser Sportart zusammenhängen: Tennisball, Schläger, Netz, Schiedsrichter, Linienrichter, Gegner, Walze, Trikot, Aufschlag, Spielfeld, Trainer ...
Nach zwei Minuten ist Schluss. Reihum liest jeder seine Wörter vor. Ist eins falsch, muss es gestrichen werden. Jedes richtige Wort gibt einen Punkt. Dann beginnt die nächste Runde.

Weitere geeignete Sportarten: Fußball, Segeln, Turnen, Boxen, Skilaufen.

Wurstzipfelspiel

5–7 *Wörterliste, Tafelanschrieb*

Der Lehrer schreibt ein zusammengesetztes Hauptwort an die Tafel, z. B. „Windmühle". Der erste Schüler muss nun den Wortzipfel „Mühle" aufgreifen und ein neues zusammengesetztes Hauptwort, das mit Mühle beginnt, nennen, zum Beispiel „Mühlrad". Der nächste Schüler in der Reihe bildet nun ein zusammengesetztes Hauptwort mit „Rad" als Anfangswort. Wer innerhalb von drei Sekunden keinen neuen Wurstzipfel findet, scheidet aus. Das Spiel muss schnell gehen, damit es richtigen Spaß macht.

Wörterpyramide

6–9 *Tafelanschrieb*

Der Lehrer gibt einen Buchstaben vor, z. B. ein B. Der erste Schüler in der Bankreihe nennt ein Hauptwort mit dem Anfangsbuchstaben B,z. B. „Brot". Der nächste Schüler muss nun mit beiden ersten Buchstaben B und r ein *neues* Wort bilden,z. B. „Braten". So geht es weiter. Der dritte Schüler nennt das Wort „Braut", der vierte „Braue", der fünfte „Brauerei" usw. Der Lehrer schreibt die genannten Wörter an die Tafel und bildet so die Pyramide.

Irgendwann ist Schluss, dann kann der folgende Schüler kein *neues* Wort mehr finden und scheidet aus. Der Lehrer gibt den nächsten Buchstaben vor und lässt eine neue Pyramide bauen. So geht das Spiel durch die Klasse, bis nur noch ein Schüler übrig bleibt. Das ist dann der „Pyramidenkönig“.

B rot
B R aten
B R A ut
B R A U e
B R A U E rei
B R A U E R ?

Da fehlt etwas

7–10 ***Schülerarbeitsblatt (siehe unten), Tafelanschrieb***

Ergänze die fehlenden Buchstaben. Es muss – richtig geschrieben – ein vollständiges Wort entstehen:

Arbeitsblatt

1 B I _ L _ G _ _ H E _ T
2 _ _ R _ E _ _ L
3 O _ _ E R M _ N T _ _
4 _ E _ U _ _ S T _ G
5 _ P E I _ E _ L _ N
6 S C _ _ _ I B _ _ S C _
7 _ _ _ E O _ E C O _ _ _ _
8 _ E H _ _ _ _ G
9 L _ D _ N _ _ _ L _ _ _
10 Ü B _ _ R _ _ C H _ _ G
11 M _ _ T _ G _ P _ U _ E
12 M E _ _ E I _
13 _ U _ O _ A _ _
14 K _ _ T _ _ _ E _ C _ I _ S
15 P A _ A _ _ E _
16 _ U _ D _ _ W _ _ R
17 F _ _ S _ U R _ E H _ L _ N _
18 B _ C _ D _ U _ _ E R E _
19 B _ L _ E _ R _ H _ _ N
20 C _ _ P _ _ _ R
21 R _ S _ E R _ I N _ _ L
22 T _ N _ E _ _ _ S _ _
23 B _ N _ E _ L _ _ A

Lösungen:

1 Biologieheft; 2 Karneval; 3 Ostermontag; 4 Geburtstag; 5 Speiseplan; 6 Schreibtisch; 7 Videorecorder; 8 Lehrgang; 9 Ladenschluss; 10 Überraschung; 11 Mittagspause; 12 Meineid; 13 Autobahn; 14 Kartoffelchips; 15 Paradies; 16 Bundeswehr; 17 Friseurlehrling; 18 Buchdruckerei; 19 Bilderrahmen; 20 Computer; 21 Rasierpinsel; 22 Tintenfisch; 23 Bundesliga

Wörterpuzzle

5–8 (10) *Schülerarbeitsblätter, Tafelanschrieb*

Mit diesem Spiel kann der Lehrer die Wortgewandtheit, den Wortschatz und die Kombinationsfähigkeit der Schüler testen. Es kommt darauf an, in möglichst kurzer Zeit aus den vertauschten Buchstaben das passende Hauptwort (Tier, Nahrungsmittel usw.) zu finden.

Arbeitsblatt Tiere

FFEA	PETSCH	LAMKE	LULAWAB
TEROT	SCHAD	PLANSEI	SUMA
TRANPEH	GAJURA	SIAMEE	RADREM
LODRESS	PRAFNEK	BLASWECH	TANTER
NEUDESH	PLEIHND	BRUSDAS	MASSENCHIP

Lösungen Tiere:

Affe	Specht	Kamel	Blauwal
Otter	Dachs	Spaniel	Maus
Panther	Jaguar	Ameise	Marder
Drossel	Karpfen	Schwalbe	Natter
Seehund	Delphin	Bussard	Schimpanse

Arbeitsblatt Nahrungsmittel

ATLAS	OKAAK	SICHELF	STANIP
CHLIM	ANGERIAM	SIRE	TETBUR
FACHISTUNT	HUNCKE	SADELOKOCH	LEISELER
GONHI	GEISHPATT	BALZIMER	

Lösungen Nahrungsmittel:

Salat	Kakao	Fleisch	Fleisch
Milch	Margarine	Reis	Butter
Aufschnitt	Kuchen	Schokolade	Sellerie
Honig	Spaghetti	Malzbier	

Arbeitsblatt Hauptstädte

ORAKI	GENKIP	SPRAI	NULDIB
BIRNEL	OSAKUM	KOOTI	SCOMLOTKH
DRALGEB	KLAUB	SOLO	GNOKKAB

Lösungen Hauptstädte:

Kairo	Peking	Paris	Dublin
Berlin	Moskau	Tokio	Stockholm
Belgrad	Kabul	Oslo	Bangkok

Arbeitsblatt Werkzeuge

MEHRMA	RÖNKER	HERROB	GANEZ	BERÜST
PANEST	ELFIE	FEUSCHAL	SEIMLES	BERSACH

Lösungen Werkzeuge:

Hammer	Körner	Bohrer	Zange	Bürste
Spaten	Feile	Schaufel	Meißel	Schaber

Arbeitsblatt Sportarten

ENSTIN	NAUCHET	REFEPERWENS	GELESN
DRERUN	LOHNBATI	LEGANN	DONNITAMB
FRESUN	SUDSERR	FENULA	TRENUN

Lösungen Sportarten:

Tennis	Tauchen	Speerwerfen	Segeln
Rudern	Biathlon	Angeln	Badminton
Surfen	Dressur	Laufen	Turnen

Jetzt sollen sich die Schüler selbst Wörter ausdenken und die Buchstaben vertauschen. Und Sie müssen das Wort finden! Das ist nicht ganz einfach – ich selbst habe mich da schon mal blamiert ...

Wörtersuche

6 – 8 (9) ***Tafelanschrieb, Schülerarbeitsblatt (Kopiervorlage siehe unten)***

Suche Wörter, die mit A beginnen und mit e enden! Der Lehrer schreibt die zugerufenen Wörter an die Tafel: Allee, Affe, Amme, Apache …

Jetzt geht es wettbewerbsmäßig weiter.

Arbeitsblatt

A		n	A		n	A		n
P		l	P		l	P		l
Sch		r	Sch		r	Sch		r
F		e	F		e	F		e
T		l	T		l	T		l
M		t	M		t	M		t
O		n	O		n	O		n
G		e	G		e	G		e
B		m	B		m	B		m
S		e	S		e	S		e
L		n	L		n	L		n
E		l	E		l	E		l

Ein verzwickter Weg

7 – 10 ***Arbeitsblatt***

Das Gefängnis besteht aus 16 miteinander verbundenen Zellen (siehe Bild). Der Ausgang befindet sich in Zelle 4.

Ein Gefangener sitzt in Zelle 13. Um seinen Verstand zu prüfen, wird ihm vom Richter ein Angebot gemacht:
„Du kannst die Freiheit erhalten, wenn es dir gelingt, von deiner Zelle den Ausgang zu erreichen. Du musst jede Zelle einmal betreten, aber niemals darfst du eine Zelle mehrmals betreten, außer deiner eigenen.“

Der kluge Gefangene findet tatsächlich den richtigen Weg. In welcher Reihenfolge muss er durch die Zellen wandern?

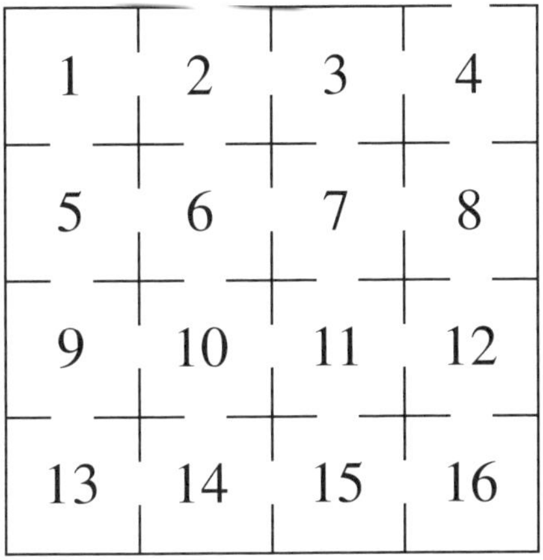

Die Schüler protokollieren ihre „Fluchtversuche“. Damit sie nicht durcheinander kommen oder mehrere Versuche doppelt machen, legen sie eine oder mehrere Tabellen an.

13																		
13																		
13																		
13																		
13																		
13																		

Lösung:

13	14	13	9	10	11	15	16	12	8	7	6	5	1	2	3	4		

Der kürzeste Weg

7–10 ***Arbeitsblatt, Tafelbild***

Die zwölf Häuser müssen durch Telefonkabel verbunden werden. Um Geld zu sparen, möchte die Telefongesellschaft mit so wenig Kabel wie möglich auskommen. Welches ist der kürzeste Weg durch alle Häuser? Es kann bei jedem Haus losgehen, und das Kabel braucht nicht zum Startpunkt zurückkommen. Von Hausmitte zu Hausmitte sind es immer 60 m.

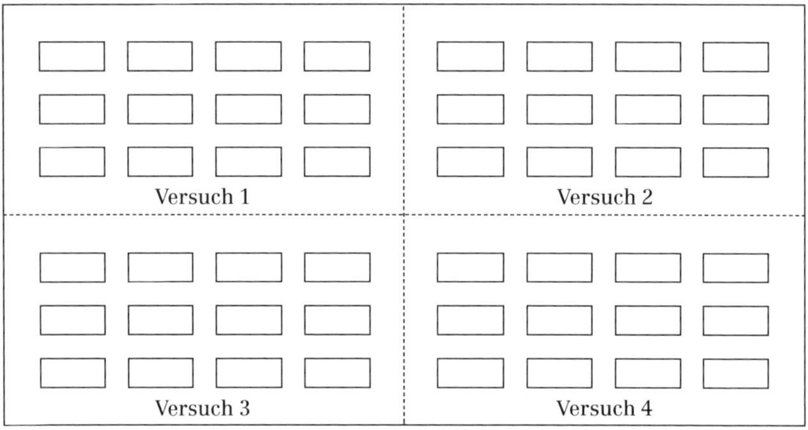

Lösung:

$11 \cdot 60\ m = 660\ m$

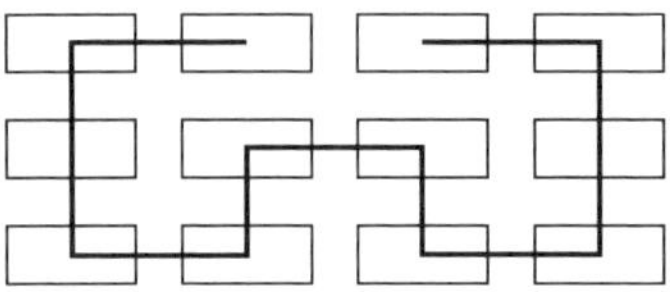

Rundgang

9 – 10 ***Tafelbild***

Die Schüler übernehmen das Tafelbild und suchen die Lösung.

Frage 1: Wie kann der Nachtwächter beim Kontrollgang auf kürzestem Weg alle 6 Häuser umrunden? Bei Punkt 0 geht es los.

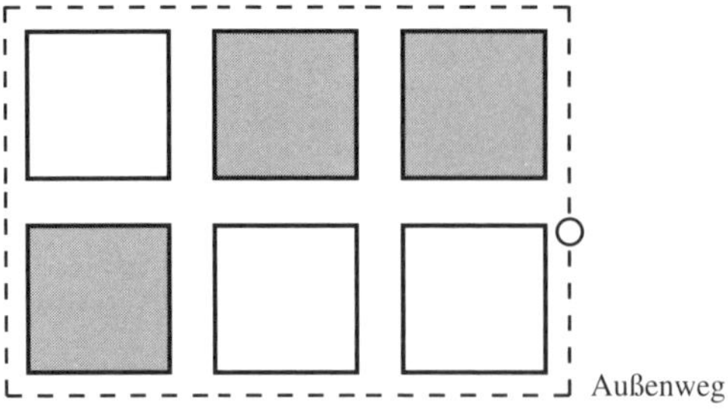

Frage 2: Wie viel Meter legt der Nachtwächter bei seinem Rundgang zurück? Die Häuser sind 10 m lang und 10 m breit, der Abstand zwischen den Häusern beträgt nach allen Seiten 6 m. Der Abstand zwischen den Häusern und dem Außenweg beträgt 6 m.

Lösung 1:

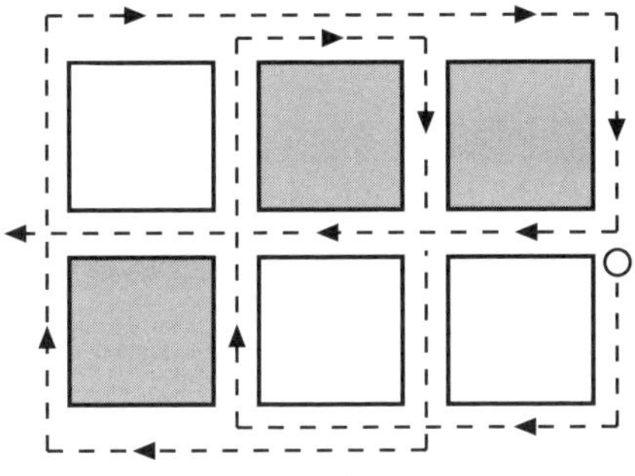

Lösung 2:

19	Seiten à 10 m	=	190 m
9	Ecken à 6 m	=	54 m
9	Häuserabstände à 6 m	=	54 m
1	Schlussabstand à 3 m	=	3 m
			301 m

Von Kindern und Soldaten

8–10 ***Text an der Tafel***

Eine Abteilung Soldaten erreicht einen Fluss. Die Brücke ist gesprengt und der Fluss reißend. Während der Offizier noch überlegt, was zu tun ist, sieht er am Ufer ein kleines Ruderboot und zwei Kinder. Er stellt fest, dass das Boot nur entweder einen Soldaten mit Ausrüstung oder die beiden Kinder tragen kann, also nicht einmal einen Soldaten und ein Kind. Trotzdem kommt er dahinter, wie er seine Leute über den Fluss bringen kann. Wie macht er das?

Lösung:

Zuerst rudern die beiden Kinder hinüber. Ein Kind bleibt am anderen Ufer, das andere rudert zurück. Ein Soldat überquert den Fluss. Das Kind drüben bringt das Boot zurück. Beide Kinder rudern wieder auf die andere Seite. Ein Kind bleibt, während das andere zurückkommt. Der nächste Soldat überquert den Fluss ...

Stadt – Land – Fluss einmal anders

5–8 ***Schreibmaterial, Protokoll***

Als morgendlicher Muntermacher ist dieses Spiel gut geeignet. Sie nennen ein beliebiges, einfaches Wort, z. B. „Salat". Der erste Schüler muss nun Tiere nennen, deren Anfangsbuchstabe die einzelnen Buchstaben s, a, l, a und t sind.

Schwein, **A**ffe, **L**ama, **A**al, **T**aube (Zweimal Affe ist nicht erlaubt!)

Der nächste Schüler ist an der Reihe: „Tropfen".

Tiger, **R**egenwurm, **O**chse, **P**ferd, **F**uchs, **E**sel, **N**ashorn.

Weiter geht es mit Pflanzen, Städten, Ländern, Vornamen, Berufen, berühmten Persönlichkeiten ...

Die Beantwortung kann auch in schriftlicher Form erfolgen. Für dieses Spiel ist die Sozialform „Gruppenarbeit" besonders gut geeignet.

2. Deutschstunde

Puzzle

7–10 ***Schreibutensilien, Tafelanschrieb***

Zuerst werden fünf Wörter an die Tafel geschrieben, die auf den ersten Blick in keinerlei Beziehung stehen:

Einbruch	Mode	Fahrrad	Maus	Wolken

Nun hat jeder Schüler zehn Minuten Zeit, eine kurze, aber sinnvolle Geschichte aufzuschreiben, in der alle diese Wörter vorkommen. Je origineller die Geschichte, umso besser. Dann lesen die Schüler ihre Geschichten vor:

„Hast du es schon in der Zeitung gelesen? In das Haus der Mode ist ein Einbruch verübt worden. Der Einbrecher hatte mühevoll den Tresor geknackt, aber dann fiel er aus allen Wolken. Denn im Tresor lag kein Schmuck oder Geld, sondern nur eine tote Maus. Enttäuscht machte er sich mit seinem Fahrrad davon."

Achten Sie einmal darauf, wer welche Geschichten schreibt. Die meisten Schüler haben ein Lieblingsthema, auf das sie immer wieder zurückkommen und in das sie die Wörter einbauen.

Schlagfertig

8–10 ***Jury***

Mit einer leistungsstarken Klasse können Sie diese Variante spielen: Ein Schüler stellt sich vor die Klasse. Er ist der Moderator, dem Stichwörter zugerufen werden, aus denen er – möglichst ohne zu zögern – eine sinnvolle Geschichte „bauen" soll. Begrenzen Sie das Spiel auf höchstens zehn Stichworte. Sie geben das erste Stichwort, z. B. „Blumenvase".

„Meine Mutter wünscht sich zum Geburtstag eine schöne Blumenvase.“ Der Moderator gibt das Zeichen, dass er auf das nächste Stichwort wartet.

Der erste Schüler ist an der Reihe und ruft: „Fahrrad“.

„Wo könnte ich wohl eine schöne Vase günstig kaufen? Am Wochenende werde ich mit dem Fahrrad zur Stadthalle fahren. Dort ist Flohmarkt und vielleicht habe ich Glück.“

Es geht weiter mit dem nächsten Schüler: „Abflussrohr“.

Jetzt wird's schwierig. „Leider gab es keinen Flohmarkt, weil in der Nacht ein Abflussrohr geplatzt war und die Stadthalle unter Wasser stand.“

Usw.

Sie können eine Jury einsetzen, die Noten von 1 bis 6 vergibt. Die jeweils am häufigsten genannte Note zählt. Dann ist gleich der nächste Moderator an der Reihe.

Wörtersuche

6 – 10 *Tafelanschrieb, Schreibutensilien*

Ein Schüler sagt laut „A“ und buchstabiert leise im Alphabet weiter, bis ein anderer Schüler „stopp“ sagt. Ist er schon früher bei „Z“ angelangt, geht es wieder bei „A“ weiter. Der Buchstabe, den der Aufsager gerade im Sinn hatte, wird genannt, z. B. „B“. Dann beginnt ein anderer Schüler bei „A“ und auf die gleiche Weise wird ein zweiter Buchstabe ermittelt, z. B. „K“. Der Lehrer schreibt beide Buchstaben an die Tafel.

Nun müssen alle Schüler in einer vorgegebenen Zeit möglichst viele (nicht zusammengesetzte) Hauptwörter mit diesen beiden Buchstaben aufschreiben. Dabei soll der zuerst genannte Buchstabe am Wortanfang stehen. Der zweite genannte Buchstabe kann an beliebiger Stelle stehen: Baracke, Balken, Balkan usw.

Varianten

Beide genannten Buchstaben können an beliebiger Stelle stehen. Oder es werden drei Buchstaben genannt (die auch doppelt oder dreifach vorkommen können).

Eine weitere Erhöhung des Schwierigkeitsgrades ist, die Reihenfolge der drei Buchstaben vorher festzulegen.

Ende weg

8 – 10 *Tafelbild*

Hier sind von einem Wort die letzten Buchstaben weggeschnitten. Jeder Punkt stellt einen Buchstaben dar. Die weggeschnittenen Buchstaben bilden mit den restlichen Buchstaben ein neues Wort, das in irgendeiner Beziehung zum ersten Wort steht. In den sechs folgenden Beispielen ist die Beziehung vorgegeben, so dass du eine kleine Hilfe hast, die beiden Wörter zu finden.

1. Beispiel: A U . . D
Beziehung: Wer es unbedacht benutzt, muss mit dem Schlimmsten rechnen.

Lösung: Erstes Wort: A U **T O**. Zweites Wort: **T O** D.

2. Beispiel: S T . . M A N
Beziehung: Man braucht Elektrizität, um im Dunkeln ein Buch zu lesen.

Lösung: Erstes Wort: S T **R O** M. Zweites Wort: **R O** M A N.

Suche selbst das passende Wort!

3. Beispiel: R A . . . D E
Beziehung: Alte Geräte haben noch diese alten Bauteile.

4. Beispiel: F L A . . . . R B E N
Beziehung: Fällt sie hin, gibt es Bruchstücke.

5. Beispiel: E I M . . D E
Beziehung: **Er** steht auf **ihr**.

6. Beispiel: B A L . . . Z E R T
Beziehung: Hier steht man in warmen Nächten und lauscht den Fröschen.

Lösungen:
3: Radio, Diode; 4: Flasche, Scherben; 5: Eimer, Erde; 6: Balkon, Konzert

Aufgabe
Suchen Sie selbst passende Wörter mit einer entsprechenden Beziehung, die einen Sinn ergibt. Die Beziehung darf aber nicht sofort zur Lösung führen.

Verflixte Groß- und Kleinschreibung

9–10 *Arbeitsblatt*

1. Übung

Richtig oder falsch? Ergänze die rechte Spalte.

1	Im Großen und Ganzen hat er Recht.	
2	Im Allgemeinen kommt er pünktlich.	
3	Fürs Erste reicht das.	
4	Mir wurde Angst und Bange.	
5	Ich möchte Folgendes vorschlagen.	
6	Ich komme morgen Mittag nach Hause.	
7	Er sieht ihm zum Verwechseln ähnlich.	
8	Er spricht schlecht Deutsch.	
9	Das Kind verunglückte beim Spielen.	
10	Alles übrige regeln wir morgen.	

Insgesamt sind ______ Sätze falsch geschrieben.

2. Übung

1	Er ist Schuld daran, dass der Unfall passierte.	
2	Es ist seine Schuld, dass er zu spät kam.	
3	Eines morgens stand er vor der Tür.	
4	Sie konnte zeit ihres Lebens nicht richtig hören.	
5	Zum Glück hatte ich zwei paar Handschuhe bei mir.	
6	Sie musste neun Zehntel ihres Umsatzes als Verlust hinnehmen.	
7	Die Arbeiten sind im allgemeinen gut ausgefallen.	
8	Als letztes muss der Deckel abgeschraubt werden.	
9	Die großen Fische fressen die kleinen.	
10	Wasser fehlt ihnen am nötigsten.	

Insgesamt sind ______ Sätze falsch geschrieben.

Lösung *(die falsch geschriebenen Wörter sind kursiv gesetzt):*

1. Übung: Insgesamt sind zwei Sätze falsch geschrieben.
Satz 4: Mir wurde *angst* und *bange*.
Satz 10: Alles *Übrige* regeln wir morgen.

2. Übung: Insgesamt sind sechs Sätze falsch geschrieben.
Satz 1: Er ist *schuld* daran, dass der Unfall passierte.
Satz 3: Eines *Morgens* stand er vor der Tür.
Satz 5: Zum Glück hatte ich *ein Paar* Handschuhe bei mir.
Satz 7: Die Arbeiten sind im *Allgemeinen* gut ausgefallen.
Satz 8: Als *Letztes* muss der Deckel abgeschraubt werden.
Satz 10: Wasser fehlt ihnen am *Nötigsten*.

Sätze finden

7 – 10 ***Tafelanschrieb, Schreibutensilien, Jury***

Kartoffel Film Häftling

„Wenn ich das Wort *Kartoffel* höre, muss ich immer an einen *Film* denken, in dem der *Häftling* nur Kartoffelsuppe zu essen bekam."

Bleistift Vater Kino

„Hier hast du einen *Bleistift*", sagte *Vater* zu mir, „und schreibe bitte auf, in welches *Kino* du gehen willst."

Der Lehrer schreibt drei Begriffe an die Tafel. Die Schüler müssen die drei Wörter in einem sinnvollen Satz unterbringen. Später werden die Sätze vorgelesen und eine Jury vergibt Punkte.

Auto	Kamera	Sonne
Montag	Surfbrett	Angst
Wunsch	Salz	Krankenhaus
Sommer	Werkzeug	Polizei
Büro	Mädchen	Geduld
Spanien	Leistung	Zukunft
Stadion	Milch	Computer
Zitrone	Telefon	Ordner
Mofa	Hut	Schach

Leistungsstarke Schüler können auch vier oder fünf vorgegebene Wörter in einem sinnvollen – und meist durch die Verknüpfung lustigen – Satz unterbringen. Einige Möglichkeiten gebe ich Ihnen vor.

Schaukelstuhl	Fisch	Wasser	Arzt	
Wunsch	Salz	Auto	Geduld	
Beruf	Segeln	Modell	Angst	
Irrtum	Feierabend	Katalog	Glauben	
Mittag	Schlauch	Ärger	Boot	Kaktus
Freund	Zimmer	Flasche	Wurzel	Feuer
Nacht	Auge	Messer	Ausweis	Schraube

Aufsatzthemen

6 – 10 ***Tafelbild, Schreibutensilien***

Wenn Sie es sich einmal in einer Vertretungsstunde ganz gemütlich machen wollen, lassen Sie die Schüler einfach einen oder mehrere Aufsätze schreiben. Und die fertigen Arbeiten legen Sie Ihrem Kollegen zur Korrektur ins Fach. Aber es sollten schon interessante Themen sein.

Tafelanschrieb

Schildere positive und negative Folgen. Was würde geschehen, wenn ...
... außerirdische Lebewesen auf der Erde landen würden?
... die Sonne allmählich aufhörte zu scheinen?
... alle Menschen fliegen könnten?
... alle Menschen unsterblich wären?
... es fünf Jahre nicht regnen würde?
... sich einige Menschen unsichtbar machen könnten?
... die Temperatur auf der Erde um 10 Grad steigen würde?
... alle Menschen Gedanken lesen könnten?
... alle Autos verboten wären?
... alle Menschen mit einem Mal bis zu drei Meter groß werden?

Suche und begründe Vorschläge, um das Problem zu lösen. Was müsste man tun, ...
... um die Zerstörung unserer Umwelt aufzuhalten?
... damit es weniger Verkehrstote gibt?
... um die Überbevölkerung der Erde zu verhindern?
... damit es in Zukunft keine Kriege mehr gibt?
... um unsere Energieprobleme zu lösen?

... damit es weniger Alkohol- und Drogenkranke gibt?
... um die Arbeitslosigkeit abzuschaffen?
... damit die Ernährung der Weltbevölkerung gesichert wird?
... um die seelischen Fehlentwicklungen bei Kindern zu verhindern?
... damit es weniger Ehescheidungen gibt?

Natürlich können diese Themen auch in der Klasse diskutiert werden. Aber dann ist es mit Ihrer Ruhe vorbei.

Was würde geschehen, wenn ...
... alle Menschen die gleiche Sprache sprechen würden?
... es in Deutschland ein Jahr lang keinen elektrischen Strom gäbe?
... der Mensch nicht sterben müsste?
... das Geld abgeschafft würde?
... man nicht mehr arbeiten müsste?
... die Schulpflicht abgeschafft wird?

Meinungsäußerungen

5 – 8 (10?) ***Schreibmaterial, viele kleine durchnummerierte Zettel, Auswertung an der Tafel***

Sie schreiben den Anfang eines Satzes an die Tafel: „Im Unterricht sollte unser Lehrer öfter mal ...“. Die Schüler schreiben den Satzanfang auf den ersten Zettel und ergänzen ihn, z. B.: „... etwas Lustiges erzählen, damit wir mal lachen können.“ Dann werden die ersten Zettel (Zettel Nr. 1) eingesammelt. Jetzt schreiben Sie den nächsten Satzanfang an die Tafel: „Mir gefällt an unserem Lehrer überhaupt nicht, dass er ...“, und die Schüler ergänzen den Satz auf dem Zettel Nr. 2, z. B.: „... so viel spricht und uns nicht richtig zuhört.“ Alle Zettel Nr. 2 werden eingesammelt.

Weitere mögliche **Satzanfänge:**
„Der schönste Tag in der Schule war für mich, als ...“
„Zeugnisnoten sollte man abschaffen und dafür ...“
„Wenn morgen Bundestagswahl wäre und ich wählen dürfte, würde ich ...“
„Wenn ich drei Wochen frei hätte, würde ich ...“
„An unserem Klassensprecher gefällt mir, dass ...“
„In der nächsten Mathe-Stunde sollten wir ...“

Dann beginnt die Auswertung. Gleiche Aussagen werden zusammengefasst und je nach Häufigkeit geordnet. Auch abweichende oder vereinzelte Meinungen kommen zur Sprache. Evtl. genügt eine mündliche Auswertung, die schneller zur notwendigen Diskussion führt als zeitraubendes Addieren der Nennungen.

Viele kleine Schriftsteller

1. Durcheinander

6 – 8 *Tafel, Kreide*

Mit dieser lustigen Übung kann der Lehrer eine Vertretungsstunde im Fach „Deutsch" gut überbrücken. Jeder Schüler schreibt ein Hauptwort auf sein Blatt. Der Lehrer lässt sich anschließend die Wörter nennen und schreibt sie an die Tafel.
Dann kann das Schreiben losgehen. Die auf diese Weise vorgegebenen Wörter verbinden die Schüler zu einer sinnvollen, knappen Geschichte – möglichst noch in der zufällig entstandenen Reihenfolge.
Später lesen die Schüler die Geschichten vor.

2. Ordnung

8 – 10 *Schreibmaterial*

Bringe die folgenden durcheinander gebrachten Begriffe in die logisch richtige Reihenfolge. Schreibe eine möglichst originelle Geschichte!

Fahrerflucht Rentner Verletzung Polizei Verfolgung Straße Kind Radfahrer Arztpraxis Fußball Mutter Panik Tetanusimpfung Schaufenster Einkaufstasche

Ein Beispiel:
Ein Rentner spaziert entlang der Straße und betrachtet die Schaufenster. Er lässt sich auch nicht von Kindern stören, die auf der Straße Fußball spielen. Plötzlich hört er einen Knall. Er dreht sich um und sieht, wie ein Kind auf der Straße liegt und ein Radfahrer die Flucht ergreift. „Fahrerflucht" ist sein erster Gedanke und er will schon die Verfolgung aufnehmen. „Jetzt nicht in Panik geraten", sagt er sich und kümmert sich um das verletzte Kind. „Die Polizei kann ich später noch benachrichtigen." Da kommt auch schon die

Mutter angelaufen. Der Rentner beruhigt sie: „Es ist nicht so schlimm. Ich begleite sie und das Kind zur nächsten Arztpraxis. Die Einkaufstasche kann ich tragen.“ Der Arzt behandelt die Schürfwunden und gibt dem Kind zur Sicherheit noch eine Tetanusimpfung.

3. Übung

Schreibe mit folgenden durcheinander gewürfelten Begriffen eine kleine Geschichte:

Schreibtisch Luftpumpe Hut Motorrad Karneval Ampel Dame Schuh Kino Kommissar Apfel Cognac Wind Halstuch

Eine verrückte Geschichte von Jonas und Anton

7–9 *Tafelanschrieb*

Die folgende Geschichte von Jonas und Anton stimmt hinten und vorn nicht. Stelle die Satzzeichen, Satzanfänge und -enden so um, dass wieder ein vernünftiger Text entsteht.

Tafelanschrieb

Zwei Jungen stiegen auf. Eine Palme segelte draußen im Meer. Nicht ein Fischerboot. Nichts war zu sehen. Nur der Wind wehte über die Bucht einen Haifisch. „Kann ich nicht sehen“, sagte Jonas und schwebte vorher über den Kokospalmen. „Nicht ein Albatros“, meinte Anton und kratzte aus. „Einer halben Kokosnuss noch etwas Fleisch füttern, ist auch nicht gut“, erklärte Jonas den Haifischen. „Gefällt das nicht“, sagte Anton, „dann beißt auch keiner an.“

Lösung:

Und das ist der richtige Text:
Zwei Jungen stiegen auf eine Palme. Segelte draußen im Meer nicht ein Fischerboot? Nichts war zu sehen, nur der Wind wehte über die Bucht. „Einen Haifisch kann ich nicht sehen“, sagte Jonas. „Und schwebte vorher über den Kokospalmen nicht ein Albatros?“, meinte Anton und kratzte aus einer halben Kokosnuss noch etwas Fleisch. „Füttern ist auch nicht gut“, erklärte Jonas. „Den Haifischen gefällt das nicht“, sagte Anton, „dann beißt auch keiner an.“

So ein Durcheinander

6–8 *Tafelanschrieb*

„Nicht lange machte deshalb Fußball Markus Hausaufgaben und alle spielte."

Setze die Wörter an die richtige Stelle, so dass ein vernünftiger Satz entsteht: „Markus spielte lange Fußball und machte deshalb nicht alle Hausaufgaben."

Weiter geht's: „Jeden Sonntag werde ich so lange müde, bis mein Vater spielt mit mir Schach."

Und so ist der Satz richtig: „Mein Vater spielt mit mir jeden Sonntag so lange Schach, bis ich müde werde."

Stelle den nächsten Satz so um, dass eine schöne Unordnung herrscht: „Der Kaufmann zieht die Kiste mit den Schrauben aus dem Regal und lässt sie fallen."

Suche aus dem Deutschbuch eine passende Geschichte und schreibe daraus einige Sätze so um, dass eine schöne Unordnung entsteht.

Gegenteil

7–10 *Tafelbild*

Schreibe das Gegenteil auf von:

Arbeitsblatt

uralt –	wissensdurstig –
geschwätzig –	glatt –
träge –	Pulver –
Fisch –	aufwärts –
grell –	einsam –
massiv –	Milde –
Liebe –	freundlich –
eiskalt –	lustig –
rennen –	Lob –

Lösung:

uralt	–	blutjung	wissensdurstig	–	desinteressiert
geschwätzig	–	mundfaul	glatt	–	rau
träge	–	fleißig	Pulver	–	Korn
Fisch	–	Fleisch	aufwärts	–	abwärts
grell	–	matt	einsam	–	betriebsam
massiv	–	hohl	Milde	–	Strenge
Liebe	–	Hass	freundlich	–	unfreundlich
eiskalt	–	kochendheiß	lustig	–	traurig
rennen	–	schleichen	Lob	–	Tadel

Es verhält sich

9 – 10 *Folie, OHP, evtl. Tafelanschrieb oder Arbeitsblatt (Kopiervorlage s. unten)*

Es verhält sich „Bauer : pflügen“ wie „Lehrer : unterrichten“. Suche selbst das passende Vergleichswort!

Arbeitsblatt

1	Zeiger : Zifferblatt	=	Rotlicht : ______________
2	Zug : Fahrplan	=	Schule : ______________
3	Glied : Kette	=	Rad : ______________
4	Haus : Garten	=	Fabrik : ______________
5	Körner : Mehl	=	Film : ______________
6	Radio : Antenne	=	Mensch : ______________
7	Blume : Garten	=	______________ : Suppe
8	Baum : Blatt	=	______________ : Seite
9	Geld : Ware	=	______________ : Erfolg
10	Wasser : Blume	=	______________ : Motor
11	Tafel : Kreide	=	Schauspieler : ______________
12	Schüler : Aufgabe	=	______________ : Befehl
13	Auto : Rad	=	Füllhalter : ______________
14	Wald : Baum	=	Orchester : ______________
15	Haus : Dorf	=	______________ : Klasse
16	Nagel : Hammer	=	Brot : ______________
17	heben : Last	=	wiegen : ______________
18	zahlen : Preis	=	______________ : Erfolg
19	Traum : schlafen	=	______________ : erleben
20	Brot : essen	=	______________ : lesen

Mögliche Lösungen:

1 Ampel | 2 Stundenplan | 3 Auto | 4 Pausenraum | 5 Fotoapparat | 6 Auge 7 Gewürz | 8 Buch | 9 Anstrengung | 10 Benzin | 11 Sprache | 12 Soldat 13 Tinte | 14 Solist | 15 Schüler | 16 Messer | 17 Gewicht | 18 trainieren 19 Reise | 20 Buch

Zwei weitere Arbeitsblätter zu „Es verhält sich" finden Sie im Anhang auf den Seiten 233/234.

Gesucht: der treffende Oberbegriff

8–10 *Folie, OHP, evtl. Tafelanschrieb oder Arbeitsblatt*

Auf dem Arbeitsblatt auf Seite 65 sind jeweils drei Begriffe gegeben, zu denen ein treffender Oberbegriff zu finden ist.

Lösungen:

1 Nadelbäume | 2 Familienangehörige | 3 Laubbäume | 4 Möbelstücke 5 Wintersportgeräte | 6 alkoholfreie Getränke | 7 Flüssigkeiten | 8 Getreidearten | 9 Schreibzeug | 10 Märchengestalten | 11 Kleidungsstücke 12 Werkzeuge | 13 Wochentage | 14 Jahreszeiten | 15 Tageszeiten 16 alkoholische Getränke | 17 Gartengeräte | 18 weibliche Vornamen 19 Kopfbedeckungen | 20 Südfrüchte | 21 europäische Hauptstädte 22 Blechblasinstrumente | 23 Zupfinstrumente | 24 Messgeräte | 25 unbestimmte Zahlwörter | 26 menschliche Behausungen | 27 Ansiedlungen 28 Verwandtschaftsgrade | 29 Körperteile | 30 Schwermetalle | 31 Straßenfahrzeuge | 32 Wasserfahrzeuge | 33 Energieträger | 34 Kulturtechniken | 35 Baustoffe | 36 Niederschläge | 37 Verkehrswege | 38 Landschaftserhebungen

Arbeitsblatt

1	Föhre – Fichte – Tanne	________________
2	Vater – Mutter – Kind	________________
3	Birke – Buche – Eiche	________________
4	Tisch – Stuhl – Schrank	________________
5	Ski – Schlitten – Bob	________________
6	Wasser – Milch – Saft	________________
7	Wasser – Salzsäure – Wein	________________
8	Weizen – Roggen – Gerste	________________
9	Bleistift – Füller – Kreide	________________
10	Kasper – Hexe – Schneewittchen	________________
11	Hemd – Hose – Rock	________________
12	Hammer – Zange – Hobel	________________
13	Montag – Dienstag – Mittwoch	________________
14	Frühling – Sommer – Herbst	________________
15	Nacht – Abend – Morgen	________________
16	Bier – Wein – Sekt	________________
17	Schaufel – Rechen – Harke	________________
18	Lotte – Susi – Margot	________________
19	Hut – Kappe – Mütze	________________
20	Banane – Orange – Dattel	________________
21	London – Paris – Bonn	________________
22	Trompete – Fanfare – Posaune	________________
23	Harfe – Gitarre – Zither	________________
24	Uhr – Tachometer – Thermometer	________________
25	viele – wenige – einige	________________
26	Haus – Hütte – Zelt	________________
27	Weiler – Dorf – Stadt	________________
28	Onkel – Neffe – Schwester	________________
29	Arm – Bein – Kopf	________________
30	Eisen – Blei – Kupfer	________________
31	Motorrad – Auto – Lastwagen	________________
32	Kahn – Segelschiff – Kanu	________________
33	Kohle – Gas – Elektrizität	________________
34	rechnen – schreiben – lesen	________________
35	Ziegel – Holz – Beton	________________
36	Regen – Schnee – Hagel	________________
37	Straße – Schiene – Kanal	________________
38	Berg – Hügel – Kuppe	________________

Mögliche Lösungen siehe S. 64.

Ursache und Wirkung

9–10 *Folie, OHP, evtl. Tafelbild*

Bekannt ist die Ursache, gesucht ist die Wirkung. Unterstreiche das richtige Wort!

Arbeitsblatt

	Ursache	Wirkung
1	Regen	Trockenheit – Niederschlag – Hochwasser
2	Hitze	Sonnenschein – Durst – Regen
3	Unfall	Polizei – Verletzung – Krankenhaus
4	Licht	Helligkeit – Taschenlampe – Schalter
5	Regen	Feuchtigkeit – Niederschlag – Wolke
6	Hochwasser	Regen – Schaden – Tiefdruck
7	Sturz	Stein – Unvorsichtigkeit – Beinbruch
8	Glatteis	Kälte – Unfall – Regen
9	Gewinn	Freude – Einsatz – Lotterie
10	Fleiß	Preis – Schüler – Lehrer
11	Scherz	Laune – Lachen – Witzbold
12	Feuer	Streichholz – Brennmaterial – Hitze
13	Drohung	Grund – Angst – Räuber
14	Unaufmerksamkeit	Konzentration – Unfall – Übermüdung
15	Müdigkeit	Arbeit – Schlag – Entspannung
16	Kälte	Krankheit – Winter – Mantel
17	Tüchtigkeit	Arbeit – Reichtum – Mühe
18	Erdbeben	Einsturz – Seismograf – Herd
19	Baustelle	Gebäude – Bauplan – Umleitung
20	Alter	Gebrechen – Jugend – Pension
21	Hunger	Brot – essen – stehlen
22	Sprengung	Zusammenbruch – Zündschnur – alt
23	Sonne	Himmelskörper – Wärme – Strahlen
24	Arbeit	Ermüdung – Lohn – Arbeiter
25	Streit	Frieden – Gegner – Hass

Lösungen:

1 Hochwasser | 2 Durst | 3 Verletzung | 4 Helligkeit | 5 Feuchtigkeit 6 Schaden | 7 Beinbruch | 8 Unfall | 9 Freude | 10 Preis | 11 Lachen 12 Hitze . 13 Angst | 14 Unfall | 15 Schlaf | 16 Krankheit | 17 Reichtum 18 Einsturz | 19 Umleitung | 20 Gebrechen | 21 essen | 22 Zusammenbruch | 23 Wärme | 24 Ermüdung | 25 Hass

Suche Gemeinsamkeiten

9 – 10 *Folie, OHP, evtl. Tafelbild*

Arbeitsblatt

Was ist zugleich ...

1	... schwarz und weiß?	______________
2	... dünn und lang?	______________
3	... groß und schwer?	______________
4	... warm und weich?	______________
5	... zahm und lustig?	______________
6	... dick und stark?	______________
7	... zart und klein?	______________
8	... flach und hart?	______________
9	... farbig, weich und beweglich?	______________
10	... weiß, essbar und flüssig?	______________
11	... schwarz, dick und lebendig?	______________
12	... glatt, scharf und hart?	______________
13	... warm, schwer und nass?	______________
14	... flach, rau und kalt?	______________

Mögliche Lösungen:

1 Zebra, Schachbrett | 2 Bleistift, Strohhalm | 3 Nilpferd, Lastwagen 4 Bauch, Katze | 5 Kleine Katze, junger Hund | 6 Catcher, Elefant | 7 Baby, Vogel | 8 Stahlplatte, Geldstück | 9 Stoff, Papagei | 10 Milch, Eiweiß 11 Riesenschlange, Negerhäuptling | 12 Rasierklinge, Messerschneide 13 Walfisch, Schwergewichtler | 14 Feile, Rochen

Der Zweck heiligt die Mittel

9–10 *Folie, OHP, evtl. Tafelbild*

Du hast starke Bauchschmerzen. Der Arzt verschreibt dir ein Medikament. Das Medikament hat den Zweck, Heilung herbeizuführen (vgl. 13). Welcher Zweck wird mit dem genannten Mittel verfolgt? Unterstreiche die richtige Antwort.

Arbeitsblatt

	Mittel	Zweck
1	Kampf	Verteidigung – Niederlage – Opfer
2	Schule	Unterricht – Lehrer – Bildung
3	Polizei	Ordnung – Waffen – Einbruch
4	Telefon	Nachrichtentransport – Sprache – Gebühr
5	Nahrung	Brot – Leben – Kalorien
6	Urlaub	Erholung – Reise – Ferien
7	Buch	Bücherei – Literatur – Unterhaltung
8	Säen	Ernte – Samen – Wachstum
9	Denken	Problemlösung – Kopfarbeit – Gehirn
10	Lernen	Wissensvermehrung – Schule – Abitur
11	Haus	Unterkunft – Gebäude – Stadt
12	Regen	Niederschlag – Wachstum – Gewitter
13	Medikament	Krankheit – Heilung – Arzt
14	Sprache	Verständigung – Zunge – Nachricht
15	Mantel	Schutz – Kleidung – Stoff
16	Auto	Geschwindigkeit – Beförderung – Fahrzeug
17	Hand	Körperteil – greifen – Finger
18	waschen	Wasser – Tätigkeit – Sauberkeit
19	Hitze	schmelzen – Sonnenschein – Kühlung
20	Stoßfänger	Straße – Schlagloch – Federung

Lösung:

1 Verteidigung | 2 Bildung | 3 Ordnung | 4 Nachrichtentransport | 5 Leben | 6 Erholung | 7 Unterhaltung | 8 Ernte | 9 Denken | 10 Wissensvermehrung | 11 Unterkunft | 12 Wachstum | 13 Heilung | 14 Verständigung | 15 Schutz | 16 Beförderung | 17 greifen | 18 Sauberkeit 19 schmelzen | 20 Federung

Suche den Außenseiter

7–10 *Folie, OHP, evtl. Tafelanschrieb*

Du fühlst dich allein, einsam und verlassen. Fühlst du dich auch „wegfahren“ (vgl. 1)? Wohl kaum, denn das ist hier der Außenseiter. Unterstreiche die richtigen Wörter!

Arbeitsblatt

	a	b	c	d
1	wegfahren	verlassen	einsam	allein
2	leugnen	abstreiten	beteuern	bestreiten
3	schätzen	grüßen	verehren	achten
4	krank	alt	betagt	bejahrt
5	machen	fertigen	herstellen	achten
6	landen	beginnen	eintreffen	ankommen
7	ansehen	betrachten	beobachten	probieren
8	sammeln	einkleben	aufheben	aufbewahren
9	einstellen	aufhören	einschlafen	abbrechen
10	arbeiten	schwitzen	schaffen	schuften
11	empören	widersetzen	auflehnen	wiederholen
12	treu	aufrichtig	offen	ehrlich
13	verstehen	lernen	begreifen	einsehen
14	anschlagen	bewachen	bellen	kläffen
15	erschüttert	berührt	ergriffen	begriffen
16	roh	grausam	brutal	mächtig
17	benützen	leihen	pumpen	borgen
18	speisen	ernähren	essen	verzehren
19	bleich	müde	blass	fahl
20	verderben	verwesen	vermodern	verrotten
21	Abfall	Müll	Verlust	Unrat
22	Idee	Einfall	Zufall	Gedanke

Lösung:

1a | 2c | 3b | 4a | 5d | 6b | 7d | 8b | 9c | 10b | 11d | 12a | 13b | 14b
15d | 16d | 17a | 18b | 19b | 20a | 21c | 22c

Weitere Arbeitsblätter mit „Außenseitern“ finden Sie im Anhang auf den Seiten 235/236.

Sinnverwandte Wörter – Thesaurus

9–10 *Tafelanschrieb*

Mit diesem Spiel kann man schnell den Wortschatz der Schüler überprüfen. Der Lehrer schreibt das Leitwort an die Tafel. Für jedes sinnverwandte Wort, das der Schüler auf seinen Zettel schreibt, gibt es fünf Punkte.

Arbeitsblatt

Leitwort	Lösung: Sinnverwandte Wörter
Rede	Ansprache, Referat, Vortrag, Predigt
schreien	brüllen, kreischen, johlen, grölen
Becher	Glas, Humpen, Kelch, Pokal
erzählen	schildern, berichten, darstellen, beschreiben
abgespannt	erschöpft, müde, erledigt, fertig, erschlagen
hören	erfahren, zu Ohren bekommen, gewahr werden, Wind davon bekommen, lauschen
Ereignis	Vorkommnis, Vorfall, Begebenheit, Geschehnis
Schluss	Ende, Abschluss, Finale, Ausklang
apart	schick, elegant, fesch, flott
vollziehen	durchführen, machen, ausführen, erledigen
bürgen	haften, einstehen, garantieren, die Hand ins Feuer legen
erledigen	bereinigen, ausbügeln, geradebiegen, zurechtrücken, in Ordnung bringen

Fremdwörter

9–10 *Arbeitsblatt*

Arbeitsblatt

Welche Bedeutung haben diese **Fremdwörter**?

1	Konzession	2	Prokura	3	Restriktion
4	Protektion	5	Konzept	6	Investieren
7	Fiktion	8	Indiz	9	Konferenz
10	Konflikt	11	Differenz	12	Inflation
13	Evolution	14	Choral	15	Komposition
16	Restauration	17	Modifikation	18	Reaktion
19	Ökonomie	20	Synthese		

Lösung:
1 Genehmigung | 2 Handlungsvollmacht | 3 Einschränkung | 4 Förderung 5 Entwurf | 6 langfristig anlegen | 7 Erdachtes | 8 Anzeichen 9 Besprechung | 10 Auseinandersetzung | 11 Unterschied | 12 Geldentwertung | 13 allmählich fortschreitende Entwicklung | 14 Kirchenlied 15 Zusammensetzung | 16 Wiederherstellung | 17 Veränderung | 18 Gegenwirkung | 19 Wirtschaft | 20 Zusammenfügung

die katze sitzt Hintern ofen

7–9 *Tafelbild*

Der Lehrer erklärt die Regeln der Groß- und Kleinschreibung der deutschen Sprache. Die Kinder können sich noch erinnern, dass man Hauptwörter großschreibt. Und der Lehrer hat immer gesagt: Das, was man anfassen kann, sind Hauptwörter. Wohin das führen kann, wollen wir an einem Beispiel betrachten:

Die Katze sitzt hintern Ofen.

Michael soll nun erklären, welche Wörter groß- und welche kleingeschrieben werden.

- „die“ kann man nicht anfassen, wird also kleingeschrieben.
- „Katze“ kann man auch nicht anfassen, weil sie kratzt. Wird also auch kleingeschrieben.
- „sitzt“ kann man nicht anfassen, wird auch kleingeschrieben.
- „Hintern“ kann man anfassen. Wird großgeschrieben.
- „Ofen“ kann man nur im Sommer anfassen, im Winter nicht: Also:
- „die katze sitzt Hintern Ofen“ (im Sommer).
- „die katze sitzt Hintern ofen“ (im Winter).

Lücken füllen

8 – 10 ***Tafelanschrieb, evtl. Arbeitsblatt, Schreibutensilien***

Der Lehrer schreibt diesen Text an die Tafel und lässt dabei die durchnummerierten Schlüsselwörter frei. Die Schüler schreiben die Lückenwörter untereinander auf. Dann schreiben sie den Text ab und ergänzen die Lücken.

Arbeitsblatt

Lernen – was bedeutet das?

Ein **1** ______ Reh wird geboren. Kaum ist es **2** ______ **3** ______ gekommen, erhebt es sich und macht **4** ______ **5** ______ **6** ______. Es kann **7** ______. Die Technik des **8** ______ hat demnach unser kleines Reh nicht erlernt, sondern mit **9** ______ **10** ______ **11** ______ gebracht. Natürlich wird diese **12** ______ im Laufe seines **13** ______ noch wesentlich **14** ______. So lernt es mit der Zeit, Gräben und Zäune **15** ______ **16** ______. Aber das ändert nichts an der Tatsache, dass das **17** ______ angeboren ist. Es ist ein Instinktverhalten, das nicht **18** ______ **19** ______ **20** ______. So ist es im Tierreich. Verhaltensweisen müssen hier **21** ______ **22** ______ Teil nicht **23** ______ werden, sie sind **24** ______: Fische **25** ______, Vögel **26** ______, Affen **27** ______ und Vierbeiner **28** ______.

Anders ist es beim **29** ______! Natürlich **30** ______ **31** ______ **32** ______ eine bestimmte Erstausstattung mit auf **33** ______ **34** ______ **35** ______. Er kann zum Beispiel schon saugen, weinen und strampeln. Alle anderen Verhaltensweisen muss er **36** ______ **37** ______. Wir können also das **38** ______ im weitesten Sinne als das **39** ______ von körperlichen und geistigen **40** ______ und Können definieren.

Lösung:

In die Lücken sind einzusetzen:

1 kleines | 2 zur | 3 Welt | 4 die | 5 ersten | 6 Schritte | 7 laufen | 8 Laufens | 9 auf | 10 die | 11 Welt | 12 Technik | 13 Lebens | 14 verbessert 15 zu | 16 überspringen | 17 Laufen | 18 gelernt | 19 werden | 20 muss 21 zum | 22 großen | 23 erlernt | 24 angeboren | 25 schwimmen | 26 fliegen | 27 klettern | 28 laufen | 29 Menschen | 30 ist | 31 auch | 32 ihm 33 den | 34 Weg | 35 gegeben | 36 erst | 37 erlernen | 38 Lernen 39 Erwerben | 40 Verhaltensweisen

Ergänzungen

8–10 ***Tafelbild, Schreibutensilien***

Schreibe den Satz zu Ende. Denke aber daran, dass es eine sinnvolle und logische Feststellung sein muss. Vielleicht fallen dir auch mehrere Sätze ein?

Arbeitsblatt

1 Je größer der Hunger, desto ... ________________
2 Je schneller die Fahrt, desto ... ________________
3 Je modischer die Kleidung, desto ... ________________
4 Je größer der Raum, desto ... ________________
5 Je größer die Auswahl, desto ... ________________
6 Je länger die Rede, desto ... ________________
7 Je mehr Regen, desto ... ________________
8 Je kälter der Winter, desto ... ________________
9 Je höher man steigt, desto ... ________________
10 Je mehr Schnee fällt, desto ... ________________
11 Je mehr man lernt, desto ... ________________
12 Je reicher der Wortschatz, desto ... ________________
13 Je länger man arbeitet, desto ... ________________
14 Je älter der Mensch, desto ... ________________
15 Je größer die Leistung, desto ... ________________
16 Je höher die Preise, desto ... ________________
17 Je mehr man verdient, desto ... ________________
18 Je stärker der Gegner, desto ... ________________

Mögliche Ergänzungen:

1 ... unwichtiger ist der Geschmack. ... geringer ist die Leistungsfähigkeit.
2 ... kürzer ist die Fahrzeit. ... länger ist der Bremsweg.
3 ... kurzlebiger ist sie. ... auffallender ist sie.
4 ... größer ist das Fassungsvermögen.
5 ... schwieriger ist die Wahl. ... wahrscheinlicher findet man das Gesuchte.
6 ... mehr wird ausgesagt. (?) ... gründlicher wird das Thema behandelt. (?)
7 ... höher ist die Bodenfeuchtigkeit. ... höher ist der Pegelstand.
8 ... dicker ist das Eis.
9 ... dünner ist die Atmosphäre.
10 ... mehr Schmelzwasser gibt es.
11 ... größer ist das Wissen. (?)
12 ... größer ist die Ausdrucksmöglichkeit.

13 ... höher ist der Lohn.
14 ... geringer ist seine Lebenserwartung. ... mehr Lebenserfahrung hat er.
15 ... höher ist die Wirksamkeit.
16 ... geringer ist die Kaufkraft des Geldes.
17 ... höher ist die Steuerpflicht.
18 ... geringer sind die Siegchancen

Variante

Die Schüler schreiben anstelle von sinnvollen Feststellungen absichtlich unlogische, witzige und sinnentstellende Ergänzungen auf.

Beschäftigungstherapie

5 – 10 ***Tafelbild, Schreibutensilien***

Hin und wieder kommt es vor, dass Sie unvorbereitet in die nächste Stunde gehen müssen. Oder Sie brauchen ganz einfach eine kleine Erholung. Lehnen Sie sich zurück und lassen Sie die Schüler arbeiten – natürlich sinnvoll und kreativ.

1. Vorsilben

„Mit jeder Vorsilbe sollst du mindestens 10 Wörter bilden. Ein Nachschlagewerk darf diesmal nicht benutzt werden."

Unter	Ober	Nach	Voll
Her	Ent	Per	Hin
Pro	Mit	Ex	Ur
Ab	Über	Un	In
Zu	An	Ge	Um
Be	Ver	Aus	Zer
Vor	Ein	Auf	Bei

2. Sätze bilden

„Bilde mit den Anfangsbuchstaben sinnvolle, vollständige Sätze. Vornamen dürfen nicht benutzt und die Reihenfolge der Buchstaben darf nicht verändert werden."

1	D	S	I	U		
2	P	S	K	L		
3	W	N	I	R		
4	K	E	F	R	R	
5	O	M	L	A	A	
6	D	A	B	V	N	
7	R	U	F	O	N	
8	W	G	W	I	D	S
9	I	W	L	U	D	F

Beispiel zu 1: Der Schlauch ist undicht.

Variante

Die Reihenfolge der Buchstaben ist beliebig. Beispiel zu 1.: Unser Sohn ist drei.

3. Sprichwörter

„Du sollst dir eine Geschichte ausdenken, die mit einem Sprichwort endet. Die Handlung deiner Geschichte muss natürlich mit dem Sprichwort einen Sinn ergeben."

Aus Schaden wird man klug.
Was Hänschen nicht lernt, lernt Hans nimmermehr.
Was du heute kannst besorgen, das verschiebe nicht auf morgen.
Wer zuletzt lacht, lacht am besten.
Steter Tropfen höhlt den Stein.
Lügen haben kurze Beine.
Man soll den Tag nicht vor dem Abend loben.
Es ist nicht alles Gold, was glänzt.
Wer andern eine Grube gräbt, fällt selbst hinein.
Ohne Fleiß kein Preis.
Hunger ist der beste Koch.
Ein Fuchs geht nur einmal in die Falle.
Viele Streiche fällen eine Eiche.

Beispiel: Wer andern eine Grube gräbt, ...

Thomas will seinen Mitschülern einen Streich spielen. Er befestigt einen mit Wasser gefüllten Luftballon über der Tür zum Klassenraum. Der Erste, der

nach der Pause den Raum betritt – so denkt Thomas – wird den Ballon zum Platzen bringen und fürchterlich nass werden. Was für ein Spaß!
Mit Spannung erwartet er die Pausenglocke. Endlich schellt es. Er darf den Anblick auf keinen Fall verpassen! Er rennt zum Klassenraum, öffnet die Tür und „platsch!“ platzt der Ballon über seinem Kopf. In diesem Moment kommen seine Mitschüler zum Unterricht, sehen Thomas und müssen schrecklich lachen. Thomas sieht aus wie ein nasser Pudel! „Das alte Sprichwort hat wohl doch Recht“, denkt Thomas und wringt seinen Pullover aus: „Wer anderen eine Grube gräbt, fällt selbst hinein!“

Gleiche Bedeutung

10 *OH-Folie*

Welche beiden Sprichwörter stehen sich von ihrer Bedeutung her am nächsten?

Arbeitsblatt

Reihe 1:
1. Im Dunkeln sind alle Katzen grau.
2. Er läuft umher wie die Katze um den heißen Brei.
3. Er weiß so viel davon wie die Katze vom Waffelbacken.
4. Er spielt Katz und Maus.
5. Es ist dasselbe, ob du vom Kater oder von der Katze gebissen wirst.
6. Dem einen musst du Geld geben und den anderen bezahlen.
7. Für Geld kann man den Teufel tanzen lassen.

Reihe 2:
1. Wer mit den Hunden ins Bett geht, steht mit den Flöhen auf.
2. Hunde die bellen, beißen nicht.
3. Wenn die alten Hunde bellen, ist es Zeit, nachzusehen.
4. Wer das Schwert zieht, wird durch das Schwert umkommen.
5. Große Klappe, nichts dahinter.
6. Schlafende Hunde weckt man nicht.
7. Wenn die Katzen fressen, miauen sie nicht.

Lösung:
Reihe 1: 5 und 6 | Reihe 2: 2 und 5

Ohne Punkt und Komma

7–10 *Folie, Schreibutensilien*

Sie haben Texte ohne Zeichensetzung und Lücken in Großbuchstaben auf eine Folie geschrieben und projiziert. Lassen Sie einen Schüler den Text laut vorlesen.

Arbeitsblatt

ALSDERLIEBEGOTTDENKAUFMANNGESCHAFFENHATTEFRAGTE
ERIHNNACHSEINENWÜNSCHENICHWÜNSCHEMIRWARDIEANTW
ORTEINSCHÖNESGESCHÄFTINDEMICHSCHÖNEGESCHÄFTEMAC
HENKANNUNDJEDESJAHREINFESTANDEMICHBESONDERSGUTE
GESCHÄFTEMACHENKANNDASCHUFGOTTDASWEIHNACHTSFES
TDABATIHNDERKAUFMANNDASGESCHÄFTEINZUWEIHENUNDG
OTTWANDELTEDURCHDENLADENUNDFREUTESICHÜBERDIESC
HÖNENANGEBOTEUNDSONDERANGEBOTESCHLIESSLICHNAHM
EREINMARZIPANSCHWEINUNDASSESSEHRGUTLOBTEERNOCHE
INENWUNSCH2,35EUROSAGTEDERKAUFMANN

Jetzt lassen Sie den Text von allen Schülern in richtiger Schreibweise mit allen Zeichen und Absätzen abschreiben.

Lösung:

ALS DER LIEBE GOTT DEN KAUFMANN GESCHAFFEN HATTE, FRAGTE ER IHN NACH SEINEN WÜNSCHEN: „ICH WÜNSCHE MIR", WAR DIE ANTWORT, „EIN SCHÖNES GESCHÄFT, IN DEM ICH SCHÖNE GESCHÄFTE MACHEN KANN, UND JEDES JAHR EIN FEST, AN DEM ICH BESONDERS GUTE GESCHÄFTE MACHEN KANN." DA SCHUF GOTT DAS WEIHNACHTSFEST. DA BAT IHN DER KAUFMANN, DAS GESCHÄFT EINZUWEIHEN. UND GOTT WANDELTE DURCH DEN LADEN UND FREUTE SICH ÜBER DIE SCHÖNEN ANGEBOTE UND SONDERANGEBOTE. SCHLIESSLICH NAHM ER EIN MARZIPANSCHWEIN UND ASS ES. „SEHR GUT", LOBTE ER, „NOCH EINEN WUNSCH?" „2,35 EURO!", SAGTE DER KAUFMANN.

Informationen verarbeiten

8 – 10 *Kopie, Arbeitsblatt, evtl. Tafelanschrieb*

In fast jeder Tageszeitung finden Sie eine Rubrik mit Kurzinformationen aus aller Welt. Hier sind auf engem Raum und mit wenigen Worten Tagesthemen für den eiligen Leser abgedruckt. Die Informationsdichte dieser Kurzmeldungen ist enorm. Testen Sie die Fähigkeit Ihrer Schüler, wie sie diese Informationsflut speichern und wiedergeben können. Und geben Sie nach der Auswertung Tipps und Hinweise, wie man die Merkfähigkeit verbessern kann.

Sie kopieren aus einer oder mehreren Tageszeitungen die Rubrik mit den Kurzmeldungen und geben jedem Schüler eine Kopie zum Lesen. Nach einer vereinbarten Zeit sammeln Sie die Kopien wieder ein und teilen ein Arbeitsblatt aus. Auf dem Arbeitsblatt stehen Fragen, die sich auf die Meldungen beziehen. Oder Sie schreiben die Fragen an die Tafel und fordern die Schüler auf, die Antworten aufzuschreiben.

LeuteLeute

Neue Hüfte für Senta Berger

Schauspielerin Senta Berger (63) hat in der vergangenen Woche ein künstliches Hüftgelenk erhalten. „Wir sind alle froh, dass sie die Operation hinter sich hat", sagte ihr Sohn, Simon Verhoeven. Die 63-Jährige soll an schmerzhafter Arthrose leiden.

Neues Zuhause für Dustin Hoffman

Hollywood-Star und Oscar-Preisträger Dustin Hoffman (67) kehrt Amerika den Rücken und zieht nach London. „Ich liebe es dort ganz einfach." Ein anderer Grund sei die Politik von US-Präsident George W. Bush, erklärte der überzeugte Demokrat.

Namen und Nachrichten

Bush kommt im Februar nach Mainz

US-Präsident George W. Bush kommt am 23. Februar nach Deutschland. Er wird in Mainz Kanzler Schröder treffen. Der Termin stand bereits seit Dezember fest, nicht aber der Besuchsort. Es ist Bushs erster Deutschland-Besuch seit fast drei Jahren. Einen Tag vorher kommt der Präsident in Brüssel mit Nato-Vertretern zusammen.

Insolvenz über Nachlassvermögen

Der frühere FDP-Politiker und Geschäftsmann Jürgen Möllemann hat mehr Schulden als Vermögen hinterlassen. Sein Nachlassverwalter Michael Mönig hat beim Amtsgericht Münster Insolvenz über den Nachlass Möllemanns angemeldet. Medienberichten zufolge soll die Steuerschuld das auf zwei Millionen Euro geschätzte Vermögen Möllemanns deutlich übersteigen.

Namen und Nachrichten

Kritik an Anspruchsdenken

Der Ministerpräsident von Sachsen-Anhalt, Wolfgang Böhmer, hat die Ostdeutschen zu mehr Bescheidenheit aufgerufen. Der CDU-Politiker sagte, es provoziere eine schwierige innerdeutsche Debatte, wenn Ostdeutsche etwa eine ganztägige Kinderbetreuung auch für Arbeitslose forderten, die sich der Westen nicht leisten könne. „Wir dürfen im Osten den Bogen nicht überspannen, solange wir von fremdem Geld leben."

Vorerst keine Rückkehr in Politik

Der PDS-Politiker Gregor Gysi will nach seiner schweren Gehirnoperation vorerst nicht aktiv in die Politik zurückkehren. Er werde die PDS zwar im Wahlkampf angemessen unterstützen. Über eine Spitzenkandidatur für die Bundestagswahl 2006 werde er sich aber jetzt nicht den Kopf zerbrechen.

Machen Sie selbst diesen Test mit Meldungen aus der Hessisch-Niedersächsischen-Allgemeinen (HNA) vom 8. und 10. Januar 2005. Kreuzen Sie nach der aufmerksamen Lektüre folgende Fragen an:

Arbeitsblatt

1. In welcher deutschen Stadt wird US-Präsident Bush Kanzler Schröder treffen?
   a) Koblenz b) Wiesbaden c) Mainz d) Berlin
2. Vor wie viel Jahren war Präsident Bush das letzte Mal in Deutschland?
   a) vor 2 Jahren b) vor 3 Jahren
   c) vor 4 Jahren d) Er war noch nie auf Staatsbesuch in Deutschland.
3. Wie hieß der frühere FDP-Vorsitzende Möllemann mit Vornamen?
   a) Joachim b) Jürgen c) Günther d) Gunther
4. In welcher Stadt wurde vor Gericht der Nachlass von Möllemann angemeldet?
   a) Paderborn b) Bielefeld c) Münster d) Bonn
5. Auf welche Summe wurden die Steuerschulden Möllemanns geschätzt?
   a) 1 Mill. € b) 2 Mill. €
   c) 4 Mill. € d) Es handelte sich nicht um Steuerschulden, sondern um Bankbürgschaften.
6. An welcher schmerzhaften Krankheit leidet Senta Berger?
   a) Krebs b) Asthma c) Arthritis d) Arthrose
7. Wie heißt Senta Bergers Sohn mit Vornamen?
   a) Simon b) Michael c) Achim d) Roland
8. Wie heißt der Ministerpräsident (Stand 2005) von Sachsen-Anhalt?
   a) Wolfgang Thierse b) Wolfgang Böhmer
   c) Wolfgang Böttcher d) Wolfgang Bremer
9. Was fordern Ostdeutsche nach Meinung des sächsischen Ministerpräsidenten auch für Arbeitslose?
   a) Ganztagschulen für Kinder aus arbeitslosen Familien
   b) Lehrstellenzusage für Jugendliche aus arbeitslosen Familien
   c) Kostenfreie Kindergärten
   d) Ganztägige Kinderbetreuung
10. Wie alt ist Dustin Hoffmann (Stand 2005)?
    a) 65 Jahre b) 64 Jahre c) 63 Jahre d) 67 Jahre
11. In welche Stadt will Dustin Hoffmann auswandern?
    a) Edinburg b) Dublin c) London d) Liverpool
12. An welchem Körperteil wurde Gregor Gysi operiert?
    a) Gehirn b) Lunge c) Magen d) Darm

Lösung:
1c) | 2b) | 3b) | 4c) | 5b) | 6d) | 7a) | 8b) | 9d) | 10d) | 11c) | 12a)

Auswertung:
Wo liegen die Schwachstellen in der Merkfähigkeit Ihrer Schüler?
Welche Informationen haben sie sich besonders gut gemerkt, welche nicht?
Besteht ein Zusammenhang zwischen dem persönlichen Interesse an bestimmten Personen oder Fakten und der Merkfähigkeit?

Mein Tipp zur Verbesserung der Merkfähigkeit: Stellen Sie bei der Lektüre bei weniger interessanten Meldungen eine Verknüpfung zu bereits Bekanntem her, z. B.: Hinter Gregor Gysis Denkerstirn befindet sich ein bemerkenswertes Gehirn, sächsische Namen sind für mich böhmische Dörfer, …

Oder bilden Sie schnell einen Satz, auch wenn er unsinnig ist: Bush und Schröder als Büttenredner im Mainzer Karneval …

Eine Geschichte weiterschreiben

8 – 10 ***Arbeitsblatt, Schreibutensilien***

„Hier, mein lieber Wolfgang“, sprach der Vater zu seinem Söhnchen, „habe ich dir eine Wabe leckeren Honigs mitgebracht.“
„Vielen Dank, lieber Vater!“, rief Wolfgang freudig aus, „aber erkläre mir bitte, woher kommt wohl der Honig?“
„Den erzeugen in emsiger Arbeit die braven Bienen und diese Frucht ihres Fleißes dient dann dem Menschen zum Genusse.“
Da ergriff tiefe Trauer Wolfgangs Herz und unter Tränen bat er den Vater um Erlaubnis, den Honig in den Bienenstock zurückzutragen. „Denn“, so sagte er, „jedes lebende Wesen hat das Recht, selbst zu genießen, was es durch seine Arbeit erworben hat.“

Moral: Lerne aus diesen Kinderworten, dass du dich niemals durch die Arbeit anderer bereichern darfst.

Nachtrag: Wie geht die Geschichte weiter? Bedanken sich die Bienen bei Wolfgang? Oder zerstechen sie sein Gesicht? Zeichne Wolfgang, nachdem er den Bienen ihren Honig zurückgegeben hatte.

Argumente sammeln

9–10 ***Tafelanschrieb***

Gleich in der nächsten Vertretungsstunde ausprobieren: Sie schreiben eine Frage an die Tafel und die Schüler suchen nach sinnvollen Antworten. Schreiben Sie in Stichworten die Antworten an die Tafel. Dann sollen die Schüler eine Rangfolge nach der Wichtigkeit der Argumente aufstellen.

Arbeitsblatt

Warum sollte man ...
... regelmäßig Sport treiben?
... weniger mit dem Auto fahren?
... sich für Politik interessieren?
... schlechte Gesellschaft meiden?
... sich für die Probleme der Dritten Welt verantwortlich fühlen?
... sich regelmäßig geistig beschäftigen und weiterbilden?
... mindestens eine Fremdsprache beherrschen?
... zu seinen Mitmenschen immer freundlich sein?
... für eine gute Berufsausbildung der Kinder sorgen?
... mit dem Rauchen aufhören?

3. Mathematik

Schritt für Schritt

8 – 10 ***Schülerarbeitsblatt; Tafelanschrieb***

Wie heißen die zwei nächsten Ziffern jeder Reihe? Der Lehrer zeigt am Beispiel n), wie man zur Lösung kommt:

n) 4(–1) 3(· 2) 6(–1) 5(· 3) 15(–1) 14(· 4) 56

Die im Klammern stehende Lösungsreihe –1, · 2, –1, · 3, –1, · 4 findet eine Fortsetzung mit –1 und · 5. Also sind die nächsten Ziffern: 56 – 1 = 55 und 55 · 5 = 275.

Arbeitsblatt

a)	1	4	7	10	13	16	19	______	______
b)	0	1	3	4	6	7	9	______	______
c)	1	2	4	7	11	16	22	______	______
d)	0	3	2	5	4	7	6	______	______
e)	11	12	10	13	9	14	8	______	______
f)	0	2	1	4	2	6	3	______	______
g)	1	2	4	8	13	20	28	______	______
h)	2	3	5	9	17	33	65	______	______
i)	10	7	5	9	11	6	4	______	______
j)	2	4	6	4	8	10	8	______	______
k)	2	4	1	4	9	3	21	______	______
l)	4	5	3	9	10	8	24	______	______
m)	4	6	24	12	9	11	44	______	______
n)	4	3	6	5	15	14	56	______	______
o)	0	10	9	18	16	24	21	______	______
p)	0	8	1	6	13	7	35	______	______
q)	16	15	30	10	8	24	6	______	______
r)	6	7	9	6	2	10	11	______	______
s)	4	16	6	36	16	256	226	______	______
t)	625	125	500	1 000	200	800	1 600	______	______
u)	9	12	21	48				______	______

Lösungen:

a) 22 25 | b) 10 12 | c) 29 37 | d) 9 8 | e) 15 7 | f) 8 4 | g) 38 49 h) 129 257 i) 10 12 | j) 16 18 | k) 29 30 | l) 25 23 | m) 22 19 | n) 55 275 o) 28 24 | p) 41 36 | q) 3 12 | r) 3 10 | s) 5 876 5 836 | t) 320 1 280 u) 129 372

Punktrechnung geht vor Strichrechnung

6 – 8 (10) ***Tafelanschrieb, Schülerarbeitsblatt***

Unter Beachtung dieser Regel soll der Schüler die fehlenden Rechenzeichen +, –, · und : einsetzen. Der Lehrer erläutert am Beispiel k) den Lösungsweg: k) 25 – 16 = 9 + 9 = 18 – 4 = 14 : 1 = 14

Nicht immer findet man auf Anhieb das passende Vorzeichen; dann heißt es eben: probieren.

Arbeitsblatt

a)	1	1	=	2						
b)	1	2	=	2						
c)	5	2	3	=	0					
d)	3	2	6	=	12					
e)	8	2	3	=	12					
f)	1	2	3	4	=	4				
g)	18	2	3	8	4	=	14			
h)	13	7	6	21	2	=	13			
i)	4	3	11	100	10	=	10			
j)	16	1	15	2	14	=	2			
k)	25	16	9	4	1	=	14			
l)	18	12	12	18	10	14	=	26		
m)	26	25	8	15	30	18	=	4 335		
n)	10	8	13	6	17	6	=	25		
o)	4	10	7	8	5	19	7	3	=	0

Lösungen:

a) + | b) · | c) – , – | d) · , + | e) : , · | f) + , – , + | g) – , · , + , : | h) – , · , – , – i) · , – , · , : | j) – , + , – , : | k) –, +, – , : | l) – , · , : , · , – | m) · , · , · , + , : | n) suche selbst | o) + , : , + , : , + , : , –

Ordnung schaffen

7 – 10 ***Tafelbild***

Zur Erholung ein wenig Kopfrechnen. Die Zahlen innerhalb einer Zeile sollen so vertauscht werden, dass sowohl in jeder senkrechten als auch waagerechten Reihe die Addition 60 ergibt.

11	13	17	19
11	13	17	19
11	13	17	19
11	13	17	19

Lösung:

11 13 17 19 | 13 19 11 17 | 17 11 19 13 | 19 17 13 11

Ausprobieren

9 – 10 ***Tafelbild, Schreibutensilien***

Fünf Rechenaufgaben sollen durch Einsetzen der Zeichen für Addition (zweimal), Subtraktion, Multiplikation und Division (je einmal) gelöst werden, so dass sich die angegebene Summe von 122 ergibt.

20 5 =
18 6 =
15 5 =
14 2 =
12 3 =

122

Lösung:

20 : 5 = 4 | 18 – 6 = 12 | 15 · 5 = 75 | 14 + 2 = 16 | 12 + 3 = 15

4 + 12 + 75 + 16 + 15 = 122

Suchen, finden, freuen

10 ***Merkzettel, Tafelanschrieb***

Aufgabe 1

a)	5	4	1
b)	8	9	3
c)	13	11	?

Zeile a), b) und c) sind nach einem bestimmten System angeordnet. Welche Ziffer gehört an die Stelle des Fragezeichens?

Lösung:

6. Die Summen der Zeilen a) und b) nehmen um jeweils 10 zu. Damit Zeile c) die Summe 30 ergibt, muss noch die 6 eingesetzt werden.

Aufgabe 2

Welche Ziffer gehört an die Stelle des Fragezeichens?

a)	4	3	3
b)	2	2	18
c)	12	1	?

Lösung:

12. Das Produkt der Zeilen a) und b) nimmt um das Doppelte zu. Damit Zeile c) 144 ergibt, setze die 12.

Aufgabe 3

Welche Ziffer gehört an die Stelle des Fragezeichens?

77	49	36	18	?

Lösung:

8. Denn $7 \cdot 7 = 49$ und $4 \cdot 9 = 36$ und $3 \cdot 6 = 18$ und $1 \cdot 8 = 8$.

Hundert siegt

8 – 10 *Merkzettel*

Eine Abzählerei, die man zu zweit spielt. Der Erste nennt eine beliebige Zahl zwischen 1 und 10. Dann ist der Zweite an der Reihe und addiert eine Zahl zwischen 1 und 10 zur erstgenannten hinzu. Nun addiert wieder der Erste eine Zahl zwischen 1 und 10 zur bisherigen Summe und so weiter. Wer zuletzt die Zahl 100 erreicht, hat gewonnen. Wie kann man das Spiel immer gewinnen?

Lösung:
Es gibt eine Möglichkeit, das Spiel immer zu gewinnen. Man muss nur als Erster die Zahl 89 ansagen. Um mit Sicherheit auf die 89 zu kommen, sollte man im Laufe des Spieles eine dieser Summen nennen: 78, 67, 56, 45, 34, 23 oder 12 und dann auf dieser Elferleiter hochklettern. Leichtes Spiel hat man, wenn man selbst mit der Zahl 1 beginnt. Der Nächste kann dann höchstens bis 11 gehen. Man erhöht auf 12 und lässt sich nicht mehr von der Elferleiter verdrängen.

Hundert verliert

8 – 10

Man kann das Spiel umdrehen und denjenigen verlieren lassen, der zuerst hundert sagt oder darüber hinauskommt. In diesem Fall gewinnt man immer, wenn der Mitspieler anfängt. Dann muss man sofort auf 11 erhöhen und darf die Elferleiter 22, 33, 44 ... nicht mehr verlassen. Hat man die Möglichkeit, 99 anzusagen, ist das Spiel gewonnen.

Das große Einmaleins

7 – 10 *Tafelanschrieb*

Früher mussten die Schüler das große Einmaleins auswendig lernen. Es war eine mühevolle Angelegenheit, denn man musste 100 verschiedene Produkte im Gedächtnis speichern. Wer sich nicht die Mühe des Auswendiglernens machen wollte, rechnete im Kopf $17 \cdot 18$ so:

10 · 17 = 170
8 · 10 = 80
8 · 7 = 56 und 170 + 80 + 56 = 306

Man musste also dreimal multiplizieren und die drei Produkte zusammenzählen. Es gibt aber eine einfachere Methode:

17 · 18 = ?
17 + 8 = 25 Null an die 25: 250
7 · 8 = 56 dazuzählen = 306

Noch ein Beispiel: 13 · 19 = ?
13 + 9 = 22 Null an die 22 = 220
220 + 3 · 9 = 247

Schnelles Kubikwurzelziehen

10 ***Tafelanschrieb, Rechentafel mit Kubikzahlen***

Jetzt wird ein erstaunliches Kunststück beschrieben: Ein Schüler nennt die dritte Potenz einer Zahl (z. B. 19 683), und der Lehrer nennt sofort die Zahl, die zur 3. Potenz erhoben wurde (z. B. 27)!

Man beginnt die Vorführung damit, einen Schüler aufzufordern, sich eine Zahl zwischen 1 und 100 zu denken, sie zur dritten Potenz zu erheben und das Ergebnis an die Tafel zu schreiben. Sind Zahlentafeln zur Hand, kann der Schüler die Kubikzahlen auch ablesen.
Der Lehrer behauptet dann, dass er sofort zu jeder Zahl die Kubikwurzel angeben kann. Um das Rechenkunststück ausführen zu können, muss man sich nur die Kubikwerte der Zahlen von 1 bis 10 merken:

1	1
2	8
3	27
4	64
5	125

6	216
7	343
8	512
9	729
10	1 000

Die Tabelle zeigt, dass jede Kubikzahl eine andere Einerziffer hat. In allen Fällen – außer bei der 2, 3, 7 und 8 – entspricht diese Ziffer der Kubikwurzel. In den vier Ausnahmefällen ist die Einerziffer die Differenz zu 10.

Wir nehmen an, dass ein Schüler die Kubikzahl 250 047 nennt. Die Einerziffer ist die 7, also weiß der Lehrer sofort, dass die letzte Ziffer der Kubikwurzel eine 3 sein muss. Die erste Ziffer der Kubikwurzel wird folgendermaßen bestimmt: Man lässt die letzten drei Ziffern der Kubikzahl weg (unabhängig von der Größe der Zahl) und betrachtet die restlichen Ziffern – in unserem Beispiel 250. Wie aus der Kubikzahlentabelle zu entnehmen ist, liegt 250 zwischen den Kubikzahlen 6 (216) und 7 (343). Die niedrigere der zwei Ziffern ist die Zehnerziffer der gesuchten Kubikzahl.
Die richtige Lösung ist also 63.

4 = 5. Eine binomische Zauberei?

10 *Tafelanschrieb*

Mit diesem Zahlenspiel zeigt der Lehrer einem unkritischen Schüler, dass die Mathematik doch nicht zu den exakten Wissenschaften gehört. Er behauptet: 4 = 5. Dem geübten Mathematiker fällt der Fehler allerdings recht schnell auf.

$$-20 = -20$$
$$16 - 36 = 25 - 45$$
$$4^2 - 36 = 5^2 - 45$$
$$4^2 - 8 \cdot \tfrac{9}{2} = 5^2 - 10 \cdot \tfrac{9}{2}$$
$$4^2 - 2 \cdot 4 \cdot \tfrac{9}{2} = 5^2 - 2 \cdot 5 \cdot \tfrac{9}{2}$$

Auf beiden Seiten $(\tfrac{9}{2})^2$ addieren:

$$4^2 - 2 \cdot 4 \cdot \tfrac{9}{2} + (\tfrac{9}{2})^2 = 5^2 - 2 \cdot 5 \cdot \tfrac{9}{2} + (\tfrac{9}{2})^2$$

Binomische Formel anwenden: $(a - b)^2 = a^2 - 2ab + b^2$

$$(4 - \tfrac{9}{2})^2 = (5 - \tfrac{9}{2})^2$$

Auf beiden Seiten die Wurzel ziehen:

$$4 - \tfrac{9}{2} = 5 - \tfrac{9}{2}$$

Auf beiden Seiten $\tfrac{9}{2}$ addieren:

$$4 = 5$$

Wo liegt der Fehler?

Bevor die Lösung verraten wird, soll ein kleiner Kartentrick auf die Sprünge helfen (diesen Trick sollte man im Bekanntenkreis nur zu vorgerückter Stunde zeigen):

Der „Zauberer“ präpariert ein Skatblatt, indem er die Karosieben oben auf das Spiel und die Herzacht nach unten legt. Dann bittet er einen Mitspieler, die Karten Herzsieben und Karoacht, die überall herumgezeigt werden, zwischen die übrigen Spielkarten zu legen. Der Zauberer ordnet das Blatt und zieht blitzschnell mit einer Hand zwischen Daumen und Zeigefinger die oberste und unterste Karte hervor und zeigt sie dem verblüfften Publikum. Es sind natürlich die falschen Karten, die gezeigt werden: statt der Herzsieben die Karosieben und statt der Karoacht die Herzacht. Aber wer achtet schon so genau darauf …

So auch bei unserem Rechentrick: Wer achtet schon darauf, dass das Ziehen der Wurzel keine äquivalente Umformung ist: Denken Sie daran: $\sqrt{x^2} = \pm x$.

7 = 5. Wo liegt der Fehler?

9 – 10 ***Tafelanschrieb, Merkzettel***

a)	7	=	5 + 2
b)	7 (7 – 5)	=	(5 + 2) (7 – 5)
c)	49 – 35	=	35 + 14 – 25 – 10
d)	49 – 35 – 14	=	35 – 25 – 10
e)	7 (7 – 5 – 2)	=	5 (7 – 5 – 2)
f)	7	=	5

Nanu? In welcher Zeile steckt der Fehler? Erste Hilfe: in Zeile e). Warum? Der Klammerausdruck (7 – 5 – 2) ergibt 0. Eine Division durch 0 ist nicht zulässig; sie führt zu einem unbestimmten Ergebnis.

Sicher ist sicher

8 – 10 ***Tafelbild***

Die Fenster in einer Gefängniszelle sind quadratisch: 40 cm breit und 40 cm hoch. Die Fläche beträgt demnach 40 cm × 40 cm = 1 600 cm². Das erscheint dem Direktor aus Sicherheitsgründen zu groß. Er gibt einer Firma den Auftrag, die Fensterflächen zu halbieren, jedes Fenster soll also nur noch 800 cm² Flächeninhalt haben. Die Fenster müssen aber weiterhin 40 cm breit und 40 cm hoch sein. Und natürlich sollen sie quadratisch bleiben. Ist das überhaupt möglich?

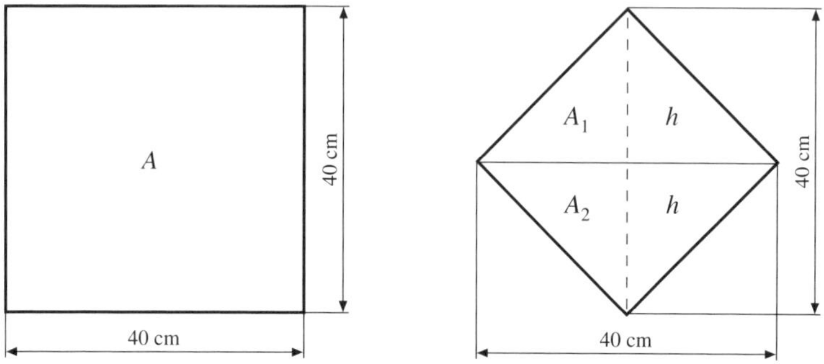

vorher *nachher*

Lösung:
Ja, es ist möglich. Vorher $A = 1\,600\ \text{cm}^2$. Nachher wird die Raute mit der Grundlinie $a = 40$ cm in zwei Dreiecke A_1 und A_2 mit der gleichen Höhe h geteilt. $A_1 = A_2 = \frac{1}{2}\,a \cdot h = \frac{1}{2} \cdot 40\ \text{cm} \cdot 20\ \text{cm} = 400\ \text{cm}^2$. Zusammen $800\ \text{cm}^2$.

Zahlen ablegen

5 – 8 ***Papptafel, 2 Kartons mit Kärtchen, 2 leere Kartons, Protokoll***

Die ganze Klasse, eingeteilt in mehrere Gruppen, kann mitspielen. In der Tischmitte liegen eine große Papptafel und zwei Kartons mit kleinen Kärtchen, auf deren Rückseite Zahlen stehen: Der größere Haufen im ersten Karton enthält 100 Karten mit den Zahlen 1 bis 100, der kleinere Haufen im zweiten Karton 27 Karten mit den Zahlen 1 bis 9 (also dreimal die 1, dreimal die 2 usw.). Die Karten liegen so, dass niemand die Rückseite mit den Zahlen sehen kann.

Auf der Papptafel sind die vier Operatoren der Grundrechenarten +, – , · , : und entsprechende Felder in Kartengröße aufgezeichnet.

Jede Gruppe erhält zu Spielbeginn vom großen Stapel fünf und vom kleinen Stapel eine Karte. Die Karten werden für alle sichtbar ausgebreitet.

Die erste Gruppe beginnt und zieht noch ein weiteres Mal vom großen Stapel drei und vom kleinen Stapel eine Karte. Kommen drei Karten mit entsprechenden Zahlen zusammen, die eine mögliche Gleichung ergeben, können diese Karten auf der Papptafel abgelegt werden.

Große Papptafel

	+		=	
	–		=	
	·		=	
	:		=	

Beispiel

Die Karten 2, 3, 9, 11, 15, 41, 45, 46, 69, 70 können so abgelegt werden:

2	+	9	=	11
	–		=	
	·		=	
45	:	3	=	15

Ein Protokollführer notiert für die Gruppe 1 drei Punkte, denn eine Division zählt doppelt, eine Addition nur einfach. Aufgepasst: Da Addition und Subtraktion einfach zählen, Multiplikation und Division dagegen doppelt, sollte man die kleinen Ziffern schonen! Aber nicht das Risiko eingehen, dass eine Gruppe vorher fertig wird!

Kann Gruppe 1 keine weiteren Karten ablegen (in unserem Beispiel die Karten 41, 46, 69 und 70), werden *die abgelegten Karten* getrennt nach ein- und zweiziffrigen Zahlen in die beiden leeren Kartons abgelegt.

Gruppe 2 ist an der Reihe. Ein Gruppenmitglied nimmt drei Karten vom großen und eine vom kleinen Stapel, und dann kann abgelegt werden – falls die passenden Karten vorliegen. Der Protokollführer notiert die Punkte und die nächste Gruppe ist an der Reihe.

Das Spiel ist beendet (und ein neues Spiel kann beginnen), wenn eine Gruppe alle Karten abgelegt hat oder sich keine Karten mehr im Karton befinden. Dann addiert der Protokollführer die erreichten Punkte und ermittelt die Sieger.

Mein Tipp: Ist eine Gruppe an der Reihe, hat sie eine Minute Zeit zum Ablegen. Sie können die Schwierigkeitsstufen steigern, wenn Sie mehr als sechs Karten zu Beginn austeilen, mehr als 100 Karten auf den ersten Stapel und weniger als 30 Karten auf den zweiten Stapel legen. Mit Leichtigkeit finden Sie Erweiterungen für leistungsstärkere Schüler.

Kopfrechnen gut

9 – 10 ***Tafelbild, Merkzettel mit: 29 997, drei vierstelligen Zahlen, Ergänzung zu 9***

Es kann nicht schaden, wenn Sie auch als Nichtmathematiker Ihr Image als Rechenkünstler ein wenig aufwerten. Sie wissen bestimmt aus Erfahrung, wie schnell man mit erworbenen Lehrbefähigungen identifiziert wird und immer wieder auf Überraschung stößt, wenn man auch in anderen Fachgebieten Kenntnisse und Fertigkeiten aufweist. „Was, Sie können auch Französisch? Das hätte ich nie für möglich gehalten ...“

Kommentarlos schreiben Sie die Zahl 29 997 unten an die Tafelecke. Dann bitten Sie einen Schüler, drei beliebige vierstellige Zahlen untereinander in die Tafelmitte zu schreiben. Martina notiert zum Beispiel: 3 558, 7 012 und 9 255.
Sie geben sich aber damit nicht zufrieden und diktieren selbst drei vierstellige Zahlen. Dann fordern Sie Martina auf, alle sechs Zahlen zu addieren. Tatsächlich kommt als Ergebnis 29 997 heraus. Was geht hier vor? Haben Sie etwa hellseherische Fähigkeiten?

Lösung

Die Lösung ist ganz einfach: Die einzelnen Ziffern der drei Zahlen, die Sie diktieren, müssen mit den entsprechenden Ziffern der ersten Zahlengruppe, die Martina angeschrieben hat, immer 9 ergeben. Ihre Zahlen lauten also: 6 441, 2 987 und 744. Vielleicht meldet sich jetzt schon ein besonders begabter Schüler, der das Spiel durchschaut hat: „Das kann doch jeder. Die drei Zahlen von Martina und die drei Zahlen des Lehrers ergeben immer 9 999. Die gemeinsame Summe muss dann 3 · 9 999 betragen. Und das kann ich im Kopf ausrechnen: 3 · 10 000 sind 30 000. Davon 3 abgezogen, ergibt 29 997."

Aber Sie können das Spiel mit anderen Zahlenkombinationen fortsetzen: „Schreibe drei dreistellige Zahlen an die Tafel. Keine darf größer als 850 sein. Ich nenne ebenfalls drei Zahlen und kann das Ergebnis der gemeinsamen Summe vorhersagen: 2 664."

Im Kopf haben Sie gerechnet: 3 · 888. 3 · 1 000 = 3 000. 3 · 112 = 336.
3 000 – 336 = 2 664.

Kai schreibt die Zahlen 744, 495, 202. Sie ergänzen zu 888 und diktieren 144, 393 und 686. Jetzt verraten Sie den Schülern den Lösungsweg und, oh Wunder, auf einmal wollen alle selbst Hellseher spielen. Und der Taschenrechner hat Pause.

Einfach verblüffend

7 – 10 ***Schreibutensilien***

Alle Schüler können mitmachen: Zettel und Stift liegen bereit, ebenfalls Ihre „Gedächtnisstütze" mit den Hinweisen: · 5, + 2, · 4, + 3, · 5, + 7, die beiden letzten Ziffern weg. Der Taschenrechner wird nicht benötigt.

„Schreibe eine beliebige Zahl zwischen 1 und 100 auf. Multipliziere mit 5, zähle 2 hinzu und multipliziere das Ergebnis mit 4. Zähle 3 hinzu. Multipliziere noch einmal mit 5 und zähle zum Schluss noch 7 hinzu. Nenne mir das Ergebnis und ich sage dir die Zahl, die du dir am Anfang aufgeschrieben hast."

Klaus notiert sich die 12.
12 · 5 = 60. 60 + 2 = 62. 62 · 4 = 248. 248 + 3 = 251. 251 · 5 = 1 255.
1 255 + 7 = 1 262.

Klaus: „1 262.“ *Lehrer:* „Du hast die Zahl 12 aufgeschrieben.“
Sabine: „452.“ *Lehrer:* „Deine Zahl war 4.“

Sie brauchen vom genannten Ergebnis nur die beiden letzten Ziffern streichen. Übrig bleibt die gedachte Zahl.

Immer kommt 5 heraus

7 – 10 ***Zettel mit Gedächtnisstütze: verdoppeln, + 10; : 2, – gedachte Zahl = 5***

Wer ein gutes Gedächtnis hat, kann mit diesem Rechenkunststückchen seine Mitspieler verblüffen:
„Denke die eine kleinere Zahl aus und merke sie dir gut. Füge noch einmal so viel hinzu. Zähle noch 10 dazu. Teile das Ganze durch 2. Ziehe die gedachte Zahl wieder ab.“
Immer kommt als Ergebnis 5 heraus.

Beispiel:
Jemand merkt sich die 6. 6 dazu ergibt 12. 10 werden addiert. Ergibt 22. Das Ganze durch 2 geteilt gibt 11. Davon die gedachten 6 abziehen und es kommt 5 als Ergebnis heraus.

Oder arithmetisch: $\frac{2x + 10}{2} - x = 5$.

Die Verblüffung lässt sich noch steigern, wenn der „Zauberer“ ein anderes Ergebnis als 5 erraten lässt, z. B. die 9. Dann muss er allerdings nach dem Verdoppeln der gedachten Zahl das Doppelte von 9 (= 18) hinzuaddieren. Ansonsten verläuft das „Rechenkunststückchen“ wie schon am Anfang beschrieben.

Blitzrechner

7 – 10

Auch dieses Spiel beruht ganz auf mathematischer Grundlage und ist wirkungsvoll, überraschend und einfach. Der Lehrer fordert die Schüler auf, zwei Zahlen zwischen 1 und 10 versteckt auf einen Zettel zu schreiben. Dann soll jeder Schüler die erste Zahl mit 2 multiplizieren und zu dem Ergebnis 5

hinzuzählen. Das Ganze wird dann mit 5 malgenommen, und zu diesem Produkt wird die zweite Zahl hinzugefügt.
Der Reihe nach nennen die Schüler die Endsumme – und sofort kann der Lehrer die beiden notierten Zahlen in der richtigen Reihenfolge nennen!

Erklärung: Man braucht von der Endsumme nur 25 abzuziehen. Die zwei Ziffern der sich ergebenden Zahl sind zugleich die notierten Zahlen.

Ein Beispiel:
Angenommen ein Schüler schreibt sich die Zahlen 3 und 7 auf, so ist $(3 \cdot 2 + 5) \cdot 5 + 7 = 62$. 62 minus 25 ist 37. 3 ist also die erste, 7 die zweite Zahl.

Algebraische Ableitung:
a sei die erste, b die zweite Zahl. Dann gilt:

$$(2a + 5) \cdot 5 + b = 10a + 25 + b$$
$$10a + b + 25 - 25 = 10a + b$$
$$10 \cdot 3 = 30$$
$$1 \cdot 7 = 7$$

Neue Spiele mit Zahlen

8 – 10 *Merkzettel*

1. Spiel

1. Denke dir eine (ganze, positive) Zahl aus und merke sie dir gut.
2. Addiere 3.
3. Multipliziere mit 2.
4. Subtrahiere 4.
5. Dividiere durch 2.
6. Subtrahiere die ursprüngliche Zahl.

Was auch immer die Ausgangszahl sein mag, das Ergebnis ist stets 1. Die Erklärung ist sehr einfach, wenn man einfache algebraische Regeln kennt.

Die gedachte Zahl sei x.
Mit 3 addieren: $x + 3$
Mit 2 multiplizieren: $2(x + 3)$
Mit 4 subtrahieren: $2(x + 3) - 4$

Durch 2 dividieren: $\frac{2(x+3)-4}{2}$

Die ursprüngliche Zahl subtrahieren: $\frac{2(x+3)-4}{2} - x$

Es handelt sich um eine so genannte *identische Gleichung*, weil man den Ausdruck $\frac{2(x+3)-4}{2} - x$ auf beiden Seiten einer Gleichung schreiben kann: $\frac{2(x+3)-4}{2} - x = \frac{2(x+3)-4}{2} - x$, denn $x + 3 - 4 - x = x + 3 - 4 - x$ und damit $-1 = -1$ oder $1 = 1$. Für jeden Wert von x kommt als Lösung 1 heraus.

Du sollst nun selbst ein einfaches Rechenspiel „erfinden", bei dem sich dein Mitspieler eine Zahl ausdenkt und dann als Ergebnis immer 5 herauskommt. Denke daran, dass es nur ein einfacher Bluff ist, bei dem der Trick darin besteht, die gedachte Zahl verschwinden zu lassen, also in der Subtraktion $x - x$. Die anderen Rechenoperationen dienen nur dazu, die Sache kompliziert zu machen.

2. Spiel

1. Denke dir eine Zahl zwischen 1 und 20 aus (es geht auch mit jeder anderen ganzen, positiven Zahl).
2. Addiere die nächstgrößere Zahl: $x + x + 1$
3. Addiere 9: $x + x + 1 + 9$
4. Dividiere durch 2: $\frac{x + x + 1 + 9}{2}$
5. Subtrahiere die gedachte Zahl: $\frac{x + x + 1 + 9}{2} - x$

Nach Gleichsetzen und Auflösung ergibt sich für den Term stets 5!

3. Spiel

Als Ergebnis soll immer 13 herauskommen.

Kleine Anfangshilfe als eine von vielen Möglichkeiten:

$13 = 7 + 6 + x - x$ oder $x = 13 - 7 - 6 + x$

1.	Gedachte Zahl: z. B. 10	x
2.	Addiere 7: $10 + 7 = 17$	$x + 7$
3.	Multipliziere mit 2: $17 \cdot 2 = 34$	$2(x + 7)$
4.	Addiere 12: $34 + 12 = 46$	$2(x + 7) + 12$
5.	Dividiere durch 2: $46 : 2 = 23$	$\frac{2(x+7) + 12}{6}$
6.	Subtrahiere die ursprüngliche Zahl: $23 - 10 = 13$	$\frac{2(x+7) + 12}{6} - x$

Man bricht das Spiel im 5. Schritt ab und fragt den Mitspieler nach dem Ergebnis, hier 23. Im Kopf zieht man schnell 13 ab (denn das sollte ja die Gleichung bringen). Ergebnis: 10, die gedachte Zahl. Mit den einfachen Regeln der Algebra kann man so tun, als ob man Gedanken lesen kann.

Betrachte das nächste Spiel.

4. Spiel

1. Denke dir eine beliebige Zahl aus:	(Dein Mitspieler denkt sich die 11 aus.)
2. Verdoppele die gedachte Zahl:	$2 \cdot 11 = 22$
3. Addiere zum Ergebnis 4:	$22 + 4 = 26$
4. Dividiere durch 2:	$26 : 2 = 13$
5. Addiere 17 und nenne mir das Ergebnis:	$13 + 17 = 30$

Deine gedachte Zahl ist 11!

Begründung: Im 5. Schritt weißt du schon, dass $2 + 17 = 19$ ist. Mit der „Unbekannten" x sieht der 5. Schritt so aus: $\frac{2x + 4}{2} + 17$ und dafür kann man auch $2 + 17$ schreiben.
Und die gedachte Zahl + 19 ist das Endergebnis. Also ziehst du schnell vom Endergebnis 30 die 19 ab und erhältst die gedachte Zahl 11. Im nächsten Spiel gehst du genau so vor, nur im 5. Schritt lässt du eine *andere* Zahl addieren, z. B. die 9. Nennt dein Mitspieler als Ergebnis z. B. 26, dann rechnest du im 5. Schritt: $26 - (2 + 9) = 26 - 11 = 15$. Das ist dann die gedachte Zahl.

Schnelles Quadrieren

9 – 10 ***Taschenrechner, Tafel***

Können Sie 65^2 bzw. $65 \cdot 65$ oder 115^2 bzw. $115 \cdot 115$ im Kopf ausrechnen? Oder müssen Sie zu Bleistift und Papier greifen oder den Taschenrechner zu Hilfe nehmen? Ich zeige Ihnen einen kleinen Rechenkniff, wie Sie solche Aufgaben blitzschnell im Kopf lösen können. Dass Sie dann Ihre Fähigkeiten in einer Vertretungsstunde demonstrieren und an die Schüler weitergeben, versteht sich von selbst. Schreiben Sie einmal die Quadratzahlen von 15, 25, 35 und 45 untereinander (nehmen Sie vorläufig den Taschenrechner zu Hilfe) und schauen sich die Ergebnisse an:

$15^2 = 225$
$25^2 = 625$
$35^2 = 1\,225$
$45^2 = 2\,025$

Die letzten beiden Ziffern im Ergebnis sind immer die 2 und die 5, also 25. Vor der 25 steht immer eine gerade Zahl: 2, 6, 12, 20, ... Jede dieser geraden Zahlen lässt sich als Produkt aus zwei Zahlen darstellen: Die erste Zahl ist die Ziffer vor der 5, die zweite ist die unmittelbar nachfolgende.

1. Beispiel: Bei der 15 steht die 1 vor der 5. Die nächstfolgende Zahl nach der 1 ist die 2. Also ergibt $1 \cdot 2 = 2$ und die 25 angehängt: 225.
2. Beispiel: 25^2. Vor der 5 steht die 2 und die nächstfolgende Zahl nach der 2 ist die 3. Also $2 \cdot 3 = 6$. 25 angehängt ergibt 625.

Jetzt fällt es Ihnen bestimmt leicht, die beiden Anfangsaufgaben im Kopf zu rechnen: 65^2: $6 \cdot 7 = 42$. 25 angehängt. Ergebnis 4 225.
115^2: $11 \cdot 12 = 132$. Wieder 25 anhängen. Ergebnis 13 225.

Übrigens funktioniert dieser Kniff auch mit Dezimalzahlen: $3{,}5 \cdot 3{,}5 = ?$
$3 \cdot 4 = 12$. Hinter die 12 ein Komma, 25 angehängt und das Ergebnis ist 12,25.

Natürlich liefern Sie den Schülern auch die Erklärung. Man stellt die zu quadrierende Zahl als Summe aus der natürlichen Zahl n und 5 dar und quadriert dann. Man erhält: $(n + 5)^2 = n^2 + 2 \cdot n \cdot 5 + 5^2 = n^2 + 10n + 25 = n(n + 10) + 25$. Für 65 gilt dann mit $n = 60$: $60 \cdot 70 + 25 = 4\,225$.

Den Geburtstag erraten

9–10 ***Schreibutensilien***

Vertretung in einer fremden Klasse? Da bietet es sich an, dass Sie durch „Gedankenlesen“ alle Geburtstage der Schüler aufsagen können. An einem Beispiel erläutere ich den Trick:

„Schreibe den Tag auf, an dem du geboren bist.“ (z. B. 17)
„Verdoppele die Zahl.“ (34)
„Zähle 5 hinzu.“ (39)
„Nimm das Ergebnis mit 50 mal.“ (1 950)
„Zum Schluss zählst du die Zahl des Geburtsmonats hinzu und sagst mir das Ergebnis.“ (1 951)
„Dein Geburtstag ist der 17. Januar.“

Sie brauchen nur von den genannten Zahlen 250 abzuziehen, also 1 951 – 250 = 1 701. Die ersten beiden Ziffern geben den Geburtstag, die letzten beiden den Geburtsmonat an. Die Subtraktion sollten Sie im Kopf ausführen.

Blitzrechner die Zweite

6 – 10 ***Schreibutensilien, Merkzettel mit a, b, $(2a + 5) \cdot 5 + b$***

Sie fordern Ihre Schüler auf, zwei beliebige Zahlen zwischen 1 und 10 auf einen Zettel zu schreiben. Monika schreibt zum Beispiel 9 und 4, Peter die Zahlen 3 und 6 auf.

„Multipliziere die erste gedachte Zahl mit 2. Zähle zum Ergebnis 5 hinzu. Nimm das Ganze mit 5 mal und zähle zum Ergebnis deine zweite gedachte Zahl hinzu. Was kommt heraus?“

Monika rechnet: $9 \cdot 2 = 18$. $18 + 5 = 23$. $23 \cdot 5 = 115$. $115 + 4 = 119$ und teilt das Ergebnis mit.

Sie ziehen von dieser Zahl 25 ab: $119 - 25 = 94$. Die zwei Ziffern dieser Zahl sind die beiden Zahlen, die sich Monika ausgedacht hat – sogar in der richtigen Reihenfolge.

Peter hat so gerechnet: $3 \cdot 2 = 6$. $6 + 5 = 11$. $11 \cdot 5 = 55$. $55 + 6 = 61$.

Sie ziehen im Kopf blitzschnell 25 von 61 ab und können dem staunenden Peter die 3 und die 6 nennen.

Erklärung: a sei die erste, b die zweite ausgedachte Zahl. Dann gilt:
$(2a + 5)5 + b = 10a + b + 25$ für alle Zahlen von 1 bis 9.

Herrenfahrrad – Kinderfahrrad

9 – 10 ***Tafelbild, Zirkel***

Vater und Sohn fahren auf zwei Fahrrädern mit gleicher Geschwindigkeit nebeneinanderher. Der Vater benutzt ein Herrenrad mit großen Rädern, der Sohn ein Kinderrad mit kleinen Rädern. Beide Räder haben den gleichen Dynamotyp und die gleiche Glühbirne in der Fahrradlampe. Welche Lampe leuchtet heller, die vom Vater oder die vom Sohn?

Antwort:

Beide Lampen leuchten gleich hell. Wenn die Fahrräder die gleiche Geschwindigkeit haben, muss auch die Umfangsgeschwindigkeit der Laufräder gleich groß sein: $v_{\mathrm{u\ (großes\ Rad)}} = v_{\mathrm{u\ (kleines\ Rad)}}$.

Die Umfangsgeschwindigkeit v_u ist gleich dem zurückgelegten Weg mal der Drehzahl n, also $v_u = d \cdot \pi \cdot n$ mit d als Raddurchmesser.

$d_1 \cdot \pi \cdot n_1 = d_2 \cdot \pi \cdot n_2$

Da d_1 größer ist als d_2, muss im gleichen Verhältnis die Drehzahl vom kleinen Rad größer sein als die Drehzahl vom größeren Rad. Beide Dynamos werden mit der gleichen Umfangsgeschwindigkeit angetrieben, drehen also mit der gleichen Drehzahl und erzeugen den gleichen Strom.

Schätzen Sie einmal, wie groß die Drehzahl ist, wenn der Radfahrer (Vater oder Sohn) mit einer Geschwindigkeit von 18 km/h fährt. Vielleicht 1 000 Umdrehungen pro Minute? Oder nur 500 U/min? Sie werden überrascht sein. Es sind ca. 5 000 Umdrehungen pro Minute! Die Rechnung finden Sie im Anhang auf Seite 237.

Das arme Schaf

10 ***Tafelanschrieb***

Ein Löwe, ein Wolf und ein Hund fressen gemeinsam ein Schaf. Der Löwe allein würde das Schaf in einer Stunde fressen, der Wolf bräuchte vier Stunden dafür und der Hund sechs Stunden. Wann sind sie fertig, wenn alle drei gemeinsam fressen?

Lösung:

Ein anderes Beispiel soll die Lösung verständlich machen: Sechs Arbeiter sollen einen großen Sandhaufen wegschaufeln. Ein Arbeiter allein braucht dafür 1 Stunde. Welche Zeit wird für das Wegschaufeln benötigt? Ganz einfach:

$$x = \frac{60\ \text{Minuten}}{1+1+1+1+1+1} = \frac{60\ \text{Minuten}}{6} = 10\ \text{Minuten}$$

Das Beispiel wird etwas verändert: Drei von den sechs Arbeitern sind schon sehr alt. Allein brauchen sie für den Sandhaufen zwei Stunden. Welche Zeit wird nun für das Wegschaufeln benötigt?

$$x = \frac{60\ \text{Minuten}}{1+1+1+1/2+1/2+1/2} = \frac{60\ \text{Minuten}}{9/2} = 13\,\frac{1}{2}\ \text{Minuten}$$

Immer noch zu verstehen. Und nun zu dem armen Schaf. Der Wolf frisst $1/4$ so schnell und der Hund $1/6$ so schnell wie der Löwe.

$$x = \frac{60\ \text{Minuten}}{1+1/4+1/6} = \frac{60\ \text{Minuten}}{17/12} = 42\ \text{Minuten}\ 21{,}2\ \text{Sekunden}$$

Ein Seil um die Erde

9 – 10 ***Tafelanschrieb, Zirkel***

Unsere Erde hat annähernd eine Kugelgestalt. Der Erdumfang am Äquator beträgt rund 40 000 Kilometer oder 40 Millionen Meter. Nun stellen wir uns vor, jemand legt ein Seil von 40 000 Kilometer Länge so am Äquator um die Erde, dass das Seil aufliegt. Dann verlängern wir (in Gedanken) das Seil um einen Meter, so dass es jetzt eine Länge von 40 000 001 Meter hat. Kann jetzt eine Ameise zwischen Erdkugel und Seil hindurch? Oder etwa ein Hund? Wie groß ist der Zwischenraum?

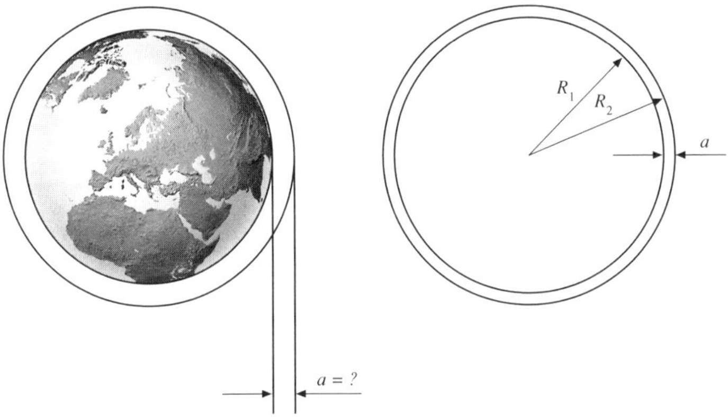

Lösung:

Der Radius der Erde beträgt etwa $R_1 = 6\,400\,000$ Meter. Nennen wir den Abstand zwischen Seil und Erdoberfläche a, beträgt der Seilradius $R_2 = R_1 + a$ oder $6\,400\,000 + a$. Der Umfang der Erde sei U_1, der des Seiles U_2. Dann ist

$U_1 = 2\,R_1 \cdot \pi$ und $U_2 = 2\,R_2 \cdot \pi$ oder $U_2 = 2 \cdot \pi \cdot (R_1 + a)$

$$\begin{aligned} U_2 - U_1 &= 1\text{ m} \\ 2\pi \cdot (R_1 + a) - 2\,R_1 \cdot \pi &= 1\text{ m} \\ 2a\pi &= 1\text{ m} \\ a &= 16\text{ cm} \end{aligned}$$

Es kann also bequem ein kleiner Hund durch den Zwischenraum laufen. Dieses Ergebnis ist von der Größe der Erdkugel unabhängig, wie aus der vorletzten Zeile der Gleichung abzulesen ist. Wir könnten ebenso gut ein Seil um einen Suppenteller legen und den Umfang um einen Meter vergrößern – der Wert für a bleibt immer 16 Zentimeter.

Gesetzt den Falz

8 – 10 ***Ein großes Stück Papier***

Lässt sich ein Papierbogen, wenn er nur groß und dünn genug ist, 50-mal falten? Du kannst in Gedanken das Papier so groß wählen, wie du willst, zum Beispiel 1 000 Kilometer breit und ebenso lang und ein zehntel Millimeter dick. Lässt es sich dann 50-mal falten? Vielleicht mit Hilfe von Ballons, Hubschraubern und Dampfwalzen? Überlege gut, ehe du mit Ja oder Nein antwortest, denn das Resultat ist sehr verblüffend.

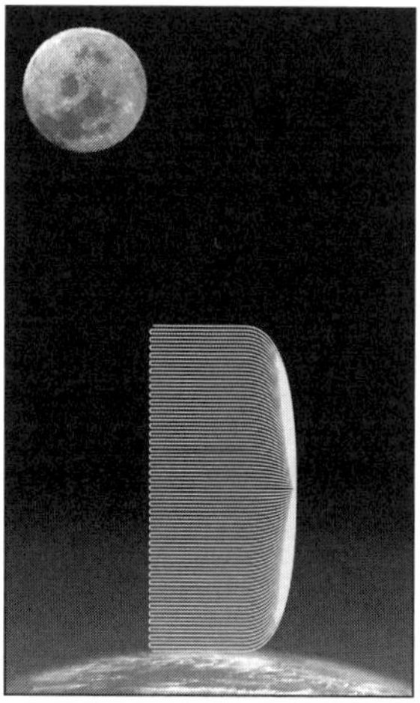

Lösung:

Die Frage ist eindeutig mit Nein zu beantworten.
Nach dem ersten Falz liegt das 1/10 Millimeter dicke Papier doppelt, nach dem zweiten vierfach, nach dem dritten achtfach und nach dem siebten Falz schon über einen Zentimeter dick. Nach 15 Falzungen haben die Lagen eine Höhe von $2^{15} \cdot 0{,}1$ mm = 3,3 m – immer noch nicht beängstigend.
Beim 30. Falz aber ist der Papierberg schon über 100 Kilometer hoch, nach 40 Falzungen weit über 10 000 Kilometer und nach 50 Falzungen wäre man etwa auf halber Strecke zum Mond angelangt. Die Grundfläche wäre mittlerweile auf etwa einen Quadratmeter geschrumpft.

Schön daneben

8 – 10 ***Tafelbild***

Kannst du dir vorstellen, wie viel eine Milliarde Euro ist? Ein Beispiel: Welche Höhe nimmt eine Milliarde Euro ein, wenn man 500-€-Scheine übereinander stapelt? Schätze erst einmal, bevor du rechnest! Übrigens ist ein 500-€-Schein 0,4 mm dick. Die meisten Schüler schätzen so zwischen 5 m und 20 m. Wie viel Meter schätzen Sie?

Lösung:
Ein 500-€-Schein ist 0,4 mm dick. Zwei 500-€-Scheine (= 1 000 €) haben dann eine Dicke von 0,8 mm oder 0,0008 m.
1 Million € sind dann 1 000 · 0,0008 m = 0,8 m dick. Und 1 Milliarde noch mal 1 000 · 0,8 m = 800 m. Hätten Sie das gedacht?

Das Wiegen ist des Bauern Lust

10 *Tafelbild*

Bauer Adam besitzt einen alten Mühlstein von 40 Kilogramm Masse. Eines Tages fällt der Mühlstein um und zerbricht in vier Stücke. Zu seiner Freude entdeckt Bauer Adam, dass er mit Hilfe dieser vier Stücke jede Menge Mehl von 1 Kilogramm bis 40 Kilogramm Masse auswiegen kann.
Welche Masse hat jedes Mühlsteinstück?

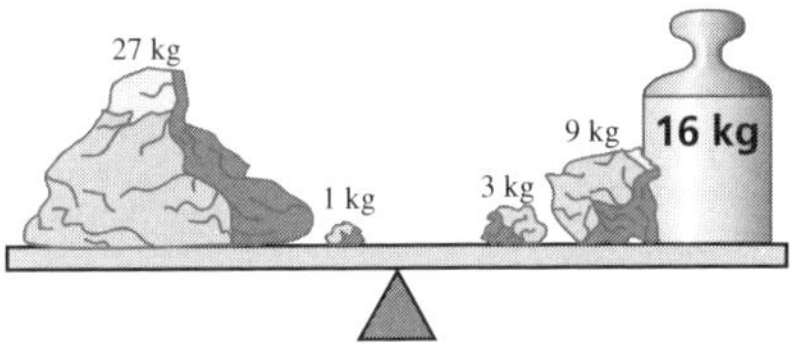

Lösung:
Die Reihe lautet: 1 – 3 – 9 – 27. Mit einem 1-kg-Stück und einem 3-kg-Stück kann er folgende Massen bestimmen: 1, 3 – 1 = 2, 3, 3 + 1 = 4 Kilogramm. Mit einem 1-, 3- und 9-kg-Stück kann er alle Massen bis 13 Kilogramm messen. Wenn man ein 14-kg-Stück in drei Teile zerlegt, können nicht alle Massen bis 14 kg gemessen werden. Man erkennt in der Reihe 1 – 3 – 9 … die Reihe der Kubikzahlen. Die nächste Zahl ist daher die 27.

Aus fünf und drei wird eins

8 – 10 *Tafelbild*

Zur Verfügung stehen ein Dreilitergefäß und ein Fünflitergefäß. Aus einer größeren Wassermenge soll genau ein Liter abgemessen werden. Wie muss man vorgehen?

Lösung:

Zuerst wird das Dreilitergefäß gefüllt. Dann werden die drei Liter in das Fünflitergefäß umgefüllt. Man füllt erneut das Dreilitergefäß mit Wasser und schüttet es in das Fünflitergefäß um. Nach dem Auffüllen des Fünflitergefäßes bleibt noch ein Liter im Dreilitergefäß zurück.

Die drei Krüge

8–10 *Tafelbild*

Ein Winzer hat einen vollen Krug mit acht Litern Wein und zwei leere Krüge, von denen einer genau fünf und der andere drei Liter fasst.
Nun kommt ein Kunde, der genau vier Liter Wein kaufen möchte. Der Winzer hat aber keine anderen Hilfsmittel als seine drei Krüge, um den Wein abzumessen. Wie oft muss er den Wein von einem Krug in einen anderen gießen, um schließlich in einem Krug vier Liter zu haben? Wie muss er vorgehen?

Lösung:

Der Winzer muss insgesamt sechsmal von einem in einen anderen Krug umfüllen.

	Anfang	1	2	3	4	5	6
A	8	3	3	6	6	1	1
B	0	5	2	2	0	5	**4**
C	0	0	3	0	2	2	3

Weinpanscherei

10 *Tafelbild*

Von zwei gleich großen Fässern ist eines mit Rotwein, das andere mit Weißwein gefüllt. Ein Winzer nimmt einen kleinen Krug, füllt ihn mit Rotwein (1. Schritt) und schüttet den Inhalt in den Weißwein (2. Schritt).

Dann wird der Weißwein mit dem kleinen Rotweinanteil gut gemischt. Der Winzer nimmt wieder den kleinen Krug, füllt ihn mit dem Weißwein-Rotwein-Gemisch (3. Schritt) und schüttet den Inhalt in das Rotweinfass zurück (4. Schritt). In welchem Fass sind mehr Fremdanteile?

Lösung:

In beiden Fässern sind gleich viele *Fremdanteile,* also in dem Rotweinfass ist die gleiche Menge Weißwein enthalten wie in dem Weißweinfass Rotwein.

Mit einem Zahlenbeispiel lässt sich der Beweis leicht führen. Wir nehmen ein Fass mit zehn Liter Rotwein (R) und ein Fass mit zehn Liter Weißwein (W) an. Der kleine Krug soll einen Liter fassen.

Anfang:	10 R und 10 W
1. Schritt:	10 R – 1 R = 9 R im Rotweinfass
2. Schritt:	10 W + 1 R im Weißweinfass
3. Schritt:	Im Einliterkrug sind: 1/11(10 W + 1 R) = 10/11 W + 1/11 R
4. Schritt:	Im Rotweinfass sind: 9 R + (10/11 W + 1/11 R)
	Im Weißweinfass sind: 10 W – (10/11 W + 1/11 R)
Im Rotweinfass:	9 R + 1/11 R + 10/11 W = 100/11 R + **10/11 W**
Im Weißweinfass:	10 W – 10/11 W – 1/11 R + 1 R = 100/11 W + **10/11 R**

Die schwere Kugel

10 *Tafelbild*

Von acht gleich großen Kugeln ist nur eine etwas schwerer und alle anderen sieben sind gleich schwer. Rein äußerlich sehen jedoch alle acht Kugeln gleich aus. Nun soll man auf einer Balkenwaage mit zwei Waagschalen in höchstens zwei Wiegevorgängen die schwerere Kugel mit Bestimmtheit herausfinden. Wie wird das wohl gemacht?

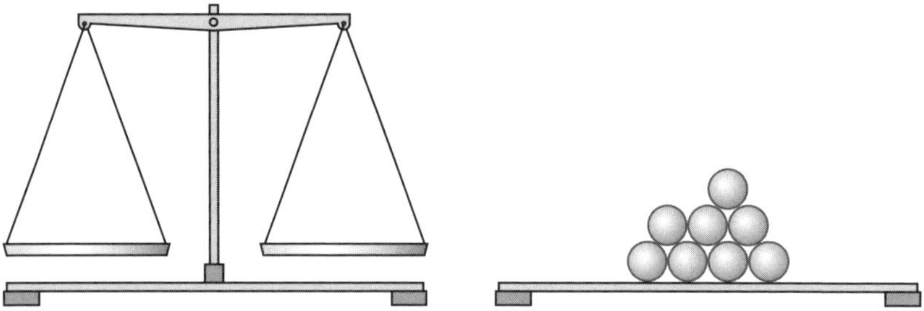

Lösung:
Man legt drei Kugeln auf die linke und drei auf die rechte Waagschale. Ist die Waage im Gleichgewicht, kann sich die schwerere Kugel nur noch unter den restlichen zwei Kugeln befinden. Eine weitere Wägung schafft dann Klarheit.
Ist die Waage nicht im Gleichgewicht, befindet sich die schwerere Kugel in der geneigten Waagschale. Bei der nächsten Wägung werden zwei von den drei Kugeln aus der geneigten Schale erneut gewogen. Bleibt die Waage im Gleichgewicht, ist die nicht gewogene Kugel die schwerere. Senkt sich die Waage, ist dort die schwerere zu finden.
Auch das folgende Problem lässt sich lösen: Von neun gleich großen Kugeln ist eine etwas schwerer. Auch sie soll man bei nur zwei Wägungen mit Bestimmtheit herausfinden.

Erst denken, dann handeln

10 *Folie auf OHP*

Wenn man diesen Grundsatz beherzigt, ist folgende Aufgabe gar nicht schwer zu lösen: In zehn Behältern befinden sich gleich viele Kugeln, die alle das gleiche Aussehen haben. Sie unterscheiden sich aber in einer Eigenschaft: Die Kugeln in neun Behältern haben je eine Masse von neun Gramm, die Kugeln in *einem* Behälter eine Masse von zehn Gramm.

Nun soll mit Hilfe einer Dezimalwaage mit *einer einzigen Wägung* herausgefunden werden, in welchem der zehn Behälter sich die schwereren Kugeln befinden.

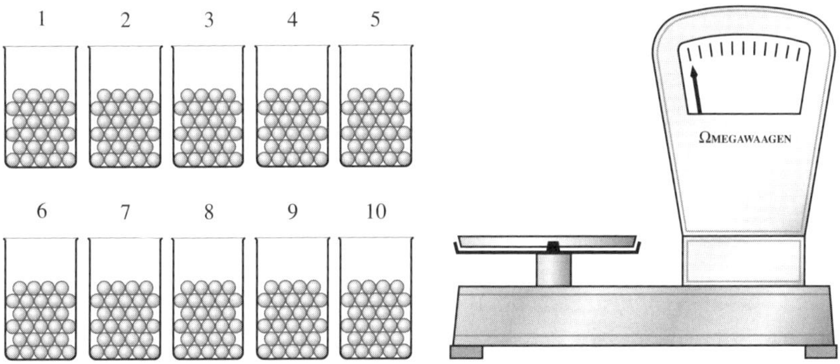

Lösung:

Man nummeriert die Behälter 1 bis 10 durch und entnimmt dem ersten Behälter eine Kugel, dem zweiten Behälter zwei, dem dritten drei und so fort. Dem neunten Behälter werden also neun Kugeln entnommen und dann alle 45 Stück auf die Waage gelegt.

Zeigt die Waage $45 \cdot 9$ g = 405 g an, so kann man folgern, dass sich die Kugel im zehnten Behälter befindet. Zeigt die Waage z. B. 408 Gramm an, so befinden sich die schwereren Kugeln im dritten Behälter, denn 408 – 3 ist 405. Die ganze Zahl, die von 405 abweicht, ist in jedem Fall der gesuchte Behälter.

Wie viele Griffe?

10 *Tafelbild*

Vor dir stehen drei Kartons. In dem einen befinden sich zwei weiße Kugeln, im nächsten zwei schwarze und im dritten eine schwarze und eine weiße Kugel.
Leider sind die drei Kartons nicht richtig beschildert. Die Schilder **WW** (für den Karton mit den beiden weißen Kugeln), **SS** und **WS** sind so vertauscht, dass jeder Karton ein falsches Schild trägt. Nun sollst du den Inhalt der Kartons richtig bestimmen. Dazu darfst du nur *eine* Kugel aus irgendeinem Karton nehmen, ohne dabei die anderen Kugeln zu sehen.
Wie viele solcher Griffe sind notwendig, um die Aufgabe zu lösen?

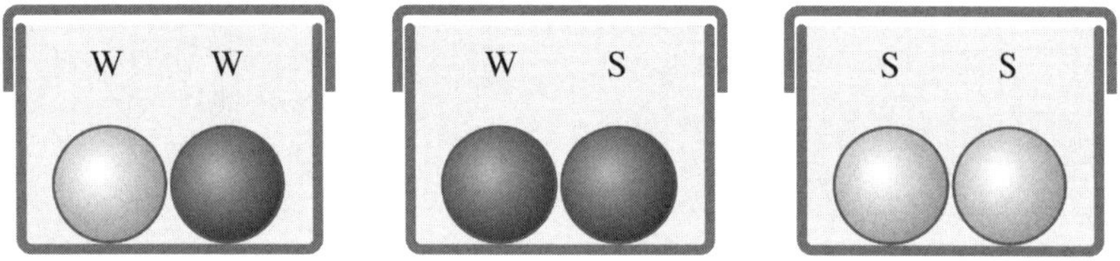

Lösung:
Es ist nur *ein* Griff erforderlich. Dieser Griff muss in den mit **WS** beschilderten Karton erfolgen. In ihm können sich laut Aufgabenstellung entweder zwei weiße oder zwei schwarze Kugeln befinden – denn jeder Karton trägt ja ein falsches Schild. Bringt der Griff eine schwarze Kugel hervor, dann muss die andere ebenfalls schwarz sein. In dem Karton mit dem Schild **WW** müssen dann eine schwarze und eine weiße Kugel liegen, und in dem dritten Karton mit dem Schild **SS** liegen die beiden weißen Kugeln.
Bringt der erste Griff eine weiße Kugel, ist es genau umgekehrt.

Auf dem Wochenmarkt

8 – 10 *Tafelbild*

Eine Marktfrau will aus einem 5-kg-Sack mit Linsen Päckchen zu je 200 g abpacken. Die Frau besitzt eine Balkenwaage mit großen Waagschalen, hat aber leider nur ein 500-g- und ein 900-g-Wägestück zur Verfügung. Kannst du ihr helfen?

Lösung:
Zuerst wiegt sie 400 Gramm Linsen ab, indem sie das 900-g-Wägestück auf die eine Waagschale, das 500-g-Wägestück auf die andere Waagschale legt plus so viel Linsen, bis die Waage im Gleichgewicht ist. Dann verteilt sie diese 400 Gramm so auf beide Waageschalen, dass die Waage im Gleichgewicht ist. Jetzt hat sie zwei Portionen von je 200 Gramm. Beide Päckchen kann sie fertig machen, eines davon dient zum Abwiegen der restlichen 23 Päckchen.

Strafarbeit

5 – 7 *Merkzettel*

Der Lehrer fordert die Schüler auf, die Ziffern von 1 bis 9 in schöner Schrift nebeneinander aufzuschreiben. Dann geht er herum und schaut sich das Ergebnis an:
„Gerd, die Vier sieht aber nicht gut aus, die musst du noch tüchtig üben. Streiche aus deiner Reihe die Acht. Dann multipliziere die ganze Reihe mit 36!"

Gerd rechnet:	1	2	3	4	5	6	7	9	·	36
	3	7	0	3	7	0	3	7		
		7	4	0	7	4	0	7	4	
	4	4	4	4	4	4	4	4	4	

Auf diese Weise kann man jede Ziffer „üben" lassen. Die Zahlenreihe 1 bis 9 ohne die 8 wird multipliziert mit der gewünschten Zahl mal 9, hier also 4 · 9 = 36. Als Ergebnis erscheint stets neunmal diese „Übungszahl".

Der Flächeninhalt des Kreises

10 *Tafelbild, Zirkel*

Leite aus der Umfangsformel für den Kreis $U = d \cdot \pi$ oder $U = 2 \cdot r \cdot \pi$ und der Formel für die Dreiecksfläche $A = 1/2 \cdot g \cdot h$ den Flächeninhalt des Kreises ab!

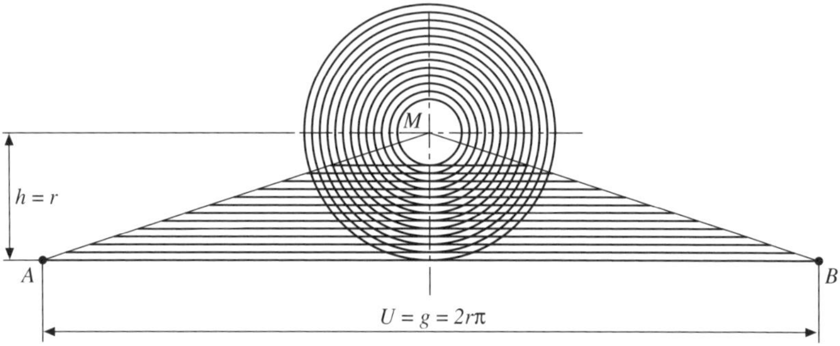

Lösung:

Kreisumfang U abrollen. Es entsteht eine Strecke mit dem Anfangspunkt A und dem Endpunkt B. Die Länge beträgt $g = 2 \cdot r \cdot \pi$. Die Punkte A und B mit dem Mittelpunkt des Kreises verbinden. Es entsteht ein Dreieck mit der Grundlinie $2r\,\pi$ und der Höhe r.

Würde man jetzt alle nächst kleineren Umfänge streifenartig übereinander legen, wäre die Kreisfläche in der Dreiecksfläche untergebracht.

$A_{\text{Kreis}} = A_{\text{Dreieck}} = 1/2 \cdot g \cdot h$

$A = 1/2 \cdot 2 \cdot r \cdot \pi \cdot r$

$A = r^2 \cdot \pi$

Der Lehrsatz des Pythagoras

10 *Tafelbild*

Bestätige, dass im rechtwinkligen Dreieck die Summe der Kathetenquadrate gleich dem Hypothenusenquadrat ist!

$a^2 + b^2 = c^2$

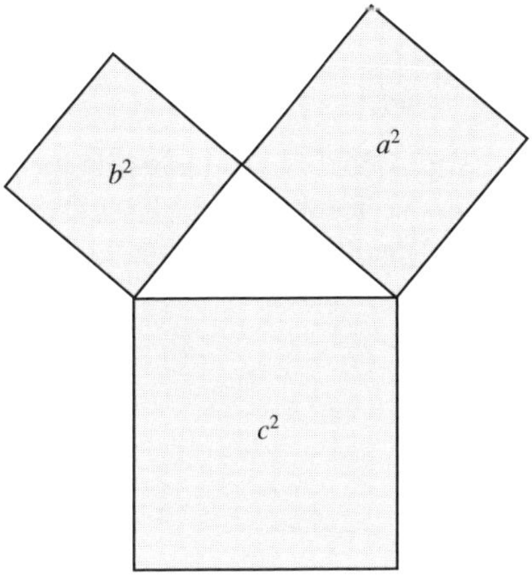

Beweis: In ein äußeres Quadrat wird ein kleineres Quadrat so über Eck gelegt, dass vier rechtwinklige Dreiecke I, II, III und IV mit den Seiten a, b und c entstehen.

Diese vier Dreiecke I, II, III und IV sind deckungsgleich. Ihre vier Hypothenusen bilden das kleine Quadrat mit der Seitenlänge c.

Für die Flächeninhalte gilt:

Großes Quadrat = vier Dreiecke + kleines Quadrat

$$(a + b)^2 = 4 \cdot {}^1\!/_2 ab + c^2$$

$$a^2 + 2ab + b^2 = 2ab + c^2$$

$2ab$ abgezogen:

$a^2 + b^2 = c^2$

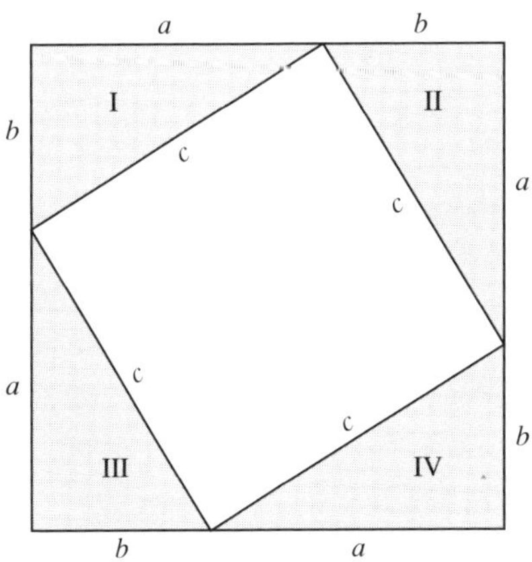

Die kluge Ameise

10 ***Tafelbild, Abwicklung eines Quaders aus Karton***

Eine Ameise will auf dem Quader (Bild 1) von A nach B krabbeln. Sie kann verschiedene Wege einschlagen; einer davon ist in Bild 1 und Bild 2 eingezeichnet. Aber es ist *nicht* der kürzeste Weg. Es gibt noch einen kürzeren. Wie verläuft er?

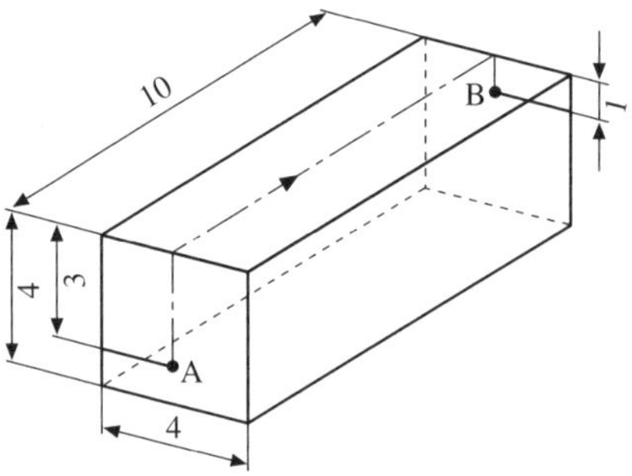

Bild 1

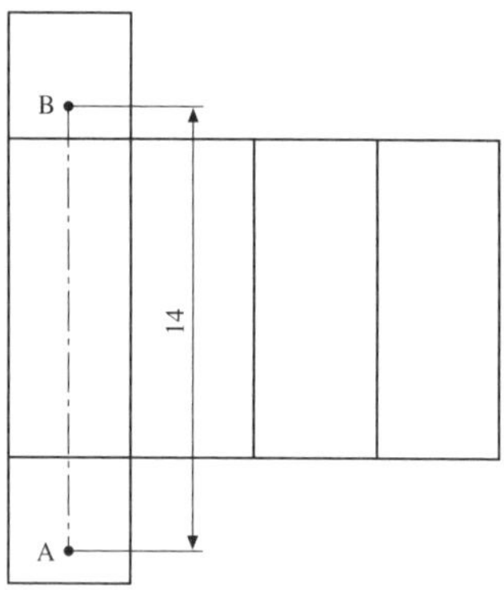

Bild 2

Lösung:

Von dem Quader wird die Abwicklung (Bild 2) gezeichnet. Es ist verblüffend, dass die Strecke $\overline{AB} = 14$ cm nicht die kürzeste Entfernung ist! Die Abwicklung des Quaders kann auf sechs verschiedene Weisen erfolgen. Eine mögliche davon ist Bild 2. Die Lösungen zeigen die Figuren II und V in Bild 3. Mit dem pythagoreischen Lehrsatz kann man leicht berechnen:

$\overline{AB} = \sqrt{13^2 + 5^2}$

$\overline{AB} = \sqrt{169 + 25} = \sqrt{194}$

$\overline{AB} < \sqrt{196}$, denn $= \sqrt{196} = 14$

Es ist zu empfehlen, die fünf weiteren Quaderabwicklungen (Bild 3) mit den Maßen in cm aus Karton herzustellen und die Punkte A und B zu markieren.

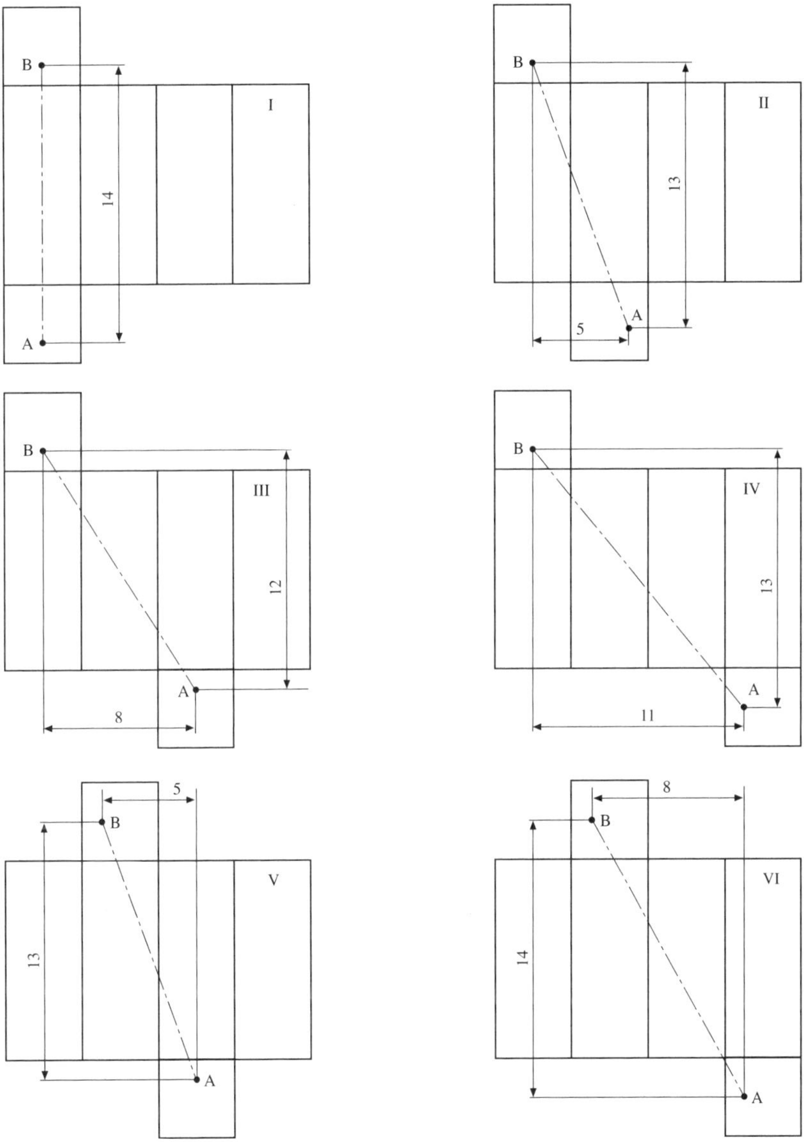

Bild 3

Pythagoras einmal anders

9–10 *Ziegelstein oder ein ähnlicher Quader, Lineal, Gewichtsstück, 2. Lineal*

Der Lehrer stellt einen Ziegelstein auf den Tisch und legt dazu zwei Lineale. „Ihr sollt jetzt ausmessen, wie lang die Raumdiagonale ist.“ An die Tafel zeichnet er das Raumbild des Quaders, bemaßt die Kanten und markiert in Rot die Raumdiagonale.

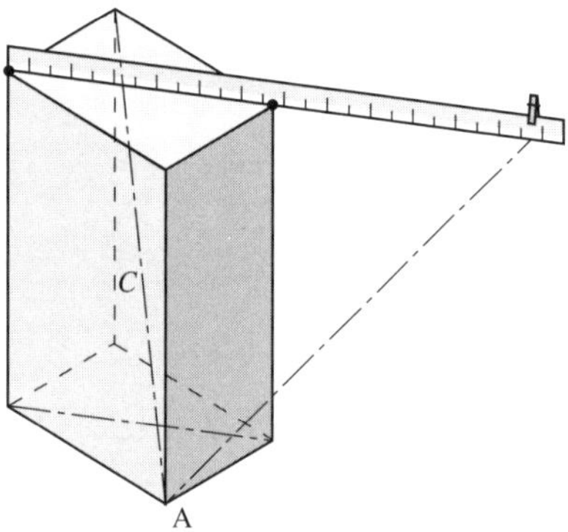

Die Schüler sind zuerst ratlos und stellen viele Vermutungen an, von denen aber keine zur Lösung führt.

„Gut. Dann müssen wir es ausrechnen. Mit dem Lehrsatz von Pythagoras könnt ihr ja gut umgehen. Rechnen wir zuerst die kleine Flächendiagonale c aus (alle Maße in cm):“

$c = \sqrt{115^2 + 5{,}2^2} = \sqrt{132{,}25 + 27{,}04} = \sqrt{159{,}29} = 12{,}62$

Der Lehrer trägt die kleine Flächendiagonale in das Raumbild ein, markiert den rechten Winkel und lässt die Raumdiagonale C ausrechnen.

$C = \sqrt{24^2 + 12{,}62^2} = \sqrt{576 + 159{,}26} = \sqrt{735{,}26} = 27{,}12$

„Nun kontrollieren wir mit zwei Linealen, ob die Rechnung stimmt.“ Er legt ein Lineal als Diagonale so auf die Kopfseite des Ziegelsteines, dass an einer Ecke 0 cm anliegt. Dann wird das Lineal mit einem kleinen Gewichtsstück beschwert, damit es nicht herunterfällt. Den Betrag der Flächendiagonalen liest er ab und trägt ihn noch einmal an das überstehende Teil des Lineals ab (dort macht er eine kleine Marke).

Mit dem zweiten Lineal misst er nun die Entfernung von der Ecke A bis zum markierten Ende des oben liegenden Lineals. Es ist die Raumdiagonale des Quaders $C \approx 27$ cm!

Winkelsumme im Dreieck

9 – 10 ***Tafelbild, Papier, Zeichenmaterial***

Natürlich wissen die Schüler, dass die Winkelsumme in einem Dreieck 180° beträgt. Trotzdem macht es Spaß, das auch optisch zu beweisen. Die Schüler schneiden ein beliebiges Dreieck aus Papier aus und bezeichnen die Winkel mit α, β, γ (Bild 1). Dann reißen Sie die drei Ecken ab und legen diese so aneinander, wie es die Abbildung (Tafelbild, Bild 2) zeigt.

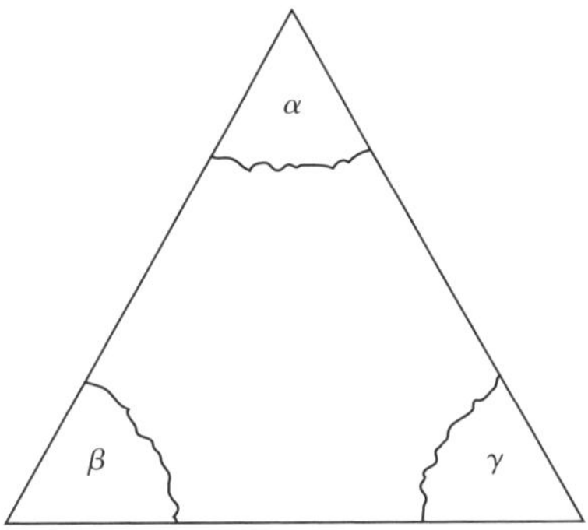

Bild 1

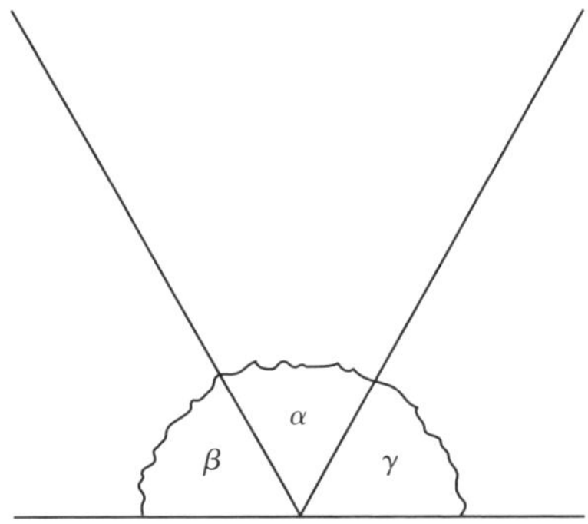

Bild 2

Die drei Schenkel der abgerissenen Ecken bilden eine Gerade – und somit einen Winkel von 180°. Damit ist bewiesen, dass die Winkelsumme im Dreieck 180° beträgt.

Eine Ziffer streichen

9 – 10 ***Schreibutensilien, Merkzettel***

Auf einem kleinen Merkzettel notieren Sie: mehrstellige Zahl Z; Quersumme Q; $Z - Q$; Ergebnis E; beliebige Ziffer x; E ohne $x = a$; Quersumme von a; $x =$ die nächstgrößere durch 9 teilbare Zahl – a.

Wieder stelle ich Ihnen ein Spiel vor, bei dem alle Schüler gleichzeitig mitmachen können. Jeder schreibt eine beliebige mehrstellige Zahl *(Z)* auf einen Zettel, z. B. notiert sich Jens 13 665. Jetzt soll er von dieser Zahl die Quersumme *(Q)* ausrechnen:

$1 + 3 + 6 + 6 + 5 = 21$.

Die Quersumme zieht er von der notierten Zahl ab *(Z – Q)* 13 665 – 21 und erhält 13 644 *(E)*.
Nun soll er von dem Ergebnis eine beliebige Ziffer x streichen. Jens streicht z. B. die 6.

Sie lassen sich von jedem Schüler die übrig gebliebene Zahl *(a)* nennen, z. B. nennt Jens 1 344. Sofort können Sie dem verdutzten Jens die Ziffer nennen, die er gestrichen hat!

Erklärung: Sie brauchen nur die Quersumme der genannten Zahl bilden, also $1 + 3 + 4 + 4 = 12$ und diese bis zur nächsten durch 9 teilbaren Zahl ergänzen: $12 + 6 = 18$. Jens hat die 6 gestrichen.

Differenz erraten

8 – 10 ***Schreibutensilien, Merkzettel mit a b c, c b a, größere minus kleinere, erste Ziffer nennen, mittlere Ziffer 9, letzte Ziffer Ergänzung zu 9***

„Schreibe eine beliebige dreistellige Zahl auf, die aus drei verschiedenen Ziffern besteht. Jetzt schreibe in umgekehrter Reihenfolge dieselben Ziffern zu einer neuen Zahl auf und subtrahiere die kleinere von der größeren. Ergibt sich als erste Stelle eine Null, muss man diese anschreiben."

Clara hat sich 417 ausgedacht und stellt nach 714 um. Sie rechnet: 714 – 417 und erhält als Differenz 297. Clara nennt Ihnen nur die erste Ziffer (hier die 2) und schon teilen Sie ihr das ganze Ergebnis der Differenz mit.

Erklärung: Jede Subtraktion, die Sie nach oben beschriebenen Regeln ausführen, ergibt die Quersumme 18. Stets ist die mittlere Ziffer eine 9. Daraus folgt, dass die letzte Ziffer die Ergänzung der ersten Ziffer zu 9 ist. $2 + x = 9$ und $x = 7$. Also lautet die Zahl 297!

Eine mysteriöse Zahl

8 – 10 ***Schreibutensilien, Merkzettel mit 1 089, dreistellige Zahl, erste und letzte Stelle, verschieden, umgekehrt, kleinere minus größere, Null mitschreiben, wieder rückwärts, Ergebnis und vorige Zahl addieren.***

Sie schreiben die Zahl 1 089 auf die Rückseite der Klapptafel (oder auf eine OH-Folie, die sie aber verdecken). Alle Schüler sollen nun eine beliebige dreistellige Zahl aufschreiben. Die erste und die letzte Stelle muss dabei verschieden sein. Nun sollen alle die gewählte Zahl rückwärts aufschreiben und die kleinere von der größeren abziehen. Ergibt sich als erste Stelle eine Null, muss man sie mit aufschreiben.
Jetzt sollen die Schüler auch dieses Ergebnis verkehrt herum aufschreiben und es mit dem vorigen zusammenzählen. Das Ergebnis nennen sie Ihnen. Die Überraschung ist groß, wenn Sie jetzt die von Ihnen versteckte Zahl präsentieren.

Beispiel
Jutta schreibt die Zahl 246. Umgekehrt 642. Kleinere minus größere: 642 – 246 = 396. Umgekehrt 693. Letzte plus vorletzte Zahl: 693 + 396 = 1 089.

Lösung:
Was der Schüler auch wählt, immer wird 1 089 herauskommen – weshalb man den Trick auch nur einmal machen darf.

Addition mit Überraschung

8 – 10 ***Schreibmaterial, Taschenrechner***

Die Schüler werden aufgefordert, zwei beliebige Zahlen nebeneinander aufzuschreiben und zu addieren. Sie erhalten dann eine dritte Zahl. Gerd schreibt z. B. als erste Zahl 9 und als zweite Zahl 30. Die dritte Zahl ist dann 39.

9 30 39

Nun sollen die Schüler die dritte Zahl zur zweiten Zahl addieren und erhalten so eine vierte Zahl. Das wird fortgesetzt (vierte plus dritte Zahl = fünfte Zahl usw.), bis sie eine Zeile von 10 Zahlen haben. Zum Schluss werden alle zehn Zahlen addiert – aber das Ergebnis noch nicht verraten.

Gerds Zahlenreihe sieht dann so aus:

9	30	39	69	108	177	285
462	747	1 209				

und die Summe aller zehn Zahlen beträgt 3 135.

Der Lehrer fordert nun die Schüler auf, ihm die 7. Zahl in der Reihe zu nennen. Gerd nennt die 285. Sekunden später kann der Lehrer ihm seine Summe nennen: 3 135! Er braucht „nur" die 7. Zahl mit 11 zu multiplizieren. Und das können viele im Kopf rechnen: 2 850 + 285 = 3 135.
Wer sich nicht sicher ist, benutzt den Taschenrechner.

Addition mit Vorhersage

7 – 10 *Tafel, Kreide, Taschenrechner*

Der Lehrer schreibt auf die Rückseite der Tafel eine bestimmte Zahl, z. B. 25 867. „Wir schreiben nun beliebige fünf vierstellige Zahlen auf die Tafel, und zwar immer abwechselnd, einmal ich und einmal ihr. Und ich behaupte, dass ich die Summe dieser fünf Zahlen schon vorher auf die Rückseite der Tafel geschrieben habe."

Der Lehrer beginnt und schreibt als erste Zahl 5 869 (nur er weiß, dass es die gesuchte Zahl von der Tafelrückseite ist, nur hat er die erste Ziffer (die 2) zur übrig gebliebenen Zahl addiert, also 5 867 + 2 = 5 869. Diese Zahl merkt er sich oder – falls er damit Probleme hat – notiert er sie unauffällig.

5 869

Nun darf ein Schüler eine beliebige vierstellige Zahl darunter schreiben, z. B. 3 445:

5 869
3 445

Jetzt ist wieder der Lehrer an der Reihe und er schreibt die 6 554 an die Tafel.

5 869
3 445
6 554

Warum gerade diese scheinbar beliebige Zahl? Nur er weiß, dass es zu jeder Ziffer die Ergänzung zu 9 ist: 3 + 6 = 9, 4 + 5 = 9, 4 + 5 = 9, 5 + 4 = 9. Ein anderer Schüler schreibt nun wieder eine beliebige vierstellige Zahl darunter, z. B. 4 608:

5 869
3 445
6 554
4 608

Zum Schluss schreibt der Lehrer (nach der gleichen Methode wie vorher) die 5 391 auf:

5 869
3 445
6 554
4 608
5 391

und bittet alle Schüler die Summe der fünf Zahlen auszurechnen: 25 867. Und das ist auch die Zahl hinter der Tafel!

Eine neue Vorführung mit einer neuen versteckten Zahl kann beginnen. Aber muss diese Zahl immer mit einer 2 beginnen? Ja, wenn man mit fünf Summanden (die erste Zahl, die man selbst hingeschrieben hat, und zwei weitere Zahlenpaare, deren Ziffern immer 9 ergeben) ans Ziel kommen will. Wählt man als erste Ziffer der versteckten Zahl eine 3 (z. B. 3 440), benötigt man drei Zahlenpaare, deren entsprechende Ziffern 9 ergeben. Auf jeden Fall erhält man den ersten Summanden, indem man die erste Ziffer wegstreicht und sie zum Rest addiert; also 440 + 3 = 443.

Probe: 443 + 755 + 244 + 660 + 339 + 789 + 210 = 3 440. Dieses Prinzip lässt sich auch auf beliebige Zahlen anwenden.

Drei Zahlenpyramiden

Erste Pyramide

7–10 *Tafelbild, Schreibutensilien*

Sie schreiben die erste Zahlenpyramide an die Tafel und die Schüler übernehmen das Tafelbild. Nachdem die Schüler die ersten drei Glieder der Pyramide ausgerechnet haben, erkennen sie das System. Und dann fällt es ihnen leicht, die Pyramide zu vollenden.

$1 \cdot 8 + 1 =$ ______________
$12 \cdot 8 + 2 =$ ______________
$123 \cdot 8 + 3 =$ ______________
$1234 \cdot 8 + 4 =$ ______________
$12345 \cdot 8 + 5 =$ ______________
$123456 \cdot 8 + 6 =$ ______________
$1234567 \cdot 8 + 7 =$ ______________
$12345678 \cdot 8 + 8 =$ ______________
$123456789 \cdot 8 + 9 =$ ______________

Lösung:

$1 \cdot 8 + 1 = 9$
$12 \cdot 8 + 2 = 98$
$123 \cdot 8 + 3 = 987$
$1234 \cdot 8 + 4 = 9876$
$12345 \cdot 8 + 5 = 98765$
$123456 \cdot 8 + 6 = 987654$
$1234567 \cdot 8 + 7 = 9876543$
$12345678 \cdot 8 + 8 = 98765432$
$123456789 \cdot 8 + 9 = 987654321$

Zweite Pyramide

7–10 *Tafelbild*

Hier müssen nur die ersten beiden Glieder ausgerechnet werden, alles Weitere ergibt sich von allein. Zur Kontrolle rechnen die Schüler noch das letzte Glied der Pyramide aus: $27 \cdot 37 = ?$

3 · 37 = ______
6 · 37 = ______
9 · 37 = ______
12 · 37 = ______
15 · 37 = ______
18 · 37 = ______
21 · 37 = ______
24 · 37 = ______
27 · 37 = ______

Lösung:

3 · 37 = 111
6 · 37 = 222
9 · 37 = 333
12 · 37 = 444
15 · 37 = 555
18 · 37 = 666
21 · 37 = 777
24 · 37 = 888
27 · 37 = 999

Dritte Pyramide

9 – 10 *Tafelbild*

a)	1	2	=	3							
b)	1	2	3	=	4						
c)	1	2	3	4	=	5					
d)	1	2	3	4	5	=	6				
e)	1	2	3	4	5	6	=	7			
f)	1	2	3	4	5	6	7	=	8		
g)	1	2	3	4	5	6	7	8	=	9	
h)	1	2	3	4	5	6	7	8	9	=	10

Aus den Ziffern auf der linken Seite sollen mit den Rechenzeichen +, –, · und : solche Aufgaben gebildet werden, dass die Gleichungen stimmen. Die Reihenfolge der Ziffern ist beliebig, z. B. darf in Aufgabe c) zuerst 3 · 4 gerechnet werden. Jede Ziffer darf nur einmal benutzt werden. Die 1 und die 2 dürfen ggf. zu einer 12 zusammengefasst werden und es gilt: Punktrechnung geht vor Strichrechnung. Alles klar?

Lösung:

a) $1 + 2 = 3$

b) $12 : 3 = 4$

c) $3 \cdot 4 = 12$, $12 : 2 = 6$, $6 - 1 = 5$

d) $2 \cdot 3 = 6$, $6 + 4 = 10$, $10 - 5 = 5$, $5 + 1 = 6$

e) $1 \cdot 4 = 4$, $4 \cdot 6 = 24$, $24 - 5 = 19$, $19 + 2 = 21$, $21 : 3 = 7$

f) $6 \cdot 7 = 42$, $42 - 5 = 37$, $37 - 3 = 34$, $34 - 2 = 32$, $32 \cdot 1 = 32$, $32 : 4 = 8$

g) $8 + 7 = 15$, $15 - 6 = 9$, $9 - 5 = 4$, $4 - 4 = 0$, $0 + 1 = 1$, $1 + 2 = 3$, $3 \cdot 3 = 9$

h) $9 + 8 = 17$, $17 + 7 = 24$, $24 + 6 = 30$, $30 : 5 = 6$, $6 - 4 = 2$, $2 + 3 = 5$, $5 \cdot 2 = 10$, $10 \cdot 1 = 10$

Anwendungsbezogene Aufgaben

10 *Taschenrechner, Schreibmaterial*

1. Ein Huhn frisst am Tag 120 g Körner. 8,4 kg Körner kosten 6 €. Wie viele Hühner kann man maximal halten, wenn man pro Woche nicht mehr als 12 € an Futter ausgeben will?

Lösung:

Ein Huhn frisst in 7 Tagen $120\text{ g} \cdot 7 = 840\text{ g}$ Körner. 8 400 g Körner kosten 600 Cent, 840 g kosten 60 Cent. Ein Huhn kostet also 0,6 € pro Woche. Somit können $12 : 0{,}6 = 20$ Hühner gehalten werden.

2. Von einer Sorte Sammelbildchen gibt es Tüten zu kaufen mit je 5 zufällig zusammengestellten Bildern. Insgesamt gibt es 30 verschiedene Motive. Wie viele Tüten muss man kaufen, um garantiert 5 Bilder mit demselben Motiv zu bekommen?

Lösung:

Beim Kauf von 120 Bildern hat man im ungünstigen Fall erst 4 Exemplare mit demselben Motiv ($4 \cdot 30 = 120$). Das sind bereits $120 : 5 = 24$ Tüten. Erst das 121. Bild komplettiert dann eine Gruppe zu 5 Bildern mit dem gleichen Motiv. Man muss also mindestens 25 Tüten kaufen.

3. Um einen Weg zu pflastern, benötigt man 200 Steine. Jeder Stein ist 40 cm lang und 30 cm breit. Wie viele Steine würde man benötigen, wenn diese 15 cm lang und 20 cm breit wären?

Lösung:

Die gepflasterte Fläche ist 200 · 40 cm · 30 cm = 240 000 cm^2 groß. Von den kleineren Steinen benötigt man 240 000 : 15 cm · 20 cm = 800 Stück.
Es geht auch einfacher: Je einen großen Stein kann man aus vier kleinen legen. Also werden 200 · 4 = 800 Steine benötigt.

4. Bei guten Futterverhältnissen können pro 10 km^2 Wald zwei Marder leben. Wie viele Marder können auf 540 km^2 Wald leben, wenn es nur noch die Hälfte zu fressen gibt?

Lösung:

Bei schlechten Futterverhältnissen kann nur noch 1 Marder pro 10 km^2 leben; also 540 : 10 = 54 Marder.

5. Ein Tunnel soll 666 m lang werden. Auf beiden Seiten wird gearbeitet. Die ältere Bohrmaschine schafft 15 m pro Tag, fällt aber für 4 Tage aus. Die andere, neue Maschine schafft 22 m pro Tag, kommt aber erst zwei Tage nach Baubeginn zum Einsatz. Wie viel Tage dauert es bis zum Durchbruch?

Lösung:

Anzahl der Tage = x. Ohne Ausfälle von Maschinen kann man so rechnen:
$(15 + 22)x = 666$; $x = 666 : 37 = 18$ Tage.
4 Tage à 15 m = 60 m und 2 Tage à 22 m = 44 m machen zusammen 104 m, die man zu den 666 addieren kann. 666 + 104 = 770 m.
Neue Rechnung: $x = 770 : 37 = 20{,}8$ Tage.

6. Ein Brotvorrat reicht für einen Mann 9 Tage, für eine Frau 12 Tage und für ein Kind 18 Tage. Wie lange reicht der Vorrat für alle 3 Personen?

Lösungstipp: Setze den gesuchten Brotvorrat gleich x und die Summe aller Tage, an denen es Brot gibt, gleich 1.

Lösung:

$\frac{x}{9} + \frac{x}{12} + \frac{x}{18} = 1$; $x = 4$. Der Brotvorrat reicht für 4 Tage.

7. Ein Verein macht einen Ausflug. Es sind dreimal so viel Erwachsene wie Kinder dabei. Eine Normalfahrkarte kostet 6 €, Kinder bezahlen die Hälfte. Wie viele Kinder und Erwachsene fahren mit, wenn die Fahrkosten insgesamt 231 € betragen?

Lösung:

Die Zahl der Kinder nennen wir x. Da dreimal mehr Erwachsene als Kinder am Ausflug teilnehmen, zahlen sie $3 \cdot x \cdot 6$ €. Die Kinder tragen zu den Kosten $x \cdot 3$ € bei. Zusammen:

$3 \cdot x \cdot 6 + x \cdot 3 = 231;$ $18x + 3x = 231;$ $21x = 231;$ $x = 7$

Ergebnis: 21 Erwachsene und 7 Kinder fahren mit.

Ganz schön schwierig, oder?

7 – 10 *Tafelbild*

4 Hühner legen in 4 Tagen 4 Eier. Wie viele Hühner legen dann in 16 Tagen 16 Eier?

Lösung:

Auch vier Hühner. Leichter geht es wohl kaum – aber stellen Sie die Frage einmal im Kollegenkreis!

Ein Sack Zement

10 *Tafelanschrieb*

Ein Sack Zement wiegt 20 kg plus die Hälfte seines Gewichtes (besser: Masse). Wie schwer ist der Sack?

Lösung:

Der Sack wiegt nicht 30 kg, sondern 40 kg! Nennen wir das Sackgewicht x. Dann lautet die Gleichung:

$20 + \frac{1}{2}x = x$

$x - \frac{1}{2}x = 20$

Nach x aufgelöst: $\frac{1}{2}x = 20;$ $x = 40$

Vater und Sohn

9 – 10 *Tafelanschrieb*

Der Sohn ist 14 Jahre alt, der Vater ist dreimal älter. In wie viel Jahren wird der Vater nur noch doppelt so alt sein wie sein Sohn?

Lösung:
In 14 Jahren. Dann ist der Sohn 28 und der Vater 56.
Ableitung: x sei die Zahl der gesuchten Jahre. Dann gilt:
$42 + x = 2(14 + x)$; $42 + x = 28 + 2x$; $x = 14$

Punkt und Komma

7 – 10 *Tafelanschrieb*

Was muss man zwischen die Zahlen 2 und 3 setzen, damit eine Zahl herauskommt, die größer als 2, aber kleiner als 3 ist?

Lösung:
Ein Komma, nämlich 2,3.

Unglückszahl?

8 – 10 *Tafelanschrieb*

Zwei ganze Zahlen geben, miteinander malgenommen, genau 13. Wie heißen die beiden Zahlen?

Lösung: 1 und 13

Viele Teile

10 *Tafelanschrieb*

Teile die Zahl 150 in drei Teile, und zwar so, dass der zweite Teil dreimal so groß ist wie der erste und der dritte doppelt so groß wie der zweite. Lösungshilfe: Bezeichne ein Teil mit x.

Lösung:

$$x + 3x + 2 \cdot 3x = 150$$
$$10x = 150$$
$$x = 15$$

Die drei Teile heißen 15, 45 und 90.

Von Schlüsseln und Schlössern

9 – 10 *Tafelbild*

In einem Hotel werden zehn neue Zimmertüren eingebaut. Leider hat der Monteur die 10 neuen Schlüssel nicht gekennzeichnet. Wie viele Schließversuche sind im ungünstigsten Fall erforderlich, um jeder Tür den passenden Schlüssel zuzuordnen?

Lösung:

45. Um den ersten passenden Schlüssel zu finden, muss der Monteur im ungünstigsten Fall 9 Versuche ausführen. Für den zweiten Schlüssel sind nur noch 8 Versuche nötig, für den dritten 7 usw. Insgesamt also 9 + 8 + 7 + 6 + 5 + 4 + 3 + 2 + 1 + 0 = 45 Versuche.

Glücksspiel

10 *Tafelanschrieb*

Viermal hintereinander verdreifachte sich Sonjas Gewinn. Wie viel hat sie das erste Mal gesetzt, wenn sie nun 3 240 € besitzt?

Lösung:

x	Einsatz am Anfang
$x \cdot 3 \cdot 3 \cdot 3 \cdot 3$	Betrag nach vier Einsätzen = 3 240 €

$x \cdot 34 = 3\,240$

$x \cdot 81 = 3\,240$

$x = 3\,240 : 81$

$x = 40$ €

Flasche und Korken

10 ***Tafelanschrieb***

Eine Flasche und ein Korken kosten zusammen 1,10 €. Die Flasche ist um einen Euro teurer als der Korken. *Frage:* Wie viel kostet der Korken?

Lösung:

Der Korken kostet 5 Cent. Die Flasche ist um einen Euro teurer, kostet also 1,05 €. Oder als Gleichung mit x = Preis des Korkens:

$$\begin{aligned} x + (x + 100) &= 110 \\ 2x &= 10 \\ x &= 5 \end{aligned}$$

Wann ist er voll?

6 – 10

Ein Teich wächst in 20 Tagen mit Seerosen zu. Jeden Tag vermehrt sich die zugewachsene Fläche genau um das Doppelte. Nach welcher Zeit ist der See zur Hälfte zugewachsen?

Lösung:

Nach 19 Tagen ist er halbvoll und nach 20 Tagen ist er voll, wenn sich die Fläche jeden Tag verdoppelt.

Ohrringe

10

In einem Schubfach liegen 18 gleichartige silberne und 18 gleichartige goldene Ohrringe.
Wie viele Ohrringe braucht man höchstens herauszunehmen – natürlich, ohne hineinzuschauen – bis man mindestens ein passendes Paar in den Händen hat?
Wie viele Ohrringe braucht man höchstens herauszunehmen, bis man mindestens fünf passende Paare in den Händen hat?

Lösung:
Zu einem passenden Paar drei Ohrringe, zu fünf Paaren elf Ohrringe, nämlich stets einen mehr als die doppelte Anzahl der benötigten Paare.

Bruchrechnen am Feierabend

10 *Tafelanschrieb*

Ein Mann vertrinkt seinen Tageslohn folgendermaßen:
Er geht in die erste Kneipe, gibt dem Portier 1 €, vertrinkt vom Rest die Hälfte, gibt dem Kellner 1 € und geht raus. In der nächsten Kneipe dasselbe: Der Portier bekommt 1 €, die Hälfte von dem Geld, das er noch hat, wird vertrunken, der Kellner bekommt 1 €. In der dritten Kneipe dasselbe. In der vierten schließlich gibt er dem Portier 1 €, vertrinkt die Hälfte, gibt dem Kellner 1 € und ist pleite. Wie viel Geld hat er am Anfang gehabt?

Lösung: 45 €

$x \rightarrow$ Tageslohn

$\frac{x-1}{2} - 1 = \frac{x-1}{2} - \frac{2}{2} = \frac{x-3}{2}$ nach der ersten Kneipe,

$\frac{\frac{x-3}{2} - 1}{2} - 1 = \frac{x-5}{4} - 1 = \frac{x-9}{4}$ nach der zweiten Kneipe,

$\frac{\frac{x-9}{4} - 1}{2} - 1 = \frac{x-13-8}{8} = \frac{x-21}{8}$ nach der dritten Kneipe,

$\frac{\frac{x-21}{8}}{2} - 1 = 0$ nach der vierten Kneipe. Das Geld ist alle.

$\frac{x-29}{16} - 1 = 0; x - 29 - 16 = 0; x = 45$

Bierdeckel

10 *Tafelanschrieb*

Zwei Jungen tauschen Bierdeckel. „Wenn du mir einen von deinen Bierdeckeln gibst, habe ich doppelt so viele wie du“, sagt Fritz. „Gib mir lieber einen von deinen, dann haben wir gleich viele“, antwortet Hans.
Wie viele Bierdeckel hat Fritz, wie viele Hans?

Lösung:
Fritz hat 7 und Hans hat 5 Bierdeckel.
Fritz soll x, Hans soll y Bierdeckel haben.

I	$x + 1 = 2\,(y - 1)$	
II	$x - 1 = y + 1$	$\rightarrow x = y + 2$
II in I	$y + 2 + 1 = 2\,y - 2$	$\rightarrow y = 5$ und $x = 7$

Hundert Tiere

10 *Tafelanschrieb, Merkzettel*

Du sollst für 100 € 100 Tiere kaufen. Ein Küken kostet 50 Cent, ein Hase 3 € und ein Reh 10 €. Wie viele Küken, Hasen und Rehe kaufst du ein?

Lösung: 5 Rehe, 1 Hasen und 94 Küken

Vierfüßler und Zweifüßler

9 10 *Tafelanschrieb*

Die Tiere im Wildpark Knüllwald haben zusammen 40 Köpfe und 120 Beine. Wie viele Säugetiere und Vögel sind es?

Erste Überlegung:	Die Zahl der Köpfe ist gleich die Gesamtzahl der Tiere.
Zweite Überlegung:	Unbekannte Zahl der Säugetiere (= Vierfüßler) = x, unbekannte Zahl der Vögel = y.

Lösung:
Erste Gleichung (I) für die Zahl der Tiere: $x + y = 40$ und daraus $y = 40 - x$
Zweite Gleichung (II) für die Zahl der Beine: $4x + 2y = 120$

Gleichung I in II:
$$\begin{aligned} 4x + 2(40 - x) &= 120 \\ 4x + 80 - 2x &= 120 \\ 2x &= 40 \\ x &= 20 \end{aligned}$$

Im Wildpark befinden sich 20 Vierbeiner und 20 Vögel.

Das liebe Geld

10 *Tafelanschrieb*

Klaus und Paul sind Freunde. Beide würden sich gern je einen Schokoriegel kaufen, aber leider fehlen Klaus 24 Cent, und auch Paul hat 2 Cent zu wenig. Sie beschließen, ihr Geld zusammenzulegen und sich einen Schokoriegel zu teilen. Beide leeren ihre Taschen und stellen fest, dass es immer noch nicht reicht. Was kostet ein Schokoriegel?

Lösung:
25 Cent. Kannst du das begründen?

Ein logisch denkender *Nicht*mathematiker geht so an die Lösung heran: Wenn Klaus 2 Cent mehr hätte, besäßen beide genügend Geld für einen Schokoriegel, denn sein Freund Paul hatte ja 2 Cent zu wenig. Folglich hat Klaus nur 1 Cent in der Tasche (noch weniger, nämlich 0 Cent, geht nicht; er leerte ja seine Tasche!). Wenn er aber 1 Cent beisteuern kann, beträgt der Preis für einen Riegel 25 Cent, weil ihm ja zum Kauf 24 Cent fehlen. Paul dagegen hat 23 Cent und das sind tatsächlich 2 Cent zu wenig.

Ein logisch denkender Mathematiker versucht es mit einer Gleichung: x sei der Preis des Schokoriegels, $(x - 24)$ ist das Barvermögen von Klaus, $(x - 2)$ das von Paul. Da diese Summe immer noch nicht zum Kauf ausreicht, fehlt noch mindestens 1 Cent. Also lautet die Gleichung:

$$\begin{aligned} (x - 24) + (x - 2) + 1 &= x \\ 2x - 25 &= x \\ x &= 25 \end{aligned}$$

Aufgabe für Fliesenleger

8–10 *Tafelbild*

Ein rechteckiges Zimmer ist 2 m länger als breit. Die Wände sind insgesamt 16 m lang. Wie groß ist der Zimmerboden?

Lösung:

Der Flächeninhalt eines Rechtecks berechnet sich so:
Fläche = Länge mal Breite oder $A = a \cdot b$.
Die kurze Seite sei a, die längere, hier mit b bezeichnet, $(a + 2)$. Vom Umfang her wissen wir, dass $2 \cdot a + 2(a + 2) = 16$ ist. Also ergibt sich für a:

$$\begin{aligned} 2a + 2a + 4 &= 16 \\ 4a + 4 &= 16 \\ 4a &= 12 \\ a &= 3 \end{aligned}$$

Und da $b = a + 2$ ist, ergibt $b = 5$. Damit können wir die Fläche berechnen:
$A = 3\text{ m} \cdot 5\text{ m} = 15\text{ m}^2$.

Triathlon

10 *Tafelbild*

Bei einem Triathlon-Wettbewerb aus Schwimmen, Laufen und Radfahren müssen insgesamt 40 km zurückgelegt werden, davon doppelt so viel Radfahren wie Laufen und dreimal so viel Laufen wie Schwimmen. Wie lang sind die einzelnen Etappen?

Lösung:

Wir bezeichnen die drei Disziplinen mit S (Schwimmen), L (Laufen) und R (Radfahren). Es gelten: R = 2L und L = 3S sowie S + L + R = 40.
R = 2L und L = 3S in die letzte Gleichung einsetzen: S + 3S + 2L = 40.
Für L = 3S einsetzen: S + 3S + 2 · 3S = 40. Also 10S = 40, und S = 4.
Damit steht fest: Schwimmen 4 km, Laufen 8 km und Radfahren 24 km.

Mathe – einmal bildlich

Man kann viele Rechenaufgaben bildlich darstellen und auf diesem Wege zur Lösung kommen. „Visualisieren“ nennt man diese Technik.

1. Geld teilen

7 – 10 ***Tafelbild***

Du hast 200 € gespart. Für die Hälfte davon kaufst du dir ein Paar Joggingschuhe und ein T-Shirt. Die Schuhe kosten viermal so viel wie das T-Shirt. Wie viel hat das T-Shirt gekostet?

Zeichne einen Geldstapel und schreibe darüber „Ersparnisse“. Zeichne daneben einen kleineren Stapel mit der Überschrift „Ausgaben“. Stelle mit unterschiedlich großen Stapeln die Geldbeträge für die Schuhe und das T-Shirt dar (der Stapel für die Schuhe sollte ca. viermal größer als der für das T-Shirt sein). Siehst du, dass die 100 € in fünf Teile aufgeteilt werden müssen? Das T-Shirt kostet demnach 20 €.

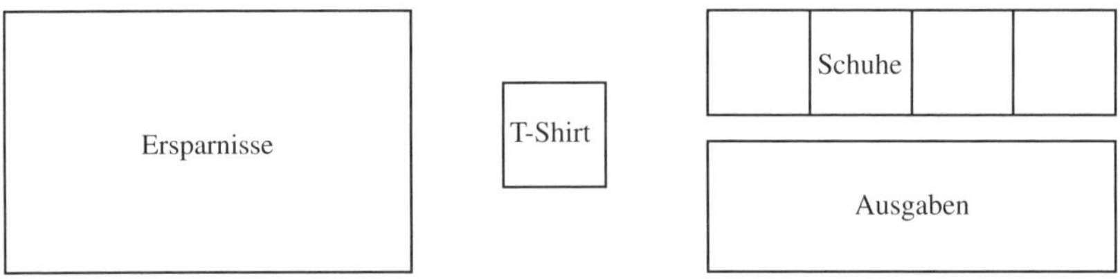

2. Strecken teilen

Strecke *a* ist 2 m länger als Strecke *b*. Strecke *c* ist 1 m kürzer als Strecke *b*. *d* ist 3 m länger als *c*. Welche Strecken sind gleichlang?
Wie soll man an so eine verwirrende Aufgabe herangehen?
Mein Tipp: Legen Sie eine Strecke mit einem beliebigen Zahlenwert fest, z. B.: *a* ist 5 m lang. Schon ist die Lösung greifbar nahe.

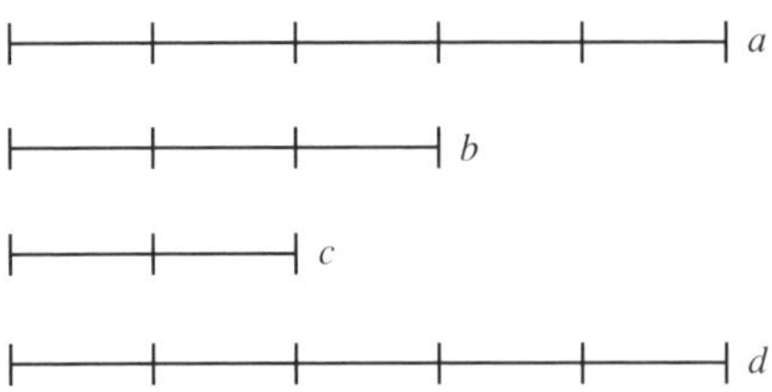

b ist dann 5 m – 2 m = 3 m lang. *c* ist 3 m – 1 m = 2 m und *d* ist 2 m + 3 m = 5 m lang. Also sind die Strecken *a* und *d* gleichlang.

3. Schulden

Fritz hat bei Gerd 24 € Schulden. Gerd schuldet Michael 34 €. Michael hat wiederum bei Fritz 28 € Schulden. Wie können am einfachsten alle Schulden beglichen werden?
Hinweis: Zeichne Verknüpfungspfeile zwischen F, G und M.

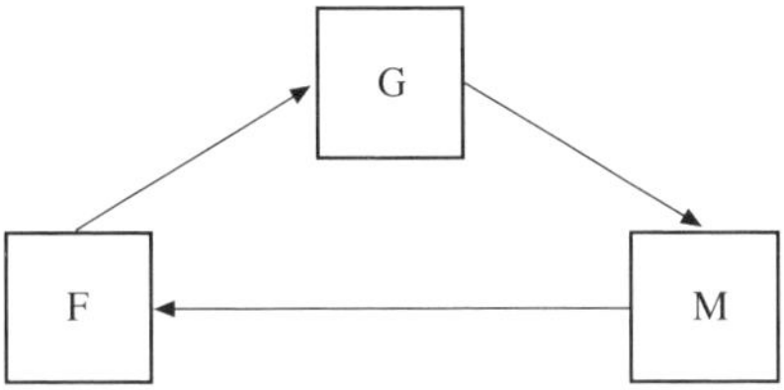

Lösung:

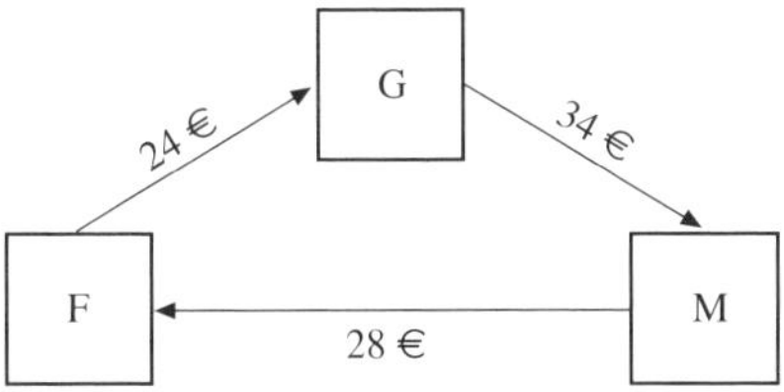

Nach der umständlichen Begleichung der Schulden sieht das Bild so aus:

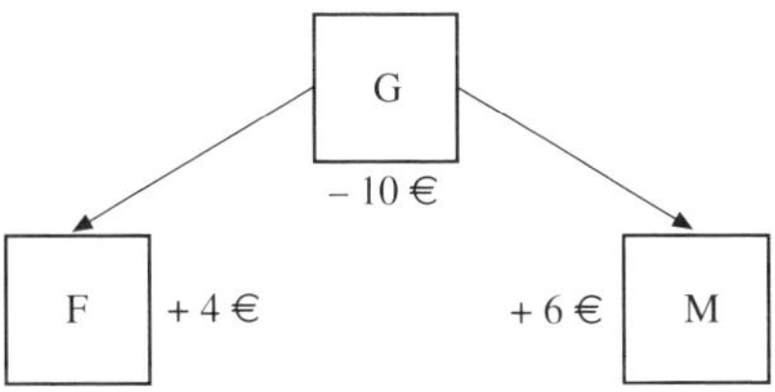

Gerd zahlt an Fritz 4 € und an Michael 6 €.

Tunesien

10 *Tafelanschrieb*

Früher wurde in Tunesien mit unterschiedlich langen Silberstücken bezahlt. Ein Gärtner, der 15 Tage für einen Hausbesitzer gearbeitet hat, verlangt am Ende jedes Arbeitstages ein 3 Zentimeter langes Stück Silber. Der Hausbesitzer hat aber nur einen 45 cm langen Silberbarren. Er will den Arbeiter entlohnen, aber soll er den Barren in 15 Teile schneiden? Es genügen auch 3 Schnitte! Wie geht er vor?

Lösung:
Der Hausbesitzer teilt den Silberbarren mit 3 Schnitten in 4 Teile. Ein Teil ist 3 cm, eines 6 cm, eines 12 cm und das letzte 24 cm lang. Am ersten Abend gibt er dem Gärtner das 3 cm lange Stück, am nächsten Abend das 6 cm lange Stück und verlangt vom Gärtner das 3-cm-Stück zurück. Wie geht es weiter? Am dritten Abend erhält der Gärtner wieder das 3-cm-Silberstück und am vierten Abend das 12-cm-Stück. Und so weiter ...

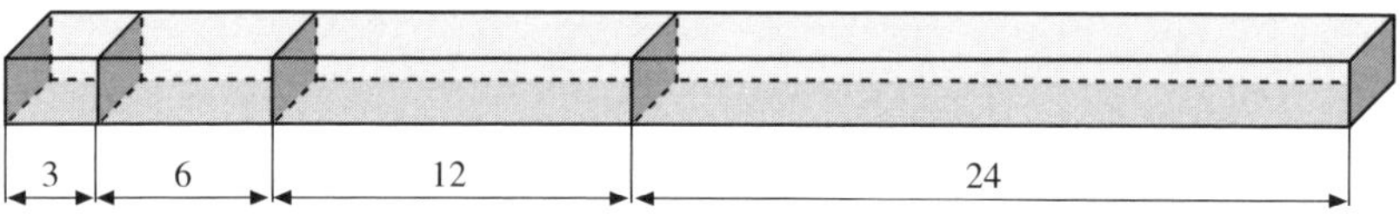

Gerechte Teilung

8 – 10 *Tafelanschrieb*

Dieses Stück Land soll so unter vier Geschwistern A, B, C, D aufgeteilt werden, dass jeder ein Stück in gleicher Größe und Form erhält:

Lösung:

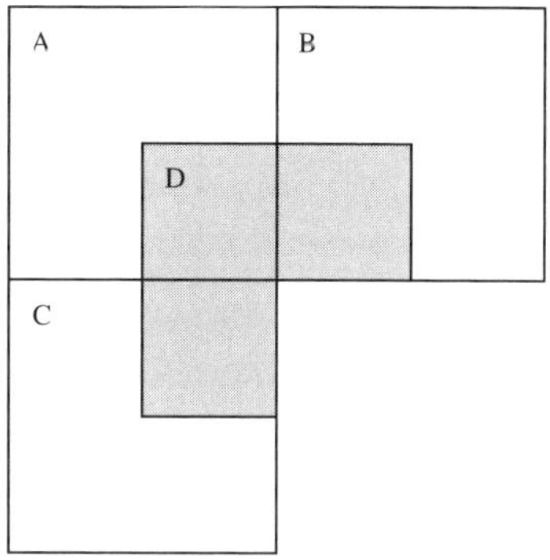

Kinder, Kinder

10 ***Arbeitsblätter oder Tafelbild***

Müllers haben fünf unterschiedlich alte Kinder: Horst, Karl, Werner, Rolf und Udo. Werner und Rolf sind jünger als Karl, Horst ist älter als Udo und jünger als Karl. Rolf ist älter als Horst und Werner ist jünger als Udo. Wie lautet die Reihenfolge der Jungen vom Ältesten bis zum Jüngsten?
Es bietet sich an, bei diesem Aufgabentyp eine Matrix (ein Gitterschema) zu zeichnen. Die Vornamen werden in die erste Kopfzeile eingetragen, das Alter in die Kopfspalte. Da wir das Alter der fünf Jungen nicht kennen, nehmen wir einfach an, dass sie 10, 12, 14, 16 und 18 Jahre alt sind.

	Horst	Karl	Werner	Rolf	Udo
10					
12					
14					
16					
18					

Die erste Aussage *„Werner und Rolf sind jünger als Karl."* tragen wir versuchsweise in die Matrix ein:

	Horst	Karl	Werner	Rolf	Udo
10					
12					
14				x	
16			x		
18		x			

„Horst ist älter als Udo und jünger als Karl." Damit ist auch die zweite Aussage vorläufig untergebracht.

	Horst	Karl	Werner	Rolf	Udo
10					x
12	x				
14				x	
16			x		
18		x			

Dritte Aussage: *„Rolf ist älter als Horst."* Noch stimmt die Matrix. Bei der vierten Aussage stimmt die Matrix nicht mehr: *„Werner ist jünger als Udo."* Wir vertauschen die Eintragung von Werner und Udo. Stimmt noch die erste Aussage? Ja. Auch die zweite und dritte Aussage sind richtig geblieben. Also ist die Reihenfolge: Werner, Horst, Rolf, Udo und Karl.

	Horst	Karl	Werner	Rolf	Udo
10			x		~~x~~
12	x				
14				x	
16			~~x~~		x
18		x			

Je mehr, desto weniger

9–10 ***Tafelbild***

Viele Dreisatzaufgaben verlangen als Lösungsweg die Überlegung: Je mehr, desto weniger.

Beispiel 1

Eine Polarexpedition hat für 20 Personen Lebensmittel für 180 Tage. Wie lange könnte man damit 30 Personen versorgen?

Überlegung: Je mehr Personen, desto weniger Tage.

$20\ P \rightarrow 180\ T$

$1\ P \rightarrow 180 \cdot 20\ T = 3\,600\ T$

$30\ P \rightarrow 3\,600 : 30\ T = 120\ T$

Einschub: Ein Mann braucht 150 Tage, um ein Haus zu bauen. 15 Männer brauchen dazu nur noch 10 Tage. Das kann man ja noch einigermaßen nachvollziehen. Aber: *„216 000 Männer schaffen das in einer Minute.“*, ist zwar mathematisch korrekt, aber nicht realistisch.

Beispiel 2

5 Wasserpumpen pumpen einen Keller in 13 Stunden leer. Wie lange benötigen 7 Pumpen?

Überlegung: Je mehr Pumpen, desto eher ist der Keller leer.

5 P → 13 h

1 P → 13 h · 5 = 65 h

7 P → 65 h : 7 = 9,286 h

Wie viele Minuten und Sekunden sind 0,286 h? Wieder hilft uns eine Überlegung: 0,5 Stunden sind 30 Minuten, denn 0,5 · 60 sind 30. Also nehmen wir 0,286 mit 60 mal und erhalten mit Hilfe eines Taschenrechners 17,16 Minuten. Aber wie viele Sekunden sind 0,16 Minuten? Wieder die Überlegung: Eine halbe Minute oder 0,5 Minuten sind 30 Sekunden. Also: 0,16 · 60 = 9,6 Sekunden. Die 0,6 Sekunden könnten wir in Millisekunden umrechnen, aber das führt zu weit. Wir runden auf 10 Sekunden. Ergebnis: 9 Stunden, 17 Minuten, 10 Sekunden.

Gedankenfehler

10 *Tafelanschrieb*

Ein Käfer, der in einem 21 m tiefen Brunnen sitzt, krabbelt, um herauszukommen, jeden Tag 7 m an der Brunnenwand hoch, rutscht aber nachts immer wieder 4 m zurück. Wie viele Tage braucht der Käfer, um aus dem Brunnen herauszukommen?

Lösung:

Die richtige Antwort ist 6 Tage.

Nicht 7 Tage, wie Sie vielleicht vermuten: $(7 - 4)x = 21 \rightarrow x = 7$

So kannst du an die Aufgabe herangehen: Morgens beginnt der Käfer mit der Krabbelei und hat abends 7 m zurückgelegt. In der Nacht rutscht er auf 3 m zurück. Am zweiten Tag beginnt er in 3 m Höhe und erreicht 10 m. Am Abend des dritten Tages sind es 10 m – 4 m (die er in der Nacht zurückgefallen ist)

$+ 7$ m $= 13$ m, am 4. Tag 16 m, am 5. Tag 19 m und am Abend des 6. Tages $19 - 4 + 7 = 22$ m. Aha, er ist schon in den frühen Abendstunden des sechsten Tages am Brunnenrand!

Ein Gastgeber, der rechnen kann

10 *Tafelanschrieb*

Familie Meier lädt zur Grillparty ein. Für jeden Gast sind vier Bratwürste vorgesehen. Herr Meier zählt die Würstchen nach und stellt fest, dass er ein Würstchen zu viel hat. Da kündigt Frau Meier vier weitere Gäste an. Der Hausherr rechnet: Die Zahl der Würstchen reicht, wenn jeder Gast drei Würstchen bekommt. Wie viele Gäste kamen?

Lösung:

Wir nennen die Zahl der anfangs geladenen Gäste x. Später sind es $x + 4$ Gäste, die sich die Würstchen teilen. Zuerst rechnet der Hausherr die Zahl der Würstchen so aus: $4 \cdot x + 1$. Dann werden es vier Gäste mehr und er rechnet die Würstchenzahl aus: $3 \cdot (x + 4)$.

Beide Ergebnisse müssen gleich groß sein. Also:

$$\begin{aligned} 4x + 1 &= 3(x + 4) \\ 4x + 1 &= 3x + 12 \\ 4x - 3x &= 11 \\ x &= 11 \end{aligned}$$

Anfangs waren es 11 Gäste, die je 4 Würstchen essen würden. Das sind 44 Würstchen. Eines ist noch über, also 45. Später sind es 15 Gäste und für jeden gibt es 3 Würstchen.

Gegenverkehr

10 *Tafelanschrieb*

Zwischen Hamburg und Berlin fährt rund um die Uhr zu jeder halben Stunde von jeder Endstation ein Zug ab, also z. B. ab Hamburg um 12 Uhr, 12.30 Uhr, 13 Uhr usw. und gleichzeitig in Berlin um 12 Uhr, 12.30 Uhr, 13 Uhr usw. Die Fahrzeit beträgt genau 3 Stunden. Wenn du um 13 Uhr in Hamburg losfährst, wie viele Züge aus Berlin kommen dir entgegen?

Ganz einfach, aber leider falsch ist folgende Überlegung: In 3 Stunden meiner Fahrzeit fahren in Berlin insgesamt 6 Züge ab. Also kommen mir 6 Züge entgegen. Richtig ist dagegen die Anzahl 12. Findest du die Lösung?

Lösung:
Du triffst auf der 3-stündigen Fahrt von Hamburg nach Berlin nicht nur die Züge, die in dieser Zeit von Berlin abgefahren sind, sondern auch die, welche 3 Stunden vorher abfuhren. Wenn du um 12 Uhr Hamburg verlässt, trifft gerade der Zug ein, der Berlin um 9 Uhr verlassen hat.

Schachturnier

10 ***Tafelanschrieb***

Der Schachclub „Weiße Dame" lädt zum Schnellschach-Turnier ein. Es melden sich 14 Teilnehmer an. Jeder soll gegen jeden spielen. Diese Preise setzt der Club aus: Jeder Spieler, der eine Partie gewinnt, erhält 20 €. Wer unentschieden spielt (ein Remis erreicht), erhält 10 €. Für verlorene Spiele gibt es nichts. Kann der Veranstalter schon vorher ausrechnen, wie viel Geld er auszahlen muss, und wenn ja, wie hoch diese Summe ist?

Lösungshinweis: Bestimme zuerst, wie viele Spielpaarungen es gibt. Dann überlege weiter: Ist es wichtig zu wissen, wie viele Sieger, Verlierer und Unentschiedene es geben kann? Wahrscheinlich nicht.

Lösung:
Der Veranstalter konnte schon vorher ausrechnen, wie groß die Preisgeldsumme ist. Zunächst errechnete er die Zahl der Paarungen: Der erste Spieler tritt gegen 13 an und war dann fertig. Der zweite Spieler spielte ebenfalls 13 Partien, aber eine davon ist beim Spieler 1 bereits mitgezählt, bleiben also noch 12 Spiele. Für den dritten Spieler bleiben 11, für den vierten Spieler 10 und so weiter. Es ergeben sich also
$13 + 12 + 11 + 10 + 9 + 8 + 7 + 6 + 5 + 4 + 3 + 2 + 1 = 91$ Spiele.
Da bei einem Unentschieden beide Spieler 10 € erhalten, muss pro Partie, ob gewonnen oder unentschieden, der Betrag von 20 € gerechnet werden. Insgesamt sind also $91 \cdot 20$ € = 1 820 € fällig.

Tennisturnier

8 – 10 *Tafelanschrieb*

An einem Tennisturnier nehmen 64 Spieler teil. Bei diesem Turnier scheidet jeder Spieler automatisch aus, der ein Spiel verliert. Wie viele Spiele müssen gespielt werden, bis der Gesamtsieger feststeht?

Ein Tipp: Fange nicht gleich an zu rechnen, sondern zieh die Sache von hinten auf. Du weißt, dass es einen Gesamtsieger gibt. Wie viele Verlierer muss es also geben? Und jeder Verlierer hat ein Spiel verloren.

Lösung:
63 Verlierer, also müssen auch insgesamt 63 Spiele gespielt werden.

Fehlkauf

10 *Tafelanschrieb*

Herr Meier kauft im Baumarkt A für 216 € Dachziegel. Später liest er in einem Prospekt, dass im Baumarkt B die gleichen Dachziegel pro Stück 1 € billiger sind. Herr Meier ärgert sich, denn für das gleiche Geld hätte er 3 Dachziegel mehr bekommen. Kannst du ausrechnen, wie viele Dachziegel Herr Meier gekauft hat?

Als mir von einem Schüler die Aufgabe vorgelegt wurde, war ich schier verzweifelt. Aber ich durfte mich auf keinen Fall blamieren, denn ich war doch in seinen Augen der „große Meister“. Aber dann merkte ich, dass ich mit Routine weiterkam, denn die Aufgabe sieht nur auf dem ersten Blick schwierig aus. Realschüler der 10. Klasse sollten den Lösungsweg finden!

Also der Reihe nach. Den unbekannten Dachziegelpreis bezeichnete ich mit x und die Anzahl der gekauften Dachziegel mit y. Dann konnte ich für den Fehlkauf im Baumarkt A schreiben:
Dachziegelpreis in € · Zahl der Dachziegel = 216 € oder als Gleichung:
$x \cdot y = 216$ (Gleichung I).

Für das preiswertere Geschäft im Baumarkt B gilt dann:
(Dachziegelpreis – 1 €) · (Zahl der Dachziegel + 3) = 216 € oder als Gleichung:
$(x - 1)(y + 3) = 216$ (Gleichung II).

So erhielt ich nun 2 Gleichungen mit 2 Variablen. Ich löste die erste Gleichung nach x auf:

$x \cdot y = 216 \qquad \rightarrow x = \frac{216}{y}$

Dann ersetzte ich x in der II. Gleichung durch $\frac{216}{y}$ und erhielt eine Gleichung mit einer Variablen, nämlich y, der gesuchten Zahl an Dachziegeln:

$(\frac{216}{y} - 1)(y + 3) = 216.$

Jetzt ging alles wie geschmiert. Und falls du keine Angst vor gemischtquadratischen Gleichungen hast, erhältst du nach einigen Umformungen (auf die ich hier verzichte) die beiden Lösungen $y = 24$ und $y = -27$.

Da es keine negative Anzahl von Dachziegeln gibt, hat Herr Meier 24 Dachziegel gekauft.

Erst nachdenken, dann rechnen

10 *Tafelanschrieb*

Ein Stahlbehälter mit flüssigem Aluminium wiegt voll 2 000 kg (= 2 t). Der Aluminiuminhalt ist 500 kg schwerer als der leere Stahlbehälter. Wie viel wiegt das flüssige Aluminium?

Lösung:

Der Behälter soll x kg wiegen. Das flüssige Aluminium ist 500 kg schwerer als der Behälter, also x kg + 500 kg. Behälter plus Inhalt wiegen zusammen 2 000 kg.

$$\begin{aligned} x + x + 500 &= 2\,000 \\ 2x + 500 &= 2\,000 \\ 2x &= 2\,000 - 500 \\ 2x &= 1\,500 \\ x &= 750 \end{aligned}$$

Der Behälter wiegt 750 kg, das Aluminium 1 250 kg.

Eine Überlegung wert

8 – 10 *Tafelanschrieb*

Fritz und Anne besitzen die gleiche Summe an Geld. Wie viel muss Fritz seiner Schwester Anne geben, damit sie 10 € mehr hat als Fritz?

Lösung:
Häufig wird geantwortet, dass Fritz seiner Schwester 10 € geben muss. Das ist aber nicht richtig.
Nehmen wir an, Fritz und Anne haben je 50 €. Wenn Fritz seiner Schwester 10 € gibt, hat er nur noch 40 und Anne 60 €, also 20 € Unterschied. Die richtige Antwort ist 5 €.

Geschäftssinn

10 *Tafelanschrieb*

Klaus kauft von seinem Freund eine CD für 7 € und verkauft sie für 8 € an Karl weiter. Später kauft er von Karl die CD für 9 € zurück und verkauft sie an Jochen für 10 €. Hat Klaus dabei etwas verdient? Wenn ja, wie viel?

Kleiner *Hinweis* für den Lösungsweg: Nachdem Klaus die CD für 7 € gekauft und für 8 € verkauft hat, beträgt sein Gewinn 1 €. Wenn er dann die CD für 9 € zurückkauft, verliert er diesen Gewinn von 1 €. Damit ist sein Geschäft wieder ausgeglichen. Später kauft Klaus die CD für 9 € zurück und verkauft sie für 10 €. Der Gewinn beträgt demnach 1 €. Diese Rechnung ist leider falsch!

Andere kommen zu dem Ergebnis, dass Klaus weder Gewinn noch Verlust gemacht hat. Sie argumentieren so: Mit dem Verkauf der CD für 8 € verdient Klaus 1 €. Doch dann verliert er 2 €, indem er 9 € ausgibt, für die er ursprünglich 7 € bezahlt hat. Zu diesem Zeitpunkt hat er einen Verlust von 1 €. Aber diesen € bekommt er wieder, indem er die CD für 10 € verkauft, für die zuletzt 9 € bezahlt hat. Also hat er nichts verdient. Auch diese Überlegung ist falsch.

Die richtige Antwort: Klaus verdient 2 €. Kannst du das begründen?

Lösung:
Die Gesamtausgaben von Klaus betragen 7 € + 9 € = 16 €, die Gesamteinnahmen sind 8 € + 10 € = 18 €. Das ergibt einen Gewinn von 2 €. Bist du noch nicht überzeugt? Vielleicht hilft dir diese Überlegung weiter:
Klaus schaut morgens in sein Portmonee: Er hat zu Beginn dieser vier Geschäfte eine bestimmte Summe an Bargeld, z. B. 50 €. Wie viel hat er am En-

de des Tages? Nun, zuerst bezahlt er 7 € für die CD und es verbleiben ihm 43 €. Dann verkauft er die CD für 8 € und es befinden sich 51 € in seinem Portmonee. Nach dem nächsten Geschäftsgang besitzt er noch 51 € – 9 € = 42 € und nach dem letzten Verkauf 42 € + 10 € = 52 €. Es ergibt sich ein Gewinn von 2 €!

Verändert man die Aufgabenstellung, fällt einem der Lösungsweg viel leichter: Klaus kauft von seinem Freund eine CD für 7 € und verkauft sie für 8 € an Karl weiter. Später kauft er von Karl für 9 € ein Taschenmesser und verkauft es an Jochen für 10 €. Hat Klaus dabei etwas verdient? Wenn ja, wie viel?

Lösung:
Bei beiden Geschäften beträgt sein Gewinn je 1 €, zusammen also 2 €.

Von Mädchen und Jungen

10 ***Tafelanschrieb***

In einem Kindergarten sind 10 Kinder. Die Kindergärtnerin bringt 56 Kekse mit. Jeder Junge bekommt 6 Kekse (Jungen mag die Kindergärtnerin lieber als Mädchen), jedes Mädchen 5 Kekse. Wie viele Jungen und Mädchen gibt es in dem Kindergarten?

Lösung:
Man kann diese Aufgabe ohne algebraische Kenntnisse lösen – es genügt der gesunde Menschenverstand. Die Kindergärtnerin gibt jedem Kind erst einmal 5 Kekse. Damit bleiben 6 Kekse übrig. Nun haben die Mädchen schon ihren Anteil. Darum sind die 6 Kekse für die (... erraten!) 6 Jungen übrig.
Probe: 6 Jungen je 6 Kekse = 36 Kekse, 4 Mädchen je 5 Kekse = 20 Kekse, zusammen 56 Kekse.

Man kann diese Aufgabe auch nach der Methode „Versuch und Irrtum" lösen. Es gibt 11 Möglichkeiten hinsichtlich der Anzahl von Jungen (J) und Mädchen (M): 0 J und 10 M; 1 J und 9 M usw. Nun probiert man so lange, bis man die Lösung gefunden hat.

Algebraisch geht es so:

$J + M = 10$ und $M = 10 - J$

$$\begin{aligned} 6 \cdot J + 5 \cdot M &= 56 \\ 6J + 5(10 - J) &= 56 \\ 6J + 50 - 5J &= 56 \\ J &= 56 - 50 \\ J &= 6 \text{ und damit } M = 4 \end{aligned}$$

Mathe mit Versuch und Irrtum

10 *Tafelanschrieb*

Viele Fragen und Aufgaben lassen sich eher mit „Versuch und Irrtum“ lösen als mit anderen Methoden. Du sollst zum Beispiel die folgende Frage beantworten:
„Welches ist die größte Zahl außer 100, die mit einer ungeraden Zahl multipliziert genau 100 ergibt?“

Du probierst nacheinander alle in Frage kommenden Zahlen aus, bis du eine gefunden hast, die alle Bedingungen erfüllt.
Erster Versuch: $50 \cdot 3$ ist größer als 100, erfüllt nicht die Bedingung.
Zweiter Versuch: $25 \cdot 4$ ergibt zwar 100, aber gesucht ist ein ungerader Multiplikator.
Dritter Versuch: 20 scheint die richtige Lösung zu sein, denn $20 \cdot 5 = 100$. Gibt es noch eine größere ungerade Zahl als 5, die alle Bedingungen erfüllt? Nein. Also ist die Lösung 20.

4. Lernen und Denken

Verschiebebahnhof

8 – 10 ***DIN-A4-Blatt, Lineal, acht kleine Münzen o. Ä., Buntstift, Schreibutensilien***

Auf ein festes DIN-A4-Blatt ist dieses Brettspiel schnell aufgezeichnet. Feld 1 wird bunt ausgemalt. Wenn man jetzt noch acht kleine Münzen zur Verfügung hat, kann das Spiel beginnen, für das folgende Regeln gelten:
Man setzt die erste Münze auf ein beliebiges Feld 1 bis 8. Dann verschiebt man diese Münze in ein gegenüberliegendes Feld, wo sie abgelegt wird. Klar, dass dieses Feld nicht mehr betreten werden darf. Mit der zweiten Münze geschieht das Gleiche: Erst auf ein beliebiges freies Feld setzen und dann zum gegenüberliegenden Feld schieben und dort ablegen. So fährt man fort, bis alle acht Münzen ihren Platz gefunden haben.

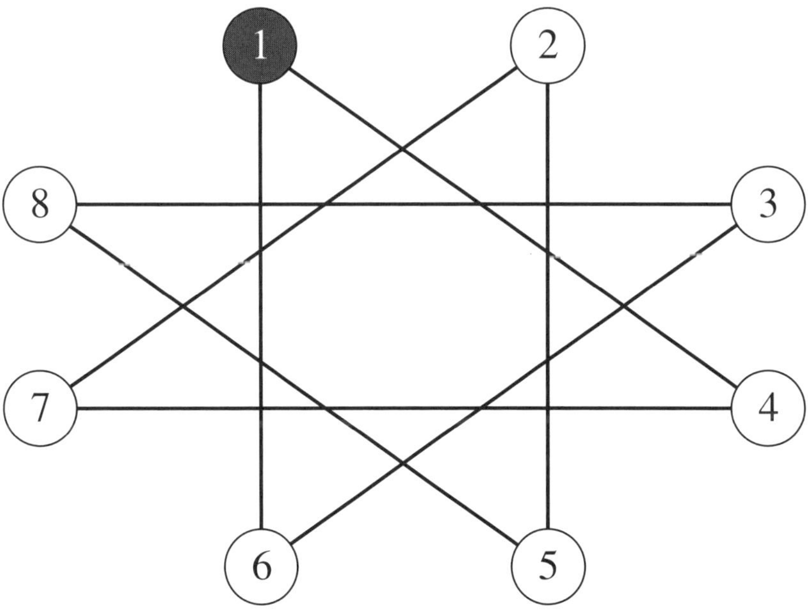

Das hört sich einfach an, wenn nicht noch folgende Regel zu beachten ist: Im letzten Zug muss die achte Münze auf das noch freie (bunt markierte) Feld 1 gesetzt werden.
Wer auf gut Glück und nach dem Prinzip des Zufalls die Münzen setzt und verschiebt, wird es kaum schaffen – ein wenig Überlegung gehört schon dazu. Von den 110 Varianten kommen nur ganze 6 zum Ziel, wenn man die richtige Strategie findet und anwendet.

Die Schüler legen nach folgendem Muster eine oder mehrere Tabellen an:

Schritt	I	II	III	IV	V	VI	VII	VIII
von	2	7	1					
nach	3	2	4					

und versuchen, eine erfolgreiche Lösungsstrategie zu entwickeln.

Wie sieht die richtige Strategie aus? Eine wichtige Regel für die ersten fünf Züge lautet:
Immer den nächsten Zug so ausführen, dass die Münze auf das Anfangsfeld des vorhergehenden Zuges zu liegen kommt.

Durch Ausprobieren stellt man fest, dass man immer Erfolg hat (unter Beachtung der wichtigen Regel), wenn der erste Zug auf dem 5. oder 8. Feld beginnt – egal wohin man zieht. Erfolgreich ist auch der Beginn auf Feld 3, wenn zum Feld 6 gezogen wird, oder wenn der erste Zug von 7 nach 4 bzw. von 2 nach 7 ausgeführt wird. Probieren Sie es aber vorher selbst aus! Als Beispiel beginnen wir mit dem ersten Zug von 5 nach 2, wo die erste Münze abgelegt wird. Der zweite Zug muss dann von 8 nach 5 erfolgen. Und so geht es weiter:

Schritt	I	II	III	IV	V	VI	VII	VIII
von	5	8	3	6	1	4	1	1
nach	2	5	8	3	5	7	4	

Achtung: Ab dem 5. Schritt gilt nicht mehr die wichtige Regel. Dann kommt man aber von allein auf die nächste Schritte, die zur Lösung führen!

Die richtige Karte

9–10 ***Pappkarten, Sicherheitsnadeln***

Sie suchen sich vier Schüler A, B, C und D heraus und sagen:

„Ich zeige euch hier vier schwarze und drei weiße Karten. Ich werde jetzt jedem von euch eine Karte auf den Rücken heften, aber ihr wisst nicht, ob es eine schwarze oder eine weiße ist. Ihr könnt herumgehen und die Karten auf dem Rücken der anderen Schüler anschauen. Wer mir als Erster sagen kann, welche Karte er selbst auf dem Rücken trägt, soll seine Hand heben."

Nun heften Sie jedem Schüler eine schwarze Karte auf den Rücken. Die drei weißen Karten darf niemand sehen, deshalb stecken sie diese in die Tasche. Die vier Kandidaten gehen herum und schauen sich die Karten der anderen an. Plötzlich hebt der Schüler D seine Hand und sagt: „Meine Karte muss schwarz sein."

„Richtig gefolgert", sagen Sie, „aber jetzt begründe mir einmal, warum."

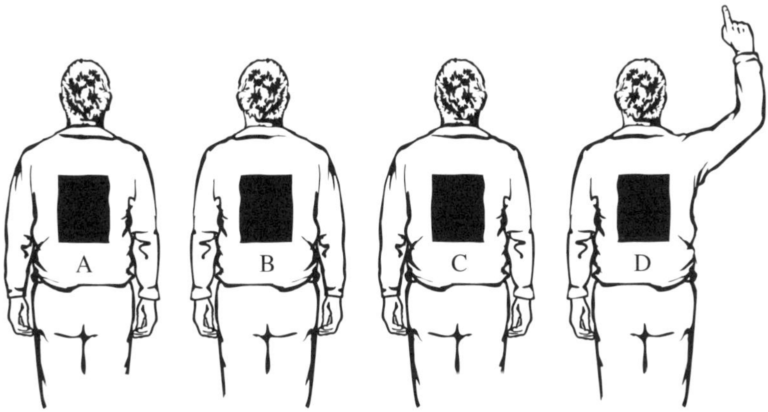

Lösung:

Nach dem ersten Herumgehen stellt D die (erste) Überlegung an: Wenn einer von uns drei weiße Karten sehen würde, wüsste er sofort, dass seine eigene schwarz ist. Er würde sich dann sofort melden. Da sich aber keiner meldet, können höchstens zwei, vielleicht eine oder gar keine weiße Karte im Spiel sein. Das wissen wir jetzt alle vier.

Die zweite Überlegung: Wenn einer von uns zwei weiße Karten sehen würde, wüsste er, dass seine eigene schwarz sein muss. Denn bei drei weißen

Karten (der ersten Überlegung) hat sich ja niemand gemeldet. Aber wieder schweigen die drei anderen – also sind auch keine zwei weißen Karten im Spiel.

Die letzte Überlegung: Sähe einer von uns eine weiße Karte, so könnte er nun mit Sicherheit sagen, dass er selbst eine schwarze auf dem Rücken trägt. Aber auch das sagt niemand – also muss meine eigene Karte eine schwarze sein.

Erweiterung:
Sie verteilen drei schwarze und eine weiße Karte. Kann auch jetzt ein Kandidat nach kurzer Überlegung sagen und begründen, welche Karte er trägt?

Skatspieler kombinieren

10 ***Schreibmaterial***

Die drei Skatspieler Herr Weiß, Herr Rot und Herr Schwarz treffen sich im Café. Einer von ihnen sagt: „Ich habe schwarzes Haar und ihr beide habt rotes bzw. weißes Haar. Aber keiner von uns hat die Haarfarbe, die zu seinem Namen passt."
Herr Weiß antwortet ihm: „Du hast völlig Recht."
Frage: Welche Haarfarben haben die Herren Weiß, Rot und Schwarz?

Zur Hilfestellung bei der Suche nach der Lösung zeichnen Sie eine Matrix mit vier Zeilen und Spalten an die Tafel:

	Herr Weiß	Herr Rot	Herr Schwarz
Weiße Haare			
Rote Haare			
Schwarze Haare			

Die Schüler übertragen das Tafelbild auf ein Blatt. Sie sollen nun Striche und Kreuze in die freien Felder eintragen: ein Kreuz, wenn sie mit Namen und Haarfarbe sicher sind, sonst ein Strich.

Lösung:
Herr Weiß kann keine weißen Haare haben, also ein Strich. Ebenso kann Herr Rot keine roten und Herr Schwarz keine schwarzen Haare haben. In den drei diagonalen Feldern stehen also Striche.

	Herr Weiß	Herr Rot	Herr Schwarz
Weiße Haare	–		
Rote Haare		–	
Schwarze Haare			–

Wir wissen, dass Herr Weiß der Person mit dem schwarzem Haar antwortet. Was folgt daraus? Herr Weiß kann kein schwarzes Haar haben, muss also ein Rotschopf sein. In das Feld Herr Weiß/Haarfarbe Rot kommt ein Kreuz, in das Feld darunter ein Strich.

	Herr Weiß	Herr Rot	Herr Schwarz
Weiße Haare	–		
Rote Haare	+	–	
Schwarze Haare	–		–

Jetzt ist alles ganz einfach: Für Herrn Rot und Herrn Schwarz bleiben nur noch die Haarfarben Weiß und Schwarz übrig. Herr Schwarz muss demnach weißes Haar und Herr Rot schwarzes Haar haben.

	Herr Weiß	Herr Rot	Herr Schwarz
Weiße Haare	–	–	+
Rote Haare	+	–	–
Schwarze Haare	–	+	–

Lüge oder Wahrheit?

10 *Tafelanschrieb*

Fritz sagt: „Gerd lügt."
Gerd sagt: „Hans lügt."
Hans sagt: „Fritz und Gerd lügen."
Wer sagt die Wahrheit: Fritz, Gerd oder Hans?
Gerd sagt die Wahrheit. Aber warum?

Lösung:

Gerd sagt die Wahrheit, denn: Wenn Gerd die Wahrheit sagt, stimmt die Aussage von Hans („Gerd lügt.") nicht, und auch Fritz hat nicht Recht.

Gegenprobe: Wenn die Aussage von Fritz wahr wäre, dann hätte Gerd gelogen. Folglich hätte Hans die Wahrheit gesagt; die aber besagt, dass Fritz und Gerd lügen.
Hätte Hans aber die Wahrheit gesagt, so ergäbe sich, dass Fritz lügt. Und damit hätte dann Gerd die Wahrheit gesagt, nämlich dass Hans lügt.

Wer kann mit seinen eigenen Worten die Antwort wiederholen?

Logik oder Paradoxon?

9 – 10 *Vorlesen, evtl. Tafelanschrieb*

„Alle Regeln haben Ausnahmen." Das ist doch wohl eine richtige Aussage. Aber bedeutet das nicht zugleich, dass es Regeln gibt, für die es keine Ausnahmen gibt?

Selbstverständlich. Wenn es eine Regel ist, dass alle Regeln Ausnahmen haben, hat auch die Aussage: „Alle Regeln haben Ausnahmen" Ausnahmen. Also gibt es Regeln ohne Ausnahmen. Alles klar – oder?

Elf Finger und elf Gäste

8 – 10 *Arbeitsblatt*

Heute sollen die Schüler einige Widersprüche auflösen. Sie zeigen beide Hände und behaupten: „Ich habe elf Finger." Sie heben die rechte Hand, spreizen erst den Daumen ab, dann den Zeigefinger, den Mittelfinger usw. und zählen: „Das ist der zehnte, der neunte, der achte, der siebte, der kleine ist der sechste Finger – weniger fünf Finger der linken Hand = ein Finger."
„Diskutiert und sucht den Fehler."

Etwas schwieriger zu lösen, aber noch lustiger, ist folgende rätselhafte Geschichte, die Sie vorher auf ein Arbeitsblatt kopiert haben.

Arbeitsblatt

Elf Gäste

Zu Besuch kommen elf Gäste, obwohl nur zehn eingeladen sind. Der Gastgeber ist ratlos, denn der Tisch ist nur für zehn Personen gedeckt und eine weitere Sitzgelegenheit ist nicht vorhanden. Doch die kluge Hausfrau findet eine Lösung:
Sie bittet zwei der Gäste, vorläufig auf dem ersten Stuhl Platz zu nehmen. Auf den zweiten Stuhl setzt sie den dritten Gast, auf dem dritten Stuhl nimmt der vierte Platz, auf dem fünften der sechste usw. Schließlich setzt sich der zehnte Gast auf den neunten Stuhl. Noch frei ist der zehnte Stuhl und auf den setzt sich nun der elfte Gast, der sich vorübergehend mit dem ersten Gast einen Stuhl geteilt hat.

Das geht doch wohl nicht mit rechten Dingen zu. Aber wo ist der Fehler versteckt?

Mein Tipp: Lassen Sie in Gruppenarbeit nach der Lösung suchen. Geben Sie jeder Gruppe den kopierten Text.

Wenn es die Zeit erlaubt, sollen die Schüler den Text so ändern, dass das Rätsel zwar bestehen bleibt, aber die Handlung eine andere ist.

Lösung:

Nicht etwa der elfte, sondern der zweite Gast muss sich den ersten Stuhl mit dem ersten Gast teilen. Und dann sieht die Rechnung schon ganz anders aus: Der zehnte Gast nimmt auf dem neunten Stuhl Platz und der elfte Gast besetzt den zehnten Stuhl. Der erste und der zweite Gast müssen sich wohl oder übel weiterhin mit dem halben Stuhl begnügen.

Lerntipps vom Verfasser

5 – 10 ***Kursiv gedruckte Merksätze notieren, Tafelanschrieb***

- *Erledige nach der Schule möglichst am selben Tag die Hausaufgaben.*

Der gelernte Stoff befindet sich zum Teil noch in deinem Kurzzeitgedächtnis; er prägt sich beim Üben, Wiederholen und Lösen von Aufgaben intensiver ins Langzeitgedächtnis ein. Verschiebst du die Hausaufgaben auf einen späteren Zeitpunkt, brauchst du wesentlich mehr Zeit, weil du den Stoff erst wieder neu aufbereiteten musst. Nimm zuerst die leichteren Aufgaben in Angriff.

- *Führe feste Arbeitszeiten zum Lernen ein.*

Mache nicht den Fehler und richte deine Lernzeit nach dem Zeitbedarf für deine Hobbys aus. Und wenn dann noch Freunde zu Besuch kommen, bleibt oft keine Zeit mehr fürs Lernen.

- *Schiebe nichts auf.*

Du hast sonst das Problem, dass bei der Vorbereitung vor Klassenarbeiten und Prüfungen der Stoff zu umfangreich geworden ist. Es bleibt dann keine Zeit mehr für viele ungelöste Probleme. Und wenn du dir dann nach der Klassenarbeit oder nach der Prüfung die „verdiente Erholung" nimmst und bis zur nächsten Prüfung überhaupt nichts mehr in diesem Fach lernst, plagt dich doch irgendwann dein schlechtes Gewissen.

- *Dreimal fünf Minuten lernen ist besser als einmal eine Stunde.*

Dies gilt vor allem für „Paukfächer" (Vokabeln, Grammatik, Formeln). Stundenlanges Lernen ermüdet.

- *Sorge für Abwechslung zwischen mündlichem und schriftlichem Lernstoff.*

Dreimal hintereinander je 20 Minuten Mathe, Englisch und Kunst sind besser als 1 Stunde Mathe, dann 1 Stunde Englisch und dann 1 Stunde Kunst.

- *Verzichte auf Musikbegleitung – außer vielleicht bei mechanischen Tätigkeiten (Abschreiben, Ausschneiden, einfache Einsetzübungen ...).*

Besonders störend sind Musiksendungen, die von kurzen Werbespots oder Kommentaren unterbrochen sind. Kannst du dennoch ohne deine Musik nicht lernen, ist es besser, du lernst mit Musik als gar nicht.

- *Lege zwischen den Lernzeiten kurze Pausen ein.*

Mache nach ca. 30 Lernminuten eine Pause von mindestens fünf Minuten. Aber dabei nicht fernsehen, Comics lesen oder ein aufregendes Computerspiel. Besser sind Atemübungen am offenen Fenster, ein paar Gymnastikübungen, ein kleiner Spaziergang, eine leichte handwerkliche Tätigkeit oder Ähnliches. Auch ein kurzes Nickerchen ist erlaubt.

- *Höre sofort mit dem Lernen auf, wenn die Gedanken abschweifen.*

Wenn du anfängst zu träumen, ist eine Pause angebracht.

- *Wenn du absolut keine Lust hast zu lernen, beginne mit einer leichten schriftlichen Arbeit.*

Hast du erst einmal angefangen, fällt es dir nicht mehr so schwer, weiterzuarbeiten.

- *Kannst du eine Aufgabe oder ein Problem nicht lösen, gib nicht gleich auf.*

Knobele weiter daran herum – aber nicht länger als zehn Minuten. Selbst wenn du zu keinem Ergebnis kommst, ist dein Lerngewinn größer, als wenn du später die Lösung nur abschreibst oder sie vom Lehrer erfährst. Nur wer sich wirklich anstrengt und Schwierigkeiten nicht ausweicht, ist auf Dauer erfolgreich.

- *Lerne bestimmte Fächer regelmäßig, möglichst jeden Tag.*

Besonders profitieren davon Fremdsprachen und aufbauende Fächer wie Mathe und Physik.

- *Du musst das Gelernte durch Wiederholungen auf Dauer sichern.*

Wenn du etwas verstanden hast, bedeutet das bedauerlicherweise noch lange nicht, dass du es auch gelernt hast. Zum Lernen gehört das dauerhafte Einprägen, das feste Verankern im Gedächtnis. Wer lernen will, muss üben, muss wiederholen, um das Gelernte wieder holen zu können – das ist ein unumstößliches Gesetz des Lebens. Dazu ein Zitat von Einstein: Genie ist zu 99 % Fleiß und 1 % Veranlagung.

Angenommen, du hast ein Lerngebiet nicht durch laufende Wiederholung gefestigt und willst etwas Neues hinzulernen. Dann befindet sich deine Erinnerung an früher erworbenes Wissen auf einem sehr niedrigen Niveau und die Verknüpfungen, die sich automatisch ergeben sollten, kommen nicht zustande. Das Verständnis für den neuen Stoff ist stark eingeschränkt und du verlierst sehr viel Zeit und bald auch die wichtige Motivation. Meist endet dieses Dilemma in der verzweifelten Vorstellung, dass du niemals etwas richtig lernen kannst – jedes Mal, wenn du einen neuen Stoff lernen willst, ist er schnell vergessen und von Mal zu Mal wird die Lust am Lernen geringer.

- *Wenn du nicht planmäßig wiederholst, leidet dein Gedächtnis darunter.*

Jede neue Information, die du vernachlässigst, ist nicht mehr für die Bildung neuer Gedächtnisverbindungen verfügbar. Es ist leider ein Grundgesetz: Je weniger Informationen im Langzeitgedächtnis gespeichert sind, umso geringer ist die Möglichkeit, neue Informationen zu registrieren und zu verknüpfen. Es ist wie beim Rollen eines Schneeballes: Der Ball wird umso rascher größer, je schneller du ihn rollst, bis er schließlich unter seinem eigenen Schwung von allein weiterrollt.

Viele Lernpsychologen sind der Meinung, dass der Zeitpunkt für eine Wiederholung dann am wirkungsvollsten ist, wenn die Erinnerung abzufallen beginnt. Ein Beispiel für das Lernen von schwierigen Vokabeln einer

Fremdsprache: Die erste Wiederholung sollte ungefähr 10 Minuten nach einer einstündigen Lernperiode stattfinden und 10 Minuten dauern. Dann wird die Erinnerung für etwa einen Tag auf dem Höchststand bleiben. Danach soll gleich die nächste Wiederholung erfolgen, die diesmal 2 bis 4 Minuten dauert. Jetzt wird die Erinnerung wahrscheinlich für eine Woche erhalten bleiben, worauf eine zweiminütige Wiederholung notwendig wird. Die nächste Wiederholung ist dann nach etwa einem Monat anzusetzen. Nach dieser Zeit ist das Wissen endgültig im Langzeitgedächtnis verankert.

- *Auch wenn du mit schneller Auffassungsgabe gesegnet bis, musst du üben (sprich: wiederholen, variieren, anwenden auf Ähnliches).*

Es genügt nicht, eine Sache einmal verstanden zu haben, um sie für immer gelernt zu haben. Selbst wenn das in einigen Fächern gut funktioniert, fällst du in anderen Fächern immer weiter zurück. Und wenn dann an früher behandelte Themenbereiche angeknüpft wird, hast du aufgrund mangelnder Übung zu wenig gefestigtes, automatisch verfügbares Wissen. Dann bleibt dir nichts anderes übrig, als jedes Mal den ganzen Verstehensprozess von Grund auf neu zu durchlaufen. Und das kostet wertvolle Zeit. Es ist wie beim Bau eines Turmes aus Bauklötzchen: Jeder einzelne Stein muss richtig sitzen. Ist einer unordentlich gesetzt, so stürzt der Turm beim Weiterbauen früher oder später ein – egal wie sehr du dich auch anstrengen magst.

- *Wenn dir Grundwissen fehlt oder lückenhaft ist, musst du gezielt lernen.*

Frage dich immer wieder: Welche Fehler wiederholen sich? Wo bin ich schwach? Was ist für mich wichtig?

- *Beim Lernen mit dem Lehrbuch solltest du dir nach jedem Abschnitt überlegen, um was es geht, und dann einzelne Stichpunkte aufschreiben.*

Wiederhole nach einer kleinen Pause anhand der Stichpunkte den Stoff.

- *Benutze beim Lernen mehrere Lernwege (Eingangskanäle): Auge, Ohr und Hände.*

Lies Wichtiges laut. Du lernst schneller und behältst den Stoff länger im Gedächtnis. Vielleicht bist du ein Lerntyp, der schwierigen Lernstoff in Stichworten mitschreiben muss, um ihn lange im Gedächtnis zu speichern. Es ist bekannt, dass die meisten Schüler Informationen durch Mitschreiben ca. zehnmal besser aufnehmen als durch bloßes Zuhören. Durch das Notizenmachen darf aber auf keinen Fall deine Aufmerksamkeit leiden. Gute Lehrer wissen das und machen zwischen den Lehrabschnitten Pausen oder schreiben Merksätze an die Tafel.

> Ich höre – ich vergesse
> Ich sehe – ich erinnere mich
> Ich tue – ich verstehe

- *Lies aktiv.*

Was bedeutet das? Du liest nicht nur mit den Augen, sondern du schreibst wichtige Passagen verkürzt in deinen eigenen Worten auf. Aber nicht einfach den Textabschnitt abschreiben. Wenn dir das Buch gehört, unterstreichst du oder markierst wichtige Stellen. Aber erst, wenn du den Text schon einmal durchgelesen hast – sonst markierst du zu viele Stellen, die vielleicht im Buch erst später behandelt werden. Schreibe Bemerkungen an den Rand, z. B. ein Fragezeichen, wenn du etwas nicht ganz verstanden hast. Oder formuliere Fragen an den Text, wenn der Autor den Sachverhalt nicht genügend erklärt hat. Lies lange Texte nicht auf einmal, sondern Schritt für Schritt: Überfliegen – gründlich lesen – schriftlich oder mündlich zusammenfassen – wiederholen.

- *Ein Tipp (nicht nur für Streber): Vorlernen.*

Es geht hier nicht darum, dass du vor der Klasse und dem Lehrer glänzt, sondern dass du eine allgemeine Ahnung von kommenden Stoffgebieten hast. Du bist dann schon auf den neuen Stoff vorbereitet und kannst dann Neues leichter dazulernen. Das Vorlernen darf aber nicht dazu führen, im Unterricht weniger gut aufzupassen. Drei Tipps für Schüler, die sitzen geblieben sind und eine Klasse wiederholen müssen: Vorlernen, vorlernen, vorlernen.

- *Stelle unbedingt einen kurz- und längerfristigen (Lern)Plan auf.*

Dann verlieren Klassenarbeiten und Prüfungen ihren Schrecken. Nichts ist schlimmer, als wenn du vor einer Prüfung unter Zeitdruck stehst. Im Idealfall solltest du am Tag vor der Prüfung kaum noch lernen. Bearbeite das letzte große Lernpensum zwei Tage vor der Prüfung. Wenn du dich tatsächlich bis kurz vor der Prüfung „geschont“ hast, ist es am besten, du triffst eine gezielte Auswahl unter all dem Lernstoff und hoffst darauf, dass du damit Glück hast. Lass das Lernen am Morgen vor der Klassenarbeit sein. Es können so genannte Erinnerungsblockaden auftreten, die den Rest des Lernstoffes, den du vielleicht noch im Gedächtnis hast, nutzlos machen.

- *Wenn du im Unterricht etwas nicht verstanden hast, melde dich und stelle gezielte Fragen.*

Es ist ein Zeichen von Klugheit zu erkennen, was man nicht verstanden hat. Nebenbei sparst du auch noch Zeit, denn allein zu Haus knobelst du viel länger an solchen Problemen herum. Die Befürchtung, vom Lehrer für beschränkt gehalten zu werden, ist verfehlt. Bleiben nur noch die Hemmungen wegen der Lacher unter den Mitschülern. Aber damit ist dann der Lehrer wieder gefordert.

- *Noch eine Bemerkung zum Thema „Spickzettel".*

Er ist eine gute Lernhilfe, den Prüfungsstoff zu komprimieren und zusammenzufassen. Schreibe ihn so oft um, bis er gut ist. Lerne den Spickzettel auswendig. Aber benutze den Spickzettel nicht in der Klassenarbeit oder Prüfung. Aus Angst, dass der Spickzettel entdeckt wird, kannst du dich nicht richtig konzentrieren und vergeudest kostbare Zeit.

- *Versuche, selbst Nachhilfestunden zu geben.*

Nicht nur, um nebenbei etwas Geld zu verdienen, sondern nutze die Tatsache aus, dass du ein Stoffgebiet am besten lernst, wenn du es lehrst, also anderen erklärst. Keine Angst, dass du nicht genug weißt! Du musst nur wissen, was dein Schüler lernen soll, und dich dann entsprechend vorbereiten. Lehrer machen das genau so. Und das immer wieder. Ähnliche Vorteile bringt es, wenn du mit einem Mitschüler über bereits gelernten Stoff diskutierst und ihr euch gegenseitig abfragt. Vieles wird dabei erst richtig klar.

> Besonders effektiv ist das Lernen, wenn du einer anderen Person, die von dem Stoffgebiet wenig oder keine Ahnung hat, den Zusammenhang erklärst.

Lernen ist anstrengend, auch wenn euch manche vorgaukeln, dass man auch mit viel Spaß und wenig Arbeit gut durchs Leben kommt.

- *Sorge für ausreichenden Schlaf nach einer Lernphase.*

Wissenschaftler haben nachgewiesen, dass Gelerntes besser im Gedächtnis bleibt, wenn direkt vor dem Schlaf gelernt wurde.

- *Ganz wichtig: Lesen, lesen, lesen.*

Lesen ist eine sehr wirkungsvolle geistige Übung, die deine Vorstellungskraft lebhafter macht und deine Konzentrationsfähigkeit erheblich verbessert. Damit ist nicht nur das Lesen von Schulbüchern gemeint, was natürlich einen Großteil deiner Lernbemühungen ausmacht. Versuche, deine Lesegeschwindigkeit zu erhöhen, wenn du Bücher zur Entspannung liest. Schnelles Lesen verbessert deine Denkleistung!

Test: Welcher Lerntyp bist du?

5–10

Unsere Sinnesorgane nehmen die Informationen von außen auf. Die Eingangskanäle leiten die Wahrnehmungen an das Gehirn weiter. Der visuelle Kanal ist zuständig für die Sehempfindungen. Er liefert fast 90 % aller Informationen. Der akustische Kanal leitet die Hörempfindungen weiter und der taktile Kanal Tastempfindungen.
Daneben gibt es noch den Kanal für Riechempfindungen und den Kanal für den Geschmackssinn.
Jeder Mensch lenkt beim Lernen seine Wahrnehmungen unterschiedlich weiter: Der eine lernt leichter durch Zuhören, ein anderer durch Beobachtung, andere durch Betasten und Fühlen. Wo deine Schwerpunkte liegen, zeigt ein einfacher Test. Du benötigst einen Helfer (z. B. dein Lehrer, deine Mutter oder dein Vater, ein Freund), eine Uhr, Bleistift, Papier und eine Augenbinde.

1. Akustischer Kanal

Dein Helfer liest dir im Abstand von 2 Sekunden zehn (einfache) Begriffe vor, die er sich vorher notiert hat, z. B.:
Auto, Wiese, Baum, Ofen, Maul, Fahrrad, Ostern, Silber, Kamin, Papier.

Nach einer Pause von zehn Sekunden schreibst du alle Begriffe auf, die du dir gemerkt hast.

2. Visueller Kanal

a) bildhaft dargestellte Begriffe

Dein Helfer zeigt dir im Abstand von 2 Sekunden zehn Bilder mit einfachen Gegenständen. (Diese kann er sich leicht aus einer Clipart-Sammlung aus dem Computer holen, oder aus Illustrierten, alten Büchern usw. ausschneiden, siehe auch die Bildreihe im Anhang A2 und A3). Dann folgen wieder zehn Sekunden Pause und wieder notierst du alle Begriffe, die sich noch in deinem Gedächtnis befinden.

b) schriftlich dargestellte Begriffe

Das gleiche Spiel, nur zeigt dir diesmal dein Helfer keine Bilder, sondern das aufgeschriebene Wort.

Bett	*Vorhang*	*Haken*	*Kleinkind*
Engel	*Stift*	*Lampe*	*Ozean*
Balkon	*Bonbon*		

3. Taktiler Kanal

a) Fühlen und Tasten

Dein Helfer verbindet dir die Augen. Dann reicht er dir im Abstand von 3 Sekunden zehn Gegenstände, die er schon vorher bereitgelegt hat, die du aber noch nicht kennst (z. B. Bleistift, Büroklammer, Wäscheklammer, Radiergummi, Computermaus, Schlüssel, Ordner, Diskette, CD, Schere, Tasse, Teller, Löffel, Gabel, Messer, Feuerzeug, Zigarette, Hammer, Zange, Feile usw.).

Du kannst jeden Gegenstand kurz (2 Sekunden) abtasten, bevor ein neuer kommt. Dann schreibst du wieder nach einer Pause von 10 Sekunden alle Gegenstände auf, die du noch weißt. Dein Helfer hat natürlich die Gegenstände vorher versteckt.

b) Hören und schreiben

Wieder liest dir dein Helfer zehn Begriffe vor – diesmal schreibst du aber mit. Der Zeitabstand zwischen jedem Wort verlängert sich auf 3 Sekunden. Dann folgen wieder 10 Sekunden Pause und du schreibst alle gemerkten Begriffe auf.

Auswertung

Ganz einfach: Dort, wo du dir die meisten Begriffe merken konntest, liegt dein bevorzugter Lernkanal. Trotzdem solltest du beachten: Durch ein Zusammenspiel **aller** Eingangskanäle wird das Lernen und Behalten deutlich verbessert und das Wissen tiefer verankert.

Lernkartei

5–10

Gegen das Vergessen kann ich dir nur eine wirksame Methode empfehlen: Wiederholen. Aber nicht blindlings wiederholen, sondern mit Überlegung. Zuerst stellt sich dir die Frage, **wann** du mit dem Wiederholen beginnen sollst. Meine Antwort: Sobald als möglich, denn du vergisst unmittelbar nach dem Lernen am meisten. Ein Beispiel für das Lernen von Vokabeln:

- Beginne mit der Wiederholung ein paar Stunden nach dem ersten Lernen.
- Wiederhole die Vokabeln einen Tag später, dann nach einer Woche noch einmal.
- Wiederholst du die Vokabeln noch einmal einen Monat später und dann noch einmal nach einem halben Jahr, sitzen sie für immer in deinem Gedächtnis.

Du wirst bestimmt einwenden, dass du so viel Zeit für das Wiederholen und Üben nicht aufbringen kannst. Als Trost sei dir gesagt, dass der benötigte Zeitbedarf für das Wiedererlernen mit der Zeit immer kürzer wird. Auch musst du nicht jeden x-beliebigen Lernstoff wiederholen, sondern nur das, was du als schwierig und schwer merkbar empfindest.

Zum Wiederholen von bestimmten Lernstoffen eignet sich ganz hervorragend die Lernbox (auch als Lernkartei oder Lernmaschine bezeichnet). Zu den Lernstoffen, für die es sich lohnt, eine Lernkartei anzulegen, eignen sich die Faktenfächer wie Geschichte oder Erdkunde und Lerngebiete, die man einfach nur durch Pauken lernen kann. Das sind zum Beispiel Vokabeln, Regeln der Rechtschreibung und Grammatik, Formeln aus Mathe, Physik und Chemie, Gesetzestexte, Anatomie, Pflanzen- und Tierbezeichnungen usw. usw. – kurz, alles Fakten, die du nicht durch logisches Denken oder andere Intelligenzleistungen ableiten kannst. Die aber bei Klassenarbeiten und in Prüfungen (leider) abgefragt werden.

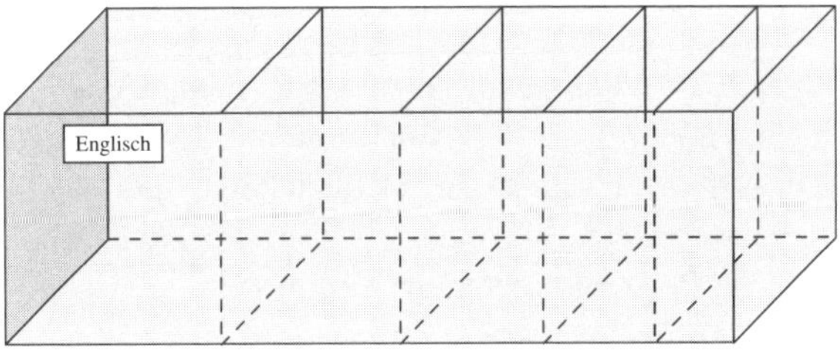

Bastle dir für jedes Lerngebiet eine Lernbox. Gut geeignet sind schmale, lange Kartons, die du evtl. kleiner schneidest. Unterteile die Lernbox in fünf Fächer, die von vorn nach hinten immer größer werden. Schneide dazu kleine passende Pappstücke aus steifem Karton, knicke an zwei gegenüberliegenden Seiten einen kleinen Falz und klebe sie in die Box. Schon fertig. Jetzt lege Karteikarten an, die gut in die Box passen.

Grundregeln

Schwierige Vokabeln, Fakten, die du dir einfach nicht merken kannst, Formeln, die du leicht vergisst, kommen in Frageform auf die Vorderseite der Karteikarte.

Beispiele für die Vorderseite

- Lernbox Englisch: beautiful, more beautiful, most beautiful
- Lernbox Geometrie: Volumen der Kugel?
- Lernbox Elektrotechnik: Ohm'sches Gesetz?
- Lernbox Anatomie: Teile des Ohres?
- Lernbox Südamerika: Hauptstadt von Venezuela?

> Alles, was du ohnehin schon weißt, gehört nicht in die Lernbox.

Auf die Rückseite der entsprechenden Karte steht dann die Antwort.

Beispiele

- Lernbox (Englisch, Vokabeln):
  Vorderseite: *enttäuscht*
  Rückseite: *disappointed*
- Lernbox Physik (Mechanik):
  Vorderseite: *Goldene Regel der Mechanik?*
  Rückseite: *Was man an Kraft spart, muss man an Weg zugeben.*

Beim Wiederholungslernen ziehst du eine Karte nach der anderen heraus und versuchst die Frage oder die Aufgabe zu beantworten. Das kann mündlich oder schriftlich erfolgen. Erst nachdem du geantwortet hast, drehst du die Karte um und vergleichst den Text auf der Rückseite mit der richtigen Antwort. Hast du richtig geantwortet, steckst du das Kärtchen in das zweite Fach der Lernbox. War deine Antwort falsch, bleibt sie im ersten Fach – aber an letzter Stelle. Die zurückgebliebenen Kärtchen werden so lange wiederholt, bis sie ebenfalls im zweiten Fach angelangt sind.
Nach einer gewissen Zeit musst du auch das zweite Fach vornehmen und die Kärtchen durcharbeiten. Richtige Antworten wandern ins dritte Fach, falsche Antworten zurück ins erste Fach. In der Zwischenzeit kommen immer neue Kärtchen mit neuen Fragen und Aufgaben ins erste Fach und warten darauf, in die nächsten Fächer zu wandern. Es ist eine Freude zu beobachten, wie das erste Fach immer mehr an Umfang zunimmt und später wieder kleiner wird.

Am Ende der Lernperiode kommt man nicht umhin, auch das letzte Fach noch einmal durchzuarbeiten.

Beim Vokabellernen einer Fremdsprache ist es sinnvoll, den Lernstoff in Blöcken mit je zehn Vokabeln aufzuteilen und blockweise zu lernen. Mehr als drei Blöcke solltest du dir pro Tag nicht vornehmen – das sind immerhin 30 neue Vokabeln. Du wirst vielleicht feststellen, dass du dir das erste und letzte Wort eines Blockes besonders gut einprägen kannst. Viele haben mir ihre Erfahrungen mit der Vokabel-Lernbox mitgeteilt: Nach einer Woche beherrschten sie im Durchschnitt noch 12 Vokabeln eines Dreierblockes.

Das Lernen mit der Lernbox hat viele lernpsychologische und lernökonomische Vorteile. Zum einen wird das, was du schon weißt, nicht unnötig oft wiederholt. Zum anderen ist es außerordentlich motivierend, wenn du das Anwachsen deines Wissens buchstäblich vor Augen hast. Du bestimmst selbst deinen Lernrhythmus, das Lerntempo und die Zahl der Wiederholungen.

Versuch und Irrtum

9–10 ***Tafelbild***

Ersetze jeden Buchstaben durch eine bestimmte Zahl:
ZWEI + ZWEI = VIER
Die so entstandene Zahlengleichung muss richtig sein.

Erster Versuch mit Z = 1, W = 2, E = 3 und I = 4:
Z W E I + Z W E I = V I E R
1 2 3 4 + 1 2 3 4 = 2 4 6 8
ist keine Lösung, denn das E kann nicht gleichzeitig 3 und 6 sein.

Am besten schreibt man die Buchstaben untereinander und schafft Platz für das Einsetzen möglicher Zahlen:

Z	W	E	I
+ Z	W	W	I
= V	I	E	R

Zweiter Versuch mit Z = 3, W = 2, E = 4 und I = 1

Z 3	W 2	E 4	I 1
+Z 3	W 2	E 4	I 1
=V 6	I 4	E 8	R 2

Der zweite Versuch ist auch missglückt, denn E darf nicht gleichzeitig 4 und 8, I nicht zugleich 1 und 4 sein.
Aber da ist ja noch genügend Platz für weitere Versuche.

Dritter Versuch mit Z = 3, W = 1, E = 0 und I = 1

Z 3 3	W 2 1	E 4 0	I 1 2
+Z 3 3	W 2 1	E 4 0	I 1 2
=V 6 6	I 4 2	E 8 0	R 2 4

Z W E I + Z W E I = V I E R
3 1 0 2 + 3 1 0 2 = 6 2 0 4
Schon hat es geklappt.

Weitere Übungen
a) BLAU + ROT = LILA
b) ROSS + ESEL = MULI
c) VIER + EINS = ACHT

Lösung:
a) 8 953 + 742 = 9 695 b) 4 122 + 5 258 = 9 380 c) 2 148 + 4 159 = 6 307

Umschütten – vom Einfachen zum Schweren

9–10 ***Tafelanschrieb***

Diese Aufgaben gehören eigentlich in das Kapitel „Mathematik“, wo schon ähnliche Aufgaben gestellt sind. Hier sollen sie das logische Denkvermögen ansprechen, das nicht nur Fachgebiet der Mathematik ist.

Sehr einfach
Ein Bauer schickt seine Tochter zum Milchholen in den Kuhstall. Er gibt ihr zwei Kannen mit; die eine fasst 7 l, die andere 4 l. Wie kann das Mädchen mit diesen Kannen genau 3 l Milch ausmessen?

Lösung:

Die 7-l-Kanne auffüllen und damit die 4-l-Kanne füllen. Zurück bleiben 3 l.

Tipp: Versuche einmal, den Lösungsweg graphisch darzustellen. Dann fallen dir die nächsten Aufgaben bestimmt leichter.

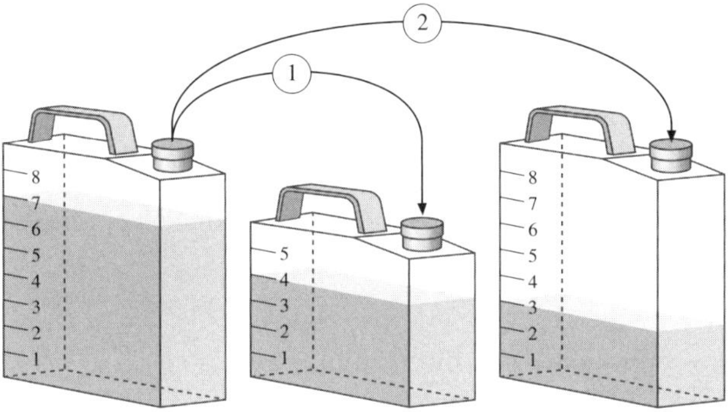

Einfach

Ein Tankwart hat zwei leere Benzinkanister; der eine fasst 8 l, der andere 5 l. Ein Motorradfahrer will genau 11 l Benzin tanken. Was muss der Tankwart machen?

Lösung:

Zuerst füllt der Tankwart den 8-l-Kanister und schüttet den Inhalt in den Tank. Dann füllt er erneut den 8-l-Kanister und füllt damit den 5-l-Kanister. Zurück bleiben die fehlenden 3 l Benzin, die er zu den 8 l in den Tank gibt. Auch hier hilft wieder eine Skizze!

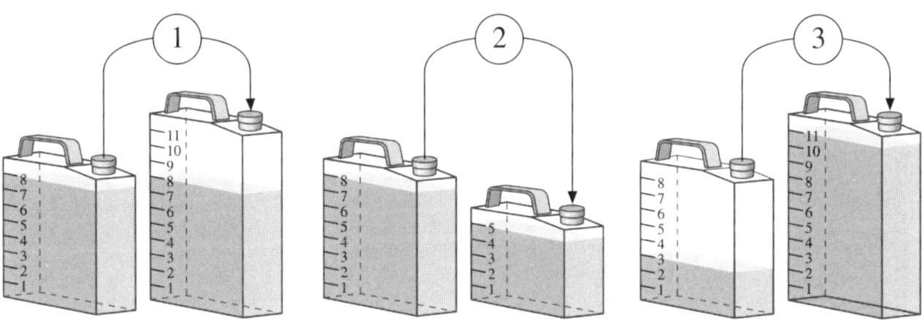

Mittel

Du sollst deinem Lehrer genau 4 l Wasser bringen. Zur Verfügung stellt er dir einen 5-l- und einen 3-l-Behälter. Du gehst zum Waschbecken und ...

Lösung:

... füllst zuerst den 5-l-Behälter. Damit füllst du den 3-l-Behälter und gießt diesen anschließend leer. Fülle die restlichen 2 l in den 3-l-Behälter. Fülle nun den 5-l-Behälter wieder auf. Wenn du nun den 3-l-Behälter füllst, bleiben die gewünschten 4 l zurück.

Schwer

Wie können Sie genau 3 l abmessen, wenn Ihnen eine 4-l- und eine 9-l-Kanne zur Verfügung stehen?

Lösung:

Dreimal die 4-l-Kanne füllen und damit die 9-l-Kanne auffüllen. Zurück bleiben nach dem dritten Umfüllen 3 l in der 4-l-Kanne.

Sandhuren

10 *Tafelbild*

Du siehst hier zwei Sanduhren. Die eine läuft in genau 4 Minuten durch, die andere in 7 Minuten. Wie kannst du mit Hilfe der Sanduhren genau 9 Minuten angeben?

Erste Überlegung: Zuerst drehst du die kleine, dann die große Sanduhr um. Ergebnis: 11 Minuten. So geht es also nicht.

Zweite Überlegung: Du drehst die kleine Uhr zweimal nacheinander um: Ergebnis 8 Minuten. Schon besser. Aber wie kommst du auf 9 Minuten?

Dritte Überlegung: Du musst beide Uhren gleichzeitig umdrehen. Nach 4 Minuten läuft die erste Uhr leer; dann sind in der zweiten noch für 3 Minuten Sand enthalten. Wie geht es weiter? Solltest du jetzt die zweite Sanduhr umdrehen? Oder die erste? Vielleicht hilft eine kleine Skizze?

Lösung:

Nachdem die erste Uhr leer gelaufen ist, drehst du diese sofort wieder um. Die zweite Uhr ist nach insgesamt 7 Minuten leer, also 3 Minuten später. Du musst sofort auch diese umdrehen. 8 Minuten nach dem Start ist die erste Uhr wieder leer gelaufen. In der großen Sanduhr sind noch für 6 Minuten Sand enthalten, 1 Minute Sand ist schon durchgerieselt. Wenn du jetzt die große Sanduhr wieder umdrehst, hast du die Lösung gefunden: 9 Minuten sind vergangen.

5. Gedächtnis und Konzentration

Gehirnjogging

7 – 10 *Overheadfolien, evtl. Arbeitsblätter*

Aufgabe 1a: Aufwärmen

Legen Sie eine Folie der abgebildeten Zahlenreihe an. Es sind die Zahlen von 20 bis 60, die willkürlich angeordnet sind. Projizieren Sie das Bild an die Wand und lassen Sie einen Schüler die Zahlen in der richtigen Reihenfolge zeigen. Sollten Sie das Suchspiel wettbewerbsmäßig ausführen, stoppen Sie die Zeit, bis der Schüler alle Zahlen gefunden hat.

Übrigens: Wie lange brauchen Sie für dieses Aufgabe? Weniger als drei Minuten? Dann können Sie bestimmt mit dem Sieger mithalten. Sie können auch die Zahlenreihen auf ein Arbeitsblatt kopieren und jedem Schüler aushändigen. Die Schüler sollen die Zahlen in der richtigen Reihenfolge durchstreichen und selbst die dafür benötigte Zeit stoppen.

28	41	49	25	37	59	30
21	33	20	44	54	22	39
56	35	47	42	23	29	57
31	45	58		51	36	48
32	24	27	60	52	46	34
55	26	38	43	40	50	53

Aufgabe 1b: Stretching

„Einige Buchstaben oder Zahlen kommen doppelt vor. Schreibe die Paare auf. Eine kleine Hilfe: Es sind 7 Paare."

Falls Sie ein Arbeitsblatt verteilen: „Markiere alle Buchstaben oder Zahlen, die doppelt vorkommen."

Arbeitsblatt

a	l	Y	e	9	0	k	K	4	13
10	e	V	ö	7	m	b	R	19	P
P	E	d	O	o	H	5	6	K	14
6	f	9	19	3	u	W	z	8	12
q	18	V	s	16	g	11	8	Q	J
h	j	Z	ä	4	1	R	s	S	t

Lösung:

9 P 4 e R V s

Aufgabe 2: Schon schwieriger

7–10 *Overheadfolie, evtl. Arbeitsblatt, Schreibutensilien*

Arbeitsblatt

	A	B	C	D	E	F	G
1	293	425	881	476	114	229	832
2	147	556	894	567	244	167	969
3	467	577	777	621	395	458	113
4	527	623	959	523	477	119	673
5	643	258	871	671	616	913	787
6	219	325	436	723	798	814	257
7	732	641	852	641	294	395	467
8	283	425	114	359	852	479	322

a) Schreibe auf, in welchen Feldern eine ungerade Zahl neben zwei geraden Zahlen steht.

Lösung: F1, D2, F3, D6, B7, D7, D8, F8

b) In welchen Feldern stehen die gleichen Zahlen?

Lösung: E3 und E7, A3 und G7, C7 und E8

c) In welchen Feldern ist die Anfangsziffer größer als die Summe der beiden folgenden Ziffern?

Lösung: G1, D3, B4, F5, D6, F6, A7, B7, C7, D7, E8

d) Stelle selbst Aufgaben!

Aufgabe 3: Zahlen suchen

5 – 10 ***vorbereitete Folien, Zeigestock, Uhr, Protokoll***

Sie zeichnen auf eine Folie ein Quadrat, das Sie in 64 Felder einteilen. In jedes Feld schreiben Sie eine Zahl zwischen 11 und 74 – aber schön durcheinander. Sinnvoll ist es, gleich mehrere Folien mit anderen Zahlenverteilungen anzulegen, damit alle Schüler unter den gleichen Bedingungen an dem Spiel teilnehmen können.

Folie

25	13	43	58	18	55	35	24
51	62	74	39	59	12	47	31
73	38	19	52	66	48	32	42
68	20	29	11	72	56	16	65
36	67	44	71	26	20	63	49
57	50	28	17	54	53	30	23
15	34	41	46	40	27	14	60
33	61	22	69	64	21	45	37

Sie legen die Folie auf den OH-Projektor und fordern den ersten Schüler auf, die von Ihnen genannten Zahlen ausfindig zu machen und mit dem Zeigestock zu markieren. Nach dreißig Sekunden ist Schluss und ein Protokollführer notiert sich den Namen des Schülers und die Anzahl der gefundenen Zahlen.

Sie legen eine andere Folie mit durcheinander gewürfelten Zahlen auf den Projektor. So können Sie nach und nach alle Schüler auf Ihre „Findigkeit“ prüfen und bewerten. Sieger ist, wer die meisten Zahlen gefunden hat. Wenn es die Zeit erlaubt, können Sie mehrere Durchgänge spielen.

Eine andere Variante ist, die Folge von allen durch 3 teilbaren Zahlen zeigen zu lassen und die dafür benötigte Zeitspanne zu stoppen. Etwas schwieriger ist es, eine Zahlenfolge rückwärts zu zeigen. Oder alle durch 7 teilbaren Zahlen rückwärts von 74 bis 11 zu markieren. Es gibt viele Variationsmöglichkeiten.

Aufgabe 4: Tiere suchen

5 – 10 *Folie auf OH-Projektor, evtl. Tafelbild oder kopiertes Arbeitsblatt*

„In diesem Buchstabenkasten sind elf Tiere versteckt. Einige findest du sehr schnell, denn die Buchstaben stehen in Leserichtung von links nach rechts. Aber einige Tiernamen sind von rechts nach links geschrieben – und das macht die Sache etwas schwieriger.“

Folie

A	N	K	E	F	B	I	E	N	E	E	N	K	B	U	P	U	A	F	S
L	K	L	D	R	O	L	A	U	M	A	G	E	L	A	U	S	P	V	E
C	D	R	E	F	P	E	T	N	E	M	L	E	O	T	T	E	Z	K	L
T	H	H	U	K	I	L	R	R	E	I	T	G	H	U	M	O	L	C	H
R	Q	R	T	E	G	I	G	E	L	R	A	T	S	P	F	A	E	T	T
M	I	T	G	I	R	A	F	G	I	P	U	M	I	R	E	G	I	T	Z
K	N	S	U	A	M	E	I	T	K	L	E	I	M	E	I	S	E	G	I

Lösung:

Biene, Laus, Pferd, Ente, Kuh, Star, Igel, Maus, Tiger, Meise und Molch

A	N	K	E	F	**B**	**I**	**E**	**N**	**E**	E	N	K	B	U	P	U	A	F	S
L	K	L	D	R	O	L	A	U	M	A	G	E	**L**	**A**	**U**	**S**	P	V	E
C	**D**	**R**	**E**	**F**	**P**	**E**	**T**	**N**	**E**	M	L	E	O	T	T	E	Z	K	L
T	H	**H**	**U**	**K**	I	L	R	R	E	I	T	G	H	U	**M**	**O**	**L**	**C**	**H**
R	Q	R	T	E	G	**I**	**G**	**E**	**L**	**R**	**A**	**T**	**S**	P	F	A	E	T	T
M	I	T	G	I	R	A	F	G	I	P	U	M	I	**R**	**E**	**G**	**I**	**T**	Z
K	N	**S**	**U**	**A**	**M**	E	I	T	K	L	E	I	**M**	**E**	**I**	**S**	**E**	G	I

Eine kleine Steigerung für leistungsstarke Schüler?

„Es sind elf Tiere zu finden, die im Buchstabenkasten versteckt sind. Aber diesmal nicht nur waagerecht von links nach rechts und rechts nach links, sondern auch senkrecht von oben nach unten und unten nach oben."

S	K	E	I	D	E	R	I	L	P	O	K	A	M	E	L	U
P	N	L	R	E	T	T	O	P	U	U	L	T	A	U	V	A
I	I	L	F	U	G	P	A	M	S	P	E	C	H	T	F	F
N	F	A	A	E	S	I	E	M	A	T	A	K	L	I	P	P
N	O	U	R	E	T	A	K	O	I	D	U	L	N	H	U	H
E	S	Q	O	K	A	N	A	L	R	O	T	K	E	L	C	H

Lösung:

Kamel, Otter, Ameise, Qualle, Specht, Huhn, Kater, Spinne, Elch, Pfau und Fink

S	**K**	**E**	I	D	E	R	I	L	P	O	**K**	**A**	**M**	**E**	**L**	**U**
P	**N**	**L**	**R**	**E**	**T**	**T**	**O**	P	U	U	L	T	A	U	V	**A**
I	**I**	**L**	F	U	G	P	A	M	**S**	**P**	**E**	**C**	**H**	**T**	F	**F**
N	**F**	**A**	A	**E**	**S**	**I**	**E**	**M**	**A**	T	A	K	L	I	P	**P**
N	O	**U**	**R**	**E**	**T**	**A**	**K**	O	I	D	U	L	**N**	**H**	**U**	**H**
E	S	**Q**	O	K	A	N	A	L	R	O	T	K	**E**	**L**	**C**	**H**

Aufgabe 5: Gedächtnisübung

7 – 10 ***Tafelbild, evtl. Folie, Klapptafel***

Schreiben Sie einen Informationstext an die Tafel (oder legen Sie eine Folie auf). Die Schüler prägen sich den Inhalt ein und nach ca. einer Minute klappen Sie die Tafel zu oder entfernen die Folie. Nach einer kleinen Pause sollen die Schüler aus dem Gedächtnis die Information aufschreiben.

> Herr Meier
> Lufthansa Frankfurt/Main – New York
> 16.11.2004
> Leihwagen 400 Dollar
> Rundreise

Industriemesse Hannover Firma ELCO Stand 16 in Halle 4 Personalchef Vorstellungsgespräch	Autohaus VW-Riegel Ersatzteillager rechter Kotflügel Eurocard Rechnung

Je nach Leistungsstand der Klasse variieren Sie den Schwierigkeitsgrad der Information. Eine Steigerung der Gedächtnisleistung können Sie noch erreichen, wenn die Schüler in den kurzen Pausen vor dem Niederschrieb eine ablenkende Tätigkeit ausführen müssen, z. B. rückwärts alle geraden Zahlen von 30 bis 1 aufschreiben, oder halblaut in Dreierschritten von 30 bis 0 rückwärts zählen.

Aufgabe 6: Abc-Memory

6 – 10 *Schreibutensilien, Folie*

Stufe 1

Die Schüler schreiben in der Abc-Folge 26 einfache Hauptwörter auf einen Zettel, unterschreiben mit ihrem Namen und geben den Zettel ab. Sie wissen, dass sie nach einer kurzen Zeit die Wörter mündlich wiederholen müssen. Ute schreibt:

Affe Ball Chips Dach Esel Flasche Garten Haus Igel Jäger
Kamel Lasso Mond Nagel Oma Pfennig Quark Rose Sonne
Torte Ufo Vase Welle Xylophon Yacht Zelt

„Ute, wiederhole deine 26 Wörter."
„Ingo, welches Wort beginnt bei dir mit S?"

Stufe 2

Sie projizieren 26 Wörter alphabetisch geordnet an die Wand und lassen den Schülern ca. zwei Minuten Zeit, sich diese Begriffe einzuprägen. Eine Merkhilfe ist es, einen einfachen, kurzen Satz mit dem jeweiligen Begriff zu bilden, z. B. „Das Dach ist rot". Vielleicht genügt es auch, wenn sich die Schüler zu dem betreffenden Begriff ein Bild vorstellen. Dann nehmen Sie die Folie weg und nach einer kleinen Pause schreiben die Schüler die Wörter auf.

Stufe 3
Etwas schwieriger ist es, wenn Sie nicht nur gegenständliche Begriffe wählen und die Wörter nicht in alphabetischer Reihenfolge aufschreiben. Aber mit ein wenig Übung geht das auch und wenn Sie das Spiel öfter ausführen, werden Sie einen deutlichen Lernzuwachs bei den Schülern feststellen.

Dame Eisen Hund Butter Zettel Gitarre Cola Ingwer Unwetter
Kälte Mantel Jammer Nordpol Vogel Pille Abend Kaulquappe
Ring Tag Saal Fisch Weber Ypsilon Lunte Opfer

Stufe 4
Schreiben Sie zehn Hauptwörter mit mittlerem Schwierigkeitsgrad an die Tafel:

Zahnarzt, Mütze, Beispiel, Tränen, Regenbogen, Polizist, Taschentuch, Schlüssel, Teppich, Petersilie.

Wie können sich die Schüler diese durcheinander gewürfelten Wörter merken? Eine beliebte Methode ist es, sich einen Tagesablauf vorzustellen und in die einzelnen Tätigkeiten das entsprechende Wort einzubauen. Auch wenn dabei scheinbar sinnlose Sätze entstehen – die Merkfähigkeit verbessert sich auf erstaunliche Weise.

Schon beim Aufwachen denke ich an den Zahnarzt und mir kommen die Tränen. Schnell noch eine Mütze übergezogen, ein sauberes Taschentuch eingesteckt und ich verlasse das Haus. Habe ich auch die Schlüssel nicht vergessen? An der Ampel gebe ich ein gutes Beispiel und warte auf Grün. Ein Polizist ist ohnehin in der Nähe. Die Sonne scheint, aber gleichzeitig regnet es und am Himmel leuchtet ein Regenbogen. Wenn ich wieder zu Hause bin, lege ich mich auf den Teppich. Hoffentlich gibt es mittags nicht wieder Petersiliensuppe.

„Schreibe nun die 10 Wörter auf, die du dir merken solltest."

Wörter merken

6 – 10 ***Tafelbild, evtl. Folie, Schreibmaterial***

Sie schreiben in fünf Zeilen jeweils vier einfache Wörter an die Tafel (oder legen eine Folie auf den OH-Projektor). Die Schüler haben nun vier Minuten

Zeit, sich diese 20 Wörter einzuprägen. Dann klappen Sie die Tafel zu (oder schalten den Projektor aus). Die Schüler notieren nun alle Wörter, die sie behalten haben. Die Reihenfolge spielt dabei keine Rolle. Nach vier Minuten geben sie den unterschriebenen Zettel bei Ihnen ab.

Ampel	Apfel	Besen	Dame	Esel
Fabrik	Traum	Fußball	Murmel	Telefon
Ordner	Glück	Rose	Lehrer	Hammer
Gift	Spiel	Auto	Teller	Spinne

Sie werten das Ergebnis aus und teilen jedem Schüler seine Punktzahl mit (maximal sind 20 Punkte möglich). Jetzt erläutern Sie, wie jeder seine Merkfähigkeit verbessern kann. Man muss nur mit jeder Vierer-Wort-Gruppe einen Satz bilden – und wenn er noch so blödsinnig ist:

- Eine Dame sitzt auf einem Besen vor einer Ampel und isst einen Apfel.
- Im Traum habe ich einen Esel vor einer Fabrik gesehen, der Fußball spielte.
- Ein Lehrer versucht mit einem Hammer aus einer Rose Gift zu pressen.
- Im Auto soll man nicht mit Tellern und Spinnen spielen.

Wer die „Sätze" im Geiste gebildet hat, merkt sich nun die vier Anfangswörter Dame, Traum, Lehrer und Auto. Das geschieht nach der gleichen Methode:

- Nicht mal im Traum bekommt unser Lehrer eine Dame und ein schickes Auto.

Jetzt noch eine Übung mit dieser neuen Gedächtnishilfe: Merke dir wieder alle 20 Wörter!

Foto	Licht	Januar	Kanal	Lampe
Gabel	Mülltonne	Arzt	Briefmarke	Amerika
Hund	Zukunft	Pelz	Kirche	Fieber
Italien	Soldat	Stempel	Schere	Tinte

Vielleicht haben Ihre Schüler auch bemerkt, dass die ersten Wörter in jeder neuen Zeile dem Alphabet folgen: F, G, H, I.
Das ist eine weitere Hilfe, sich systematisch Dinge einzuprägen. Auch braucht man sich nicht daran zu halten, Zeile für Zeile durchzugehen. Vielleicht lassen sich spaltenweise eher Sätze bilden?

- Man braucht eine Lampe und viel Licht, wenn man im Januar im Kanal ein Foto machen will.
- In Amerika kratzen Ärzte mit einer Gabel Briefmarken von Mülltonnen.
- Wenn mein Hund Fieber hat, darf er in Zukunft nur noch mit einem Pelz in die Kirche.
- Wer nach Italien will, bekommt von einem Soldaten mit Schere und Tinte einen Stempel.

Und der Satz mit den Anfangsschlüsselwörtern Lampe, Amerika, Hund und Italien?

- In Amerika und Italien laufen Hunde mit Lampen herum.

Wieder werten Sie das Ergebnis aus und überrascht stellen die Schüler fest, wie sich ihre Merkfähigkeit spürbar verbessert hat. Gleich noch einmal zur Übung:

Mutter	Natur	Ofen	Pinsel	Regen
Spaten	Zirkel	Kino	Eifersucht	Ärger
Bier	Pastor	Teufel	Stroh	Studium
Übung	Mond	Licht	Boot	Glas

Zwei Dinge gleichzeitig

7–10 ***Vorlesen, Schreibutensilien***

„Ich lese euch jetzt eine kurze Geschichte vor. Ihr müsst mitzählen, wie viele Wörter mit b und wie viele mit w anfangen. Am besten ist es, wenn ihr eine Strichliste macht. Außerdem sollt ihr die Geschichte nacherzählen.“
Sie lesen langsam vor:

Zwei Dickköpfe begegneten sich einmal auf einem schmalen Steg, der über einen Bach führte. Beide konnten den Bach nicht gleichzeitig überqueren, einer musste dem anderen den Weg freigeben und warten. Die beiden stritten sich, wer zuerst hinübergehen dürfe. Sie stießen sich heftig mit den Köpfen und ihre Hörner prallten aufeinander. Sie stemmten ihre dünnen Beine gegen den Steg und rauften miteinander. Der Steg aber war feucht. Die beiden Dickköpfe rutschten aus und stürzten ins Wasser. (Aus CVK-Sprachbuch 4, S. 59)

Lösung: 6 b und 5 w
Mit anderen Texten und einer neuen Wahl von Buchstaben (oder Wortanfängen) kann dieses Spiel beliebig oft genutzt werden.

Gedächtnistraining

9–10 *Themenliste, Zeichenpapier, Bleistift*

Zeichne aus dem Gedächtnis die Tür, die in unser Schulgebäude führt. Zuerst von der Außen-, dann von der Innenseite. Zeichne möglichst genau und mit vielen Einzelheiten. Vergleiche anschließend dein Bild mit der Wirklichkeit.

Weitere „Memory-Zeichnungen“:
- euer Haus von vorn
- die Logos der Fernsehsender
- euer Auto von vorn
- eure Wohnzimmerlampe
- das Nachbarhaus von der Straßenseite
- euren Wohnzimmerschrank
- die Logos verschiedener Tankstellen
- verschiedene Verkehrszeichen
- die Umrisse von verschiedenen Ländern
- den Kopf der Tageszeitung

Wer hat das beste Gedächtnis?

5–10 *Protokoll*

Mit diesem Spiel wird das Gedächtnis geschult und die Beobachtungsgabe geschärft. Nachdem der Lehrer die Spielregeln erklärt hat, verlässt eine Schülergruppe den Klassenraum.
Im Klassenraum verändert der Lehrer mindestens sechs Gegenstände, z. B. wischt er einen Teil des Tafelbildes ab, ergänzt ein vorhandenes Tafelbild um ein Detail, versteckt einen Stuhl, stellt den Overheadprojektor auf einen anderen Tisch, die Blumenvase auf ein anderes Fensterbrett und dreht das Klassenbuch um. Ein Schüler protokolliert.

Dann werden die Schüler hereingerufen und aufgefordert, die Veränderungen zu finden. Die Gruppe hat nur eine bestimmte Zeit zur Verfügung, dann kommt die nächste Gruppe an die Reihe.

Am laufenden Band

7 – 10 *Verschiedene Gegenstände, Tablett, evtl. Folie, OHP, Tuch zum Abdecken*

Es geht darum, sich aus einer Vielzahl kleinerer Gegenstände nach einer kurzen Beobachtungszeit möglichst viele zu merken.

Der Lehrer stellt ein Tablett auf den Tisch, auf dem etwa zwanzig kleinere Gegenstände ausgebreitet sind, z. B. Radiergummi, Zirkel, Armbanduhr, Nagelfeile, Autoschlüssel, Flaschenöffner, Kronenkorken, Büroklammer, Fotografie…
Alle Gegenstände sollen auf den ersten Blick erkennbar sein. Nach einer halben Minute entfernt der Lehrer das Tablett oder deckt es mit einem Tuch ab. Nun muss jeder Mitspieler innerhalb von drei Minuten aufschreiben, welche Gegenstände er sich gemerkt hat. Will man vermeiden, dass die Schüler voneinander abschreiben, bildet man mehrere Rateteams.

Der gut vorbereitete Spielleiter hat zur schnelleren Auswertung die Namen aller Gegenstände hinter die Tafel oder auf eine Folie geschrieben. Möglich ist auch der Einsatz des OHP, um alle Gegenstände zu zeigen.

Variante 1

Der Lehrer zeigt den Schülern das Tablett mit den Gegenständen etwa eine halbe Minute und entfernt dann, ohne dass es die Schüler sehen, fünf Gegenstände.
Jetzt wird das Tablett gezeigt, und die Schüler müssen in 15 Sekunden herausfinden, welche Gegenstände fehlen.

Variante 2

9 – 10 *Vorbereitete Folienrolle, OHP*

Auf eine Folienrolle sind ca. dreißig Gegenstände gezeichnet. Der Lehrer spult die Rolle auf dem Overheadprojektor langsam ab. Die Schüler haben anschließend zwei Minuten Zeit, die Gegenstände aus dem Gedächtnis aufzuschreiben.
Interessant ist auch ein Vergleich der Ergebnisse, wenn man mehrere Minuten Unterbrechung einbaut und die Zeit mit einem anderen Spiel überbrückt.

Scharfer Beobachter

7 – 10 *Folie, OHP, Fenster aus Pappe, Gegenstände, Tafelbild, Tuch zum Abdecken, Bilderleiste*

Der Schüler soll sich auf einen Gegenstand konzentrieren und sich dabei alle wesentlichen Merkmale einprägen. Nach einer gewissen Zeit nimmt der Lehrer den Gegenstand weg oder deckt ihn ab. Dann muss der Schüler Fragen über diesen Gegenstand schriftlich beantworten.

Beispiel: Verbandskasten

- Welche Farben hat der Kasten?
- Aus welchem Material ist der Kasten?
- Wie erfolgt der Verschluss?
- Welche Aufschriften?
- Wie weit war der Deckel geöffnet?
- Stand der Kasten hochkant oder flachkant?
- Schätze die Außenmaße (Länge, Breite, Höhe) in cm.

Wer erkennt das System?

9–10 *Folie, evtl. Arbeitsblätter, Gruppenarbeit*

Hier geht es wieder einmal um die Konzentrationsfähigkeit und um einen Tipp, wie man sein Zahlengedächtnis verbessern kann.

Sie fordern die Schüler auf, sich diese 32 Zahlen fünf Minuten lang aufmerksam anzuschauen und sich möglichst viele davon zu merken. Aber nur, wenn man ein System erkennt, ist man in der Lage, sich alle 32 Zahlen zu merken. Wer findet das System? Die Schüler können sich ruhig Notizen machen – diese allerdings beim späteren Aufsagen nicht benutzen.

13	92	80	47
24	25	91	37
90	79	14	16
59	60	93	15
57	46	70	35
26	36	71	68
38	48	81	82
27	49	58	69

Nicht ganz einfach, aber ich habe die Erfahrung gemacht, dass in einer 10. Realschulklasse mindestens zwei Schüler auf Anhieb das System herausfinden. Und mit etwas Training schaffen es schließlich alle Schüler. Als kleine Hilfe können Sie auch einen Tipp geben und das System zumindest andeuten:

13	92	80	47
24	25	91	37
90	79	14	16
59	60	93	15
57	46	70	35
26	36	71	68
38	48	81	82
27	49	58	69

Lösung:

Es sind immer Vierergruppen von aufeinander folgenden Zahlen: 13, 14, 15, 16. Und die nächste Vierergruppe beginnt mit 13 + 11 = 24. Also 24, 25, 26, 27. Dann geht es weiter mit 24 + 11 = 35, 36, ...

51	40	29	75
99	79	31	33
24	58	56	97
62	53	77	93
22	47	60	88
95	42	44	81
90	20	38	35
86	84	49	26

Noch eine Übung für leistungsstarke Schüler? Zwei Tipps: Wieder sind es Vierergruppen und eine Viergruppe ist gekennzeichnet (siehe letzter Kasten auf S. 178).

Lösung:
Es sind Vierergruppen, bei der sich die einzelnen Zahlen immer um 2 unterscheiden: 53, 51, 49, 47. Die höchste Zahl ist 99 und von der nächsten Zahl – hier also der 97 – wird 7 subtrahiert. 90 ist die erste Zahl der zweiten Vierergruppe: 90, 88, 86, 84. Weiter geht es dann mit der 81, denn 90 – 2 = 88 und 88 – 7 = 81.

Lassen Sie die Schüler selbst Zahlensysteme erfinden. Sie werden überrascht sein, wie viel Spaß es ihnen macht.

Vorübung: Merkfähigkeit

9–10 ***Folie, Schreibmaterial***

Ziel dieser Übung ist es, die Merkfähigkeit zu verbessern. Jedem Bild ist ein bestimmter Buchstabe zugeordnet. Die Schüler sollen sich das Bild und den Buchstaben merken. Sie kopieren diese sechs Bilder auf eine Folie und projizieren sie an die Wand. Die Schüler schreiben nun möglichst schnell einen kurzen Satz auf, in dem der Gegenstand und ein einprägsames Wort, das mit dem zugeordneten Buchstaben anfängt, vorkommt.

Beispiele:
1. Igel haben Stacheln.
2. Dieses Mädchen hat eine tolle Frisur.
3. Dieser Uhr fehlt ein Zeiger.
4. Der Koffer ist aus Leder.
5. Das Dach ist rot.
6. Die alte Lokomotive fährt noch mit Dampf.

Aus Erkenntnissen der Lernpsychologie weiß man, dass sich die Merkfähigkeit trainieren lässt. Verknüpft man einen Begriff, den man sich merken will, mit einem anderen, der sich leicht einprägen lässt, vergisst man den Begriff nicht so schnell. Das ist ein gutes Hilfsmittel, den folgenden Test zu bestehen.

Verbesserte Merkfähigkeit

9–10 *Folien, Pappdeckel mit Fenster, Schreibmaterial*

„Dieser Test stellt hohe Anforderungen an die Merkfähigkeit. Aber mit Hilfe der Vorübung könnt ihr gute Ergebnisse erzielen. Ich zeige euch auf der Folie mehrere Bildreihen. In der ersten Bildreihe (1) sind vier Gegenstände abgebildet und zu jedem Gegenstand gehört ein bestimmter Buchstabe. Zu dem Auto gehört der Buchstabe P, zu dem Koffer der Buchstabe R usw. Merkt euch gut die Gegenstände und die dazugehörigen Buchstaben. Ihr habt dafür 30 Sekunden Zeit. Dann decke ich die erste Bildreihe ab und zeige die zweite Bildreihe (2), auf der ebenfalls vier Gegenstände mit dazugehörigen Buchstaben abgebildet sind. Auch jetzt habt ihr 30 Sekunden Zeit, euch Bilder und Buchstaben einzuprägen.
Taucht aber ein Gegenstand auf, der schon auf der ersten Bildreihe war, fehlt der Buchstabe. Ihr müsst in das leere Buchstabenfeld den fehlenden Buchstaben eintragen, z. B. schreibt ihr dann **2 R** auf euer Lösungsblatt. Das bedeutet: In der **zweiten** Bildreihe erscheint wieder der Koffer, der den Buchstaben **R** trägt.
Weiter geht es mit den Bilderreihen 3, 4 und 5 und es kommen neue Gegenstände und Buchstaben hinzu. Aber immer öfter seht ihr Gegenstände, die schon einmal gezeigt wurden. Schreibt dann sofort die Nummer der Bildreihe auf und den (oder die) fehlenden Buchstaben. In der fünften und letzten Bildreihe erscheint ein leeres Feld und ein Buchstabe. Welches Bild gehört zu dem Buchstaben?“

Lösung:

2 R, 3 P, 3 S, 4 M, 4 H, 4 L, 5 W, 5 H, 5 F, 5 Uhr

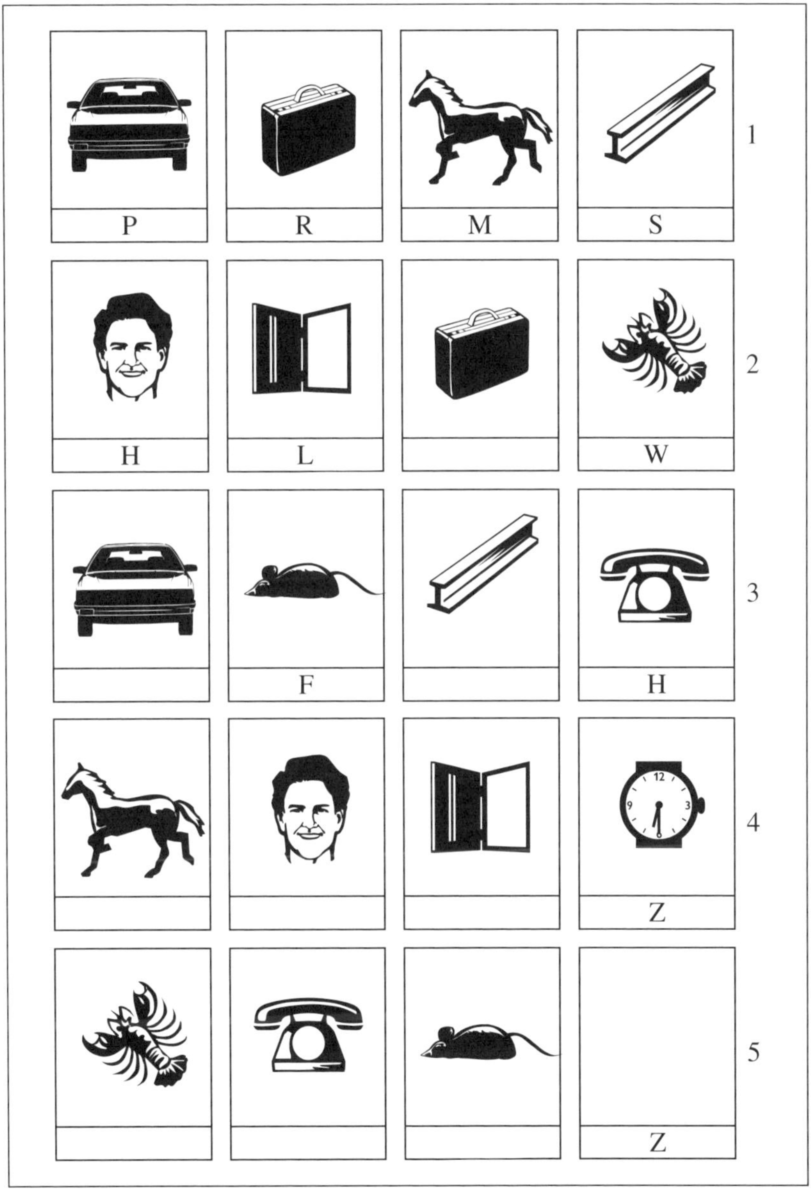

Weitere Kopiervorlagen zu „Verbesserte Merkfähigkeit“ finden Sie im Anhang auf den Seiten 239/240.

Rechtskurve, Linkskurve

7 – 10 *Folie, Arbeitsblatt*

In diesem Test sollt ihr Rechts- und Linkskurven auszählen. Stellt euch vor, ihr sitzt hinter dem Lenkrad in eurem Auto. Im Punkt A beginnt die Fahrt. Nach zwei Rechtskurven kommt bei 1 die erste Linkskurve und dann folgen bei 2,

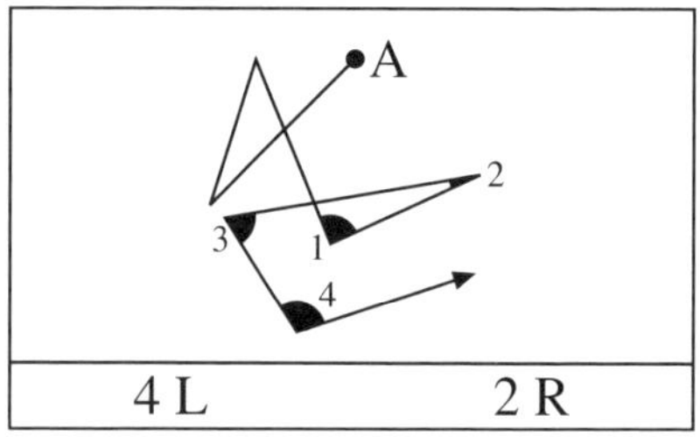

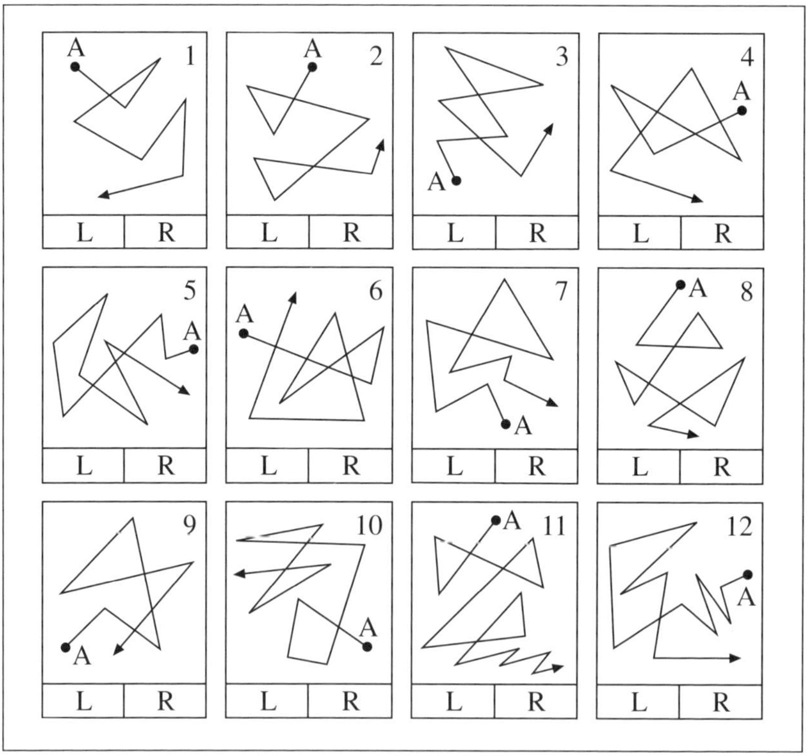

3 und 4 noch drei weitere Linkskurven. Ihr tragt ein: 4 Linkskurven, 2 Rechtskurven oder einfacher. 4 L, 2 R.

Lösungen:

1. 4L, 2R | 2. 1L, 5R | 3. 3L, 3R | 4. 3L, 2R | 5. 3L, 5R | 6. 2L, 4R
7. 5L, 3R | 8. 6L, 2R | 9. 3L, 2R | 10. 5L, 3R | 11. 8L, 4R | 12. 5L, 6R

Bunte Kugeln

9–10 ***Schreibmaterial***

„Schließe deine Augen. Stell dir vor, eine große weiße Kugel liegt vor dir auf dem Tisch. Lege jetzt in Gedanken links von der weißen Kugel eine rote Kugel und rechts zwei blaue Kugeln. Präge dir die Reihenfolge gut ein. Öffne deine Augen. Schreibe die Reihenfolge der vier Kugeln von links nach rechts auf.“

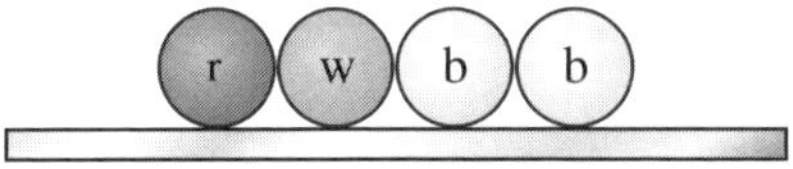

„Schließe wieder deine Augen. In der Mitte liegt noch immer die weiße Kugel, links die rote und rechts liegen die beiden blauen Kugeln. Lege jetzt in Gedanken zwischen die rote und die weiße Kugel eine grüne und zwischen die beiden blauen Kugeln ebenfalls eine grüne Kugel. Konzentriere dich gut und wiederhole noch einmal die Reihenfolge von links nach rechts. Öffne die Augen und schreibe die Reihenfolge auf.“

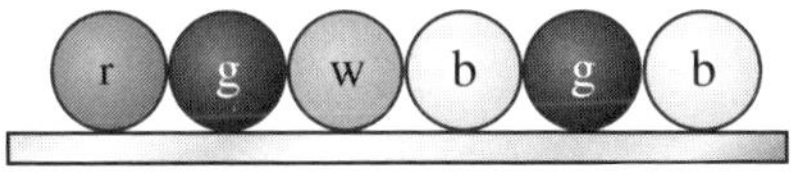

Liebe Eltern, Lehrer und Erzieher, üben Sie bitte mit Ihren Schützlingen diese Konzentrationsübung. Den Schwierigkeitsgrad können Sie variieren und an die Konzentrationsfähigkeit anpassen.

Erinnerungsvermögen

Teil 1: Ort und Zahl

7–10 *Folien, OHP*

Mit dieser Übung schulen Sie die visuelle Konzentration Ihrer Schüler. Sie legen eine Folie (Bild 1) auf den Overheadprojektor und projizieren Bild 1 für ca. 5 Sekunden an die Wand.

9	13	8	11	7
3	14	4	5	0
6	2	10	1	7

Bild 1

Dazu geben Sie keinen Kommentar ab. Dann decken Sie eine Ziffer ab.

9	13	8	11	7
3	14	4		0
6	2	10	1	7

Nun soll der Schüler mitteilen, welche Ziffer abgedeckt wurde. Sie werden erstaunt sein, wie viele Schüler die richtige Antwort geben. Jetzt erweitern Sie die Übung mit einer neuen erweiterten Folie und decken zwei Zahlen ab. Als Nächstes zeigen Sie ein Bild mit Buchstaben, ein Gemisch aus Zahlen und Buchstaben oder mit den beliebigen Zeichen +, ~, #, π usw. Bei genügender Übung können Sie auch drei Felder abdecken.

Teil 2: Bestimmte Zahlen suchen

7–10 *Folie, OHP, Zeigestock, Protokoll*

Sie zeichnen auf eine Folie ein Quadrat, das Sie in 64 Felder einteilen. In jedes Feld schreiben Sie eine Zahl zwischen 11 und 74 – aber schön durcheinander. Sinnvoll ist es, gleich mehrere Folien mit anderen Zahlenverteilungen anzulegen, damit alle Schüler unter den gleichen Bedingungen an dem Spiel teilnehmen können.

25	13	43	58	18	55	35	24
51	62	74	39	59	12	47	31
73	38	19	52	66	48	32	42
68	20	29	11	72	56	16	65
36	67	44	71	26	20	63	49
57	50	28	17	54	53	30	23
15	34	41	46	40	27	14	60
33	61	22	69	64	21	45	37

Sie legen die Folie auf den Overheadprojektor und fordern den ersten Schüler auf, die fünf von Ihnen genannten Zahlen ausfindig zu machen und mit dem Zeigestock zu markieren. Nach dreißig Sekunden ist Schluss und ein Protokollführer notiert sich den Namen des Schülers und die Anzahl der gefundenen Zahlen.

Variante: Eine andere Variante ist, die Folge von allen durch 3 teilbaren Zahlen zeigen zu lassen und die dafür benötigte Zeitspanne zu stoppen. Etwas schwieriger ist es, eine Zahlenfolge rückwärts zu zeigen. Oder alle durch 7 teilbaren Zahlen rückwärts von 74 bis 11 zu markieren. Es gibt viele Variationsmöglichkeiten.

Teil 3: Konzentration beim Rechnen mit Zeichen

10 ***Tafelanschrieb***

Zu lösen ist diese Aufgabe nach folgenden Rechenvorschriften (Punktrechnung geht vor Strichrechnung):

% bedeutet –
§ bedeutet +
$ bedeutet ·
^ bedeutet :

a) 9 § 31 ^ 10 $ 4 % 16 = ?
b) 8 % 7 $ 44 ^ 11 $ 9 = ?
c) 100 ^ 25 ^ 2 § 14 $ 3 = ?

Lösung: a) 0 | b) 99 | c) 42

Eselsbrücken

5–10

Eselsbrücken begünstigen ungemein das Einprägen von Sachverhalten, die man sonst leicht vergisst. Es sind Erinnerungshilfen für den Notfall. Versuche, dir diesen Dreizeiler einzuprägen:
Ein Zweibein sitzt auf einem Dreibein und isst ein Einbein.
Da kommt ein Vierbein und nimmt dem Zweibein das Einbein weg.
Da nimmt das Zweibein das Dreibein und schlägt das Vierbein.
(Aus V. F. Birkenbiehl: Stroh im Kopf?)

Ganz schön schwierig, wenn Sie die „Eselsbrücke“ nicht kennen. Das Zweibein ist ein Mensch, das Dreibein ein Schemel, das Einbein ein Hähnchen und das Vierbein ein Hund. Jetzt ist es mit einem Male ganz einfach, sich die kleine Geschichte einzuprägen.

Geschichte

Wer kennt nicht die schönen Eselsbrücken:

- 333 – bei Issos Keilerei.
- 1789 – das Volk in Frankreich macht sich.
- Sieben, fünf, drei – Rom kriecht aus dem Ei.

1492 – Kolumbus entdeckt Amerika. Suche selbst eine Eselsbrücke.
Vielleicht: Eins vier neun zwei, Kolumbus drückt ein Ei? Es gibt bestimmt eine bessere Eselsbrücke.

Heimatkunde, Geologie, Himmelskunde

Die Ostfriesischen Inseln von West nach Ost:
Wangerooge, Spiekeroog, Langeroog, Baltrum, Norderney, Juist, Borkum
Sie merken sich die Anfangsbuchstaben W, S, L, B, N, J und B mit folgender Eselsbrücke (die sinnigerweise etwas mit der Seefahrt zu tun hat): **W**elcher **S**eebär **l**iegt **b**ei **N**anni **i**m **B**ett? Dass das J für Juist ein I ist, darf man nicht so genau nehmen. Es ist halt eine Eselsbrücke.

- Brigach und Breg bringen die Donau zuweg.
- Iller, Lech, Isar, Inn fließen rechts zur Donau hin.
- Altmühl, Wörnitz, Naab und Regen fließen links entgegen.
- Feldspat, Quarz und Glimmer, die drei vergess’ ich nimmer.

Die neun Planeten

Mein **V**ater **e**rklärt **m**ir **j**eden **S**onntag **u**nsere **n**eun **P**laneten.
Ich vermute, dass du mit Hilfe dieser Eselsbrücke alle Planeten in der richtigen Reihenfolge vom sonnennächsten bis sonnenfernsten aufzählen kannst: Merkur, Venus, Erde, Mars, Jupiter, Saturn, Uranus, Neptun und Pluto.

Physik und Technik

- Konvex ist der Podex.
  (Konvexe Linsen sind Sammellinsen, konkave sind Zerstreuungslinsen.)
- Gewaltig ist des Schlossers Kraft, wenn er mit dem Hebel schafft.

Ohm'sches Gesetz

Für viele Schüler und Schülerinnen ist es ein Alptraum, sich das Ohm'sche Gesetz einzuprägen: Spannung ist Widerstand mal Stromstärke; In Buchstaben: $U = R \cdot I$.
Aber URI ist auch ein Schweizer Kanton – und als solcher leicht zu merken. Und wenn du dir ein Dreieck vorstellst, bei dem das U in der oberen Ecke und R und I in den beiden unteren Ecken steht, sind dir auch gleich die möglichen Umstellungen bekannt. Du deckst mit dem Finger (oder im Geiste) die gesuchte Größe ab und was stehen bleibt (und zu sehen ist) ist das Ergebnis.
Beispiel: Gesucht ist der Widerstand R. Dieser wird abgedeckt. Die Spannung U bleibt oben stehen, die Stromstärke I unten, in der Mitte der Bruchstrich. Das Ergebnis ist $R = U/I$.

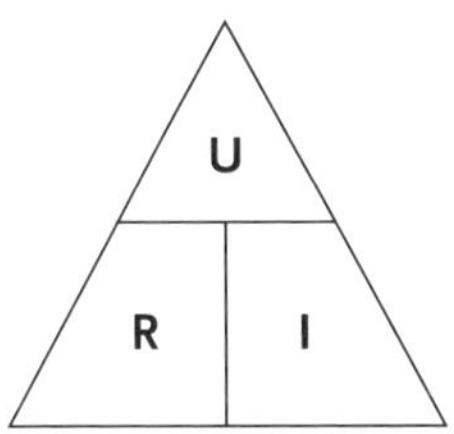

Die Einheit des Widerstandes ist Ohm, der Stromstärke Ampere und der Spannung Volt. Nun stell dir in Gedanken Herrn Ohm als kleines, dickes Männchen vor und Ampere als ein enges Rohr. Herr Ohm will nun unbedingt durch das Rohr kriechen: Ohm wollt durch Ampere. In Symbolen:
$\Omega = V/A$

Die elektrische Leistung P wird in Watt (W) gemessen, die Stromstärke I in Ampere (A) und die Spannung U in Volt (V).

Die Formel lautet (für die Gleichstrom-Leistung): $P = U \cdot I$ und in den gebräuchlichen Einheiten: Watt = Stromstärke I · Spannung (Volt). Fällt dir schon eine Eselsbrücke ein? Na klar: **Watt ihr wollt** (Shakespeare).

- Pi mal n durch dreißig ist Omega, das weiß ich.

Als Formel geschrieben: $\frac{\pi \cdot n}{30} = \omega$

Chemie

- Erst das Wasser, dann die Säure, sonst geschieht das Ungeheure.

Grammatik

- Wer nämlich mit h schreibt, ist dämlich
- Auf l, m n und r, das merke ja, folgt nie tz und nie ck.
- Gar nicht wird gar nicht zusammengeschrieben.
- Auf einmal schreibt man zweimal.

Musik

Um sich die Namen und die Reihenfolge der Gitarrensaiten E, A, D, G, H, E zu merken, hilft diese Eselsbrücke:
Ein **A**nfänger **d**er **G**itarre **h**at **E**ifer. Oder: **E**ine **a**lte **D**ame **g**ing **H**ering **e**ssen.

Übung: Denke dir selbst eine Eselsbrücke aus für die Tonleiter C D E F G A H.
Vielleicht: **C**äsar, **d**er **E**lch, **f**risst **g**egen **A**bend **H**eu.
Es gibt bestimmt bessere ...

Die Hauptstimmlagen von Sängerinnen und Sängern: SOMEA TEBABAS
SO für **So**pran, ME für **Me**zzosopran, A für **A**lt, TE für **Te**nor, BA für **Ba**riton, BAS für **Bas**s.

Biologie

Ein Schüler, der die Kategorien der biologischen Einteilung in der richtigen Reihenfolge aufsagen muss, merkt sich das Kunstwort RAGFOKS.
Rasse, **A**rt, **G**attung, **F**amilie, **O**rdnung, **K**lasse, **S**ystem

Mathematik

- Differenzen und Summen kürzen nur die Dummen.
- Das <- Zeichen erinnert an ein k, dies bedeutet kleiner als.
- Wer nicht kürzt, der stürzt.
- Gewichtig kommt einhergeschritten $\frac{4}{3}$ pi mal r zur Dritten,
  und was sie auf dem Leibe hat, ist 4 mal pi mal r Quadrat.
  (Volumen und Oberfläche einer Kugel)

Sätze wiederholen

5–10 *Ruhe*

Sie lesen einen Satz vor und ein Schüler versucht, ihn dann wörtlich und frei aus dem Gedächtnis zu wiederholen. Dann wird der nächste Satz vorgelesen und der nächste Schüler wiederholt usw. Beseitigen Sie alle Störquellen.

Beispielsätze für Klasse 5 und 6

- Mittags steht die Sonne höher als am Abend.
- Kleine Mädchen grüßten früher mit einem Knicks.
- Der Bauer füttert die Pferde mit Hafer und Häcksel.
- Der Hund gehorcht blindlings seinem Herrn.
- Wir haben früher unsere Öfen mit Koks beheizt.

Beispielsätze für Klasse 7 und 8

- Bei den diesjährigen Schwimmmeisterschaften belegte unsere Schule Platz 2.
- Der Gesetzentwurf brachte für die kinderreichen Familien wesentliche Verbesserungen.
- Das Sommerfest wurde mit einem abendlichen Platzkonzert beendet.
- Das Auto ist fertig beladen und die Familie steigt zur Heimfahrt ins Auto ein.
- Der Laubfrosch klettert geschickt auf den Zweigen und Blättern des Busches umher.

Beispielsätze für Klasse 9 und 10

- Mancher Reiche gibt nicht eher Ruhe, bis er sein Ferienhaus in der Schweiz hat.
- Betrachtet man den Verkehr auf den Autobahnen, muss man meinen, dass defensives Fahren außer der Mode gekommen ist.
- Ohne eine Rückmeldung über das Verstehen einer Information ist kaum ein wirkungsvolles Lernen möglich.
- Wenn sich die Blutgefäße, die das Herz versorgen, zusetzen, kommt es zu einem Herzinfarkt.
- Es gehört zu den Grundrechten der Bürger eines freien Staates, dass sie sich zur Wahrnehmung ihrer Interessen zusammenschließen.

6. Natur und Technik

Schwerpunkt mit Büchern

9 – 10 *Fünf oder mehr gleiche Bücher*

Der wievielte Teil einer Buchfläche kann über einer Tischkante liegen, ohne dass das Buch herunterfällt? Ganz einfach: 50 %. Das Buch liegt dann auf seiner Schwerelinie (Bild 1a).

Bild 1a

Bild 1b

Du legst das Buch auf die Eckkante des Tisches. Der wievielte Teil der Buchfläche muss liegen bleiben, damit das Buch nicht herunterfällt? Die Antwort ist schon etwas schwieriger: 25 %. Jetzt liegt das Buch auf seinem Schwerpunkt (Bild 1b).
Versuche einmal, mehrere gleiche Bücher an der Tischkante so aufeinander zu stapeln, dass der Stapel möglichst weit übersteht. Schaffst du es, dass der überhängende Stapelteil eine ganze Buchlänge einnimmt?
Lege das erste Buch mit seiner Schwerelinie kurz vor die Kippkante. Lege das zweite Buch mit ca. 2 cm Abstand auf das erste Buch. Betrachte den Schwerpunkt und die Senkrechte S des zweiten Buches (Bild 2a). Diese schneidet das erste Buch. Das dritte Buch mit ca. 2 cm Abstand zum zweiten Buch bildet mit diesem zusammen einen neuen Schwerpunkt, dessen neue Senkrechte auch noch innerhalb des ersten Buches liegt (Bild 2b). So geht es weiter: Solange die Senkrechte der über dem ersten Buch liegenden Bücher noch innerhalb des ersten Buches liegt, ist der Stapel stabil.

Soll der Überhang die Länge eines Buches einnehmen, brauchst du mindestens vier gleiche Bücher (Bild 2c).

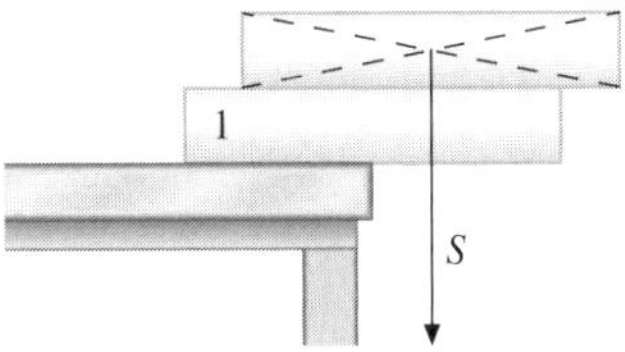

Bild 2a

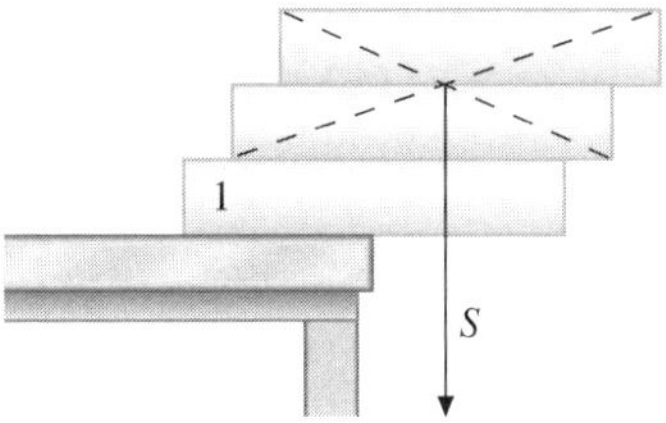

Bild 2b

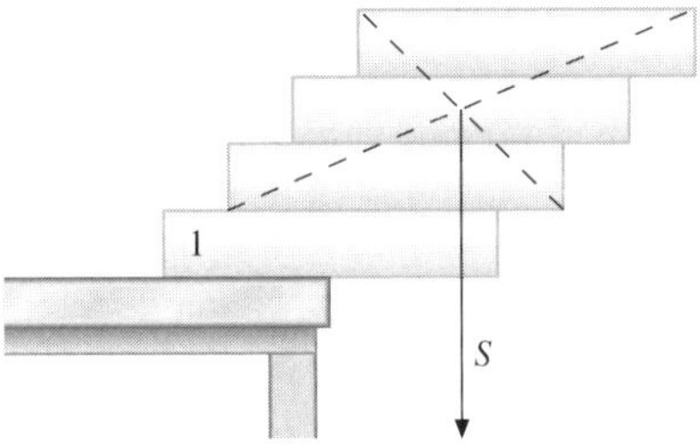

Bild 2c

Oberflächenspannung

1 Hilfskompass

7 – 10 ***Schale mit Wasser, Rasierklinge, Bleistift, evtl. OHP***

Wir füllen eine größere Schale mit Wasser und legen vorsichtig eine Rasierklinge auf die Wasseroberfläche. Die Rasierklinge geht nicht unter, weil die Gegenkraft durch die Oberflächenspannung des Wassers größer ist als die Gewichtskraft der Klinge. Die Wasseroberfläche kann man mit einer „Haut“ vergleichen: Drückt man mit einem Bleistift auf die Rasierklinge, sieht man deutlich, wie sich die „Haut“ eindrücken lässt, ohne dass die Klinge gleich untergeht. Aber was können wir noch beobachten?

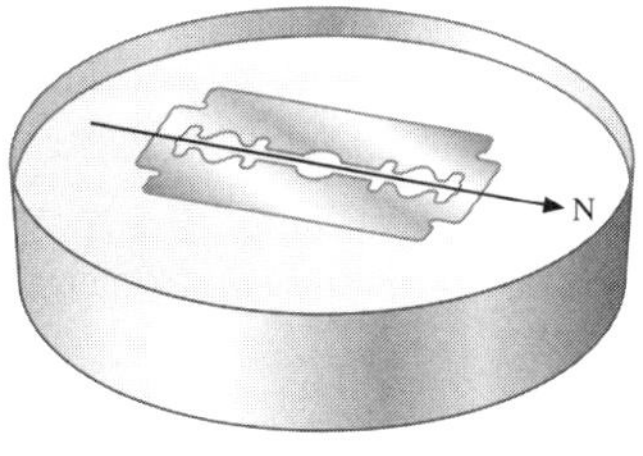

Die Rasierklinge richtet sich nach Norden aus! Das Magnetfeld der Erde übt auf die Eisenklinge eine Drehkraft aus. Wir haben einen kleinen Kompass gebaut. Sehr schön lässt sich dieser Versuch auf dem Overheadprojektor zeigen, wenn man eine durchsichtige Schale (Petrischale aus der Chemiesammlung) nimmt.

2 Streichhölzer

7 – 10 ***Schale mit sauberem Wasser, Streichhölzer, Würfelzucker, Seifenpulver***

Wir entfernen die Rasierklinge und legen mehrere Streichhölzer auf die Wasseroberfläche. Sie schwimmen, da ihre Dichte geringer ist als die Dichte des Wassers. Jetzt legen wir ein kleines Stück Würfelzucker in das Wasser. Was beobachten wir?
Die Streichhölzer schwimmen alle in eine Richtung und sammeln sich in der Mitte (Bild 1). Wie ist das zu erklären? Zucker erhöht die Oberflächenspannung des Wassers. Am Rand der Schale „zieht" sich das Wasser hoch (der *Meniskus* erhöht sich). Das Wasser fließt zur Mitte und nimmt die Streichhölzer mit.

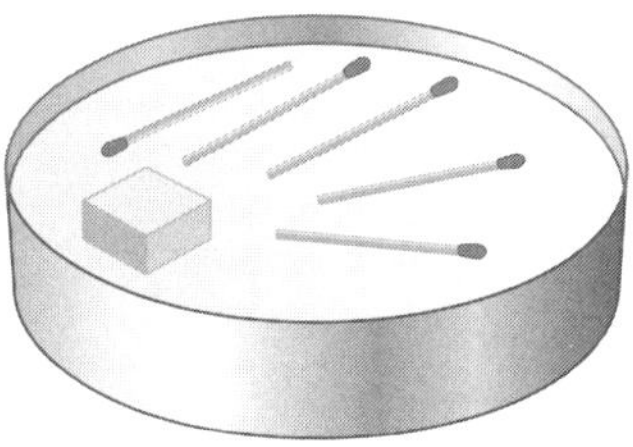

Bild 1

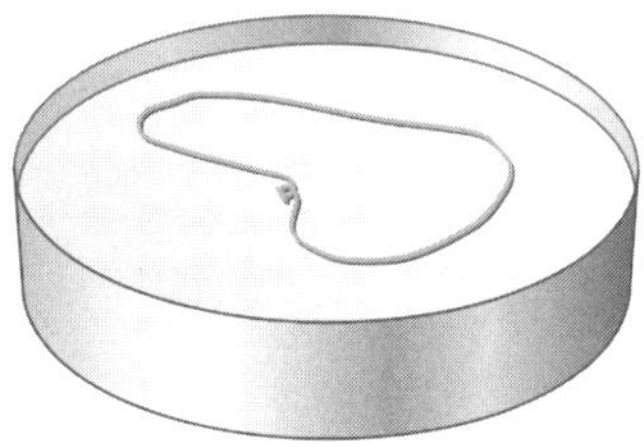

Bild 2

Den gegenteiligen Effekt erreicht man, wenn man einen kleinen Klumpen Seifenpulver in das Wasser legt. Seife senkt die Oberflächenspannung, und die Streichhölzer zerstäuben in alle Richtungen. Einen ähnlichen Effekt erzielt man mit einer Schlaufe aus Wolle, die man auf der Wasseroberfläche schwimmen lässt. Gibt man eine winzige Portion Seife oder Zahnpasta in die Mitte der unregelmäßig geformten Schlaufe, zieht das sich entspannende Wasser die Schlaufe kreisrund (Bild 2).

3 Schiffsantrieb

7 – 10 ***Schale mit sauberem Wasser, Streichhölzer, Messer, Zahnpasta oder Seife***

Wir spalten mit einem Messer das hintere Ende einiger Streichhölzer und biegen die „Flossen“ etwa um 90° ab. Dann benetzen wir die Knickstelle mit ein wenig Seife oder Zahnpasta (höchstens eine Nadelspitze). Wenn wir jetzt die Streichhölzer in sauberes Wasser legen, schwimmen sie davon. Die Seife zerstört nach und nach die Oberflächenspannung des Wassers innerhalb der „Flossen“. Dabei entsteht eine Reaktionskraft nach vorn. Wenn man die Flossen unterschiedlich abknickt, können die kleinen Streichholzboote auch weite Kreise schwimmen.

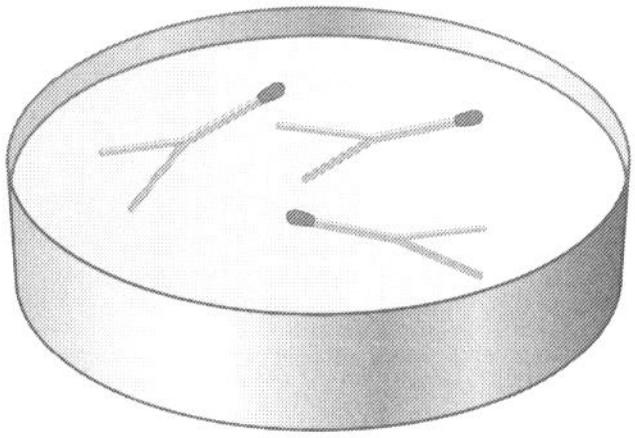

Wärmeleitfähigkeit

7 – 10 ***Größere Konservendose aus Blech***

Stecke deine Hand in eine große, leere Blechdose und warte einen Moment. Du stellst fest, dass es im Innern der Dose viel wärmer ist als außerhalb. Nun nimmst du deine Hand heraus und fasst die Blechdose von außen an. Sie fühlt sich sehr kalt an. Wie kannst du dir diese unterschiedlichen Wärmeempfindungen erklären?

Erklärung: Die von der Hand abgestrahlte Wärme wird an der Dosenwand reflektiert und strahlt zur Hand zurück. Diese Strahlungswärme mit einer Temperatur von ca. 37 °C erzeugt ein deutlich höheres Wärmegefühl als die umgebende (meist kühlere) Zimmerluft.

Berührst du dagegen die Dosenoberfläche, leitet das Blech die Wärme sehr schnell weg. Die Dosenwand fühlt sich deshalb kühl an, obwohl sie die gleiche Temperatur wie die Umgebungsluft hat. Aluminium hat eine 8 000-mal größere Wärmeleitfähigkeit als Luft.

Impulserhaltung

10 *Münzen*

Sechs gleiche Münzen (z. B. Zehn-Cent-Stücke) legt man so entlang einer Reihe, dass sich alle berühren. Nun stoßen wir mit etwas Schwung eine siebte Münze gegen den Anfang der Reihe. Wir stellen fest, dass nach dem Stoß nur die letzte Münze fortgestoßen wird, während alle anderen Münzen, einschließlich der Münze, die den Stoß ausgeführt hat, in Ruhe bleiben. Warum?

Erklärung: Sämtliche Münzen, außer der letzten, haben keine Möglichkeit, sich von der Stelle zu bewegen, da sie von beiden Seiten durch benachbarte Münzen festgehalten werden. Die gesamte Bewegungsenergie der stoßenden Münzen und damit auch der Impuls geht in die Münzreihe in Form einer Welle über. Vom Augenblick des Stoßes an läuft durch die Münzenreihe eine Verdichtungs- und Ausdehnungswelle.
Wie sieht es bei der letzten Münze aus? Nach ihrer Verdichtung durch die vorangehende Münze dehnt sie sich wieder aus, findet aber dabei nach außen keinen Widerstand. Energie und Impuls der Welle kann sich demnach wieder in einer Bewegung äußern. Die letzte Münze rutscht daher mit der gleichen Geschwindigkeit der wellenartigen Bewegung im Inneren der Reihe nach außen hin weg.

In einem zweiten Experiment lassen wir zwei Münzen, die hintereinander geschoben werden, gegen die nun aus fünf Münzen bestehende Reihe prallen. Wir stellen fest, dass jetzt die beiden letzten Münzen fortgestoßen werden. Zur Begründung sei gesagt, dass zwei elastische Wellen kurz hintereinander durch die Reihe laufen.

Strömungsfäden

9 – 10 ***Flasche, Kerze***

Eine Kerze auspusten ist eine einfache Angelegenheit, werden die meisten von euch denken. Aber kann man eine Kerze auspusten, die man dicht hinter eine sehr dicke runde Flasche stellt und so pustet, wie es die Abbildung zeigt?

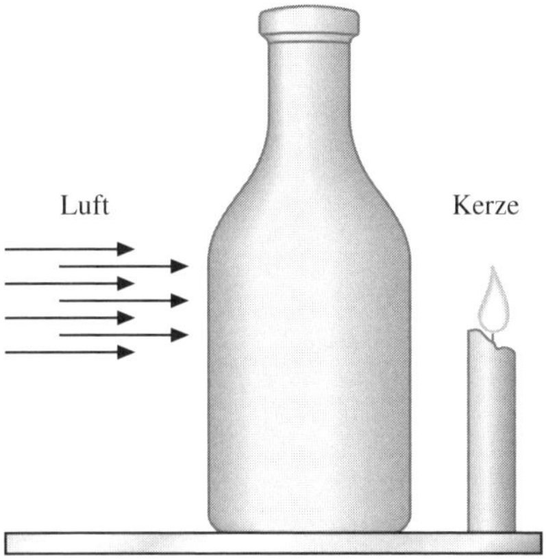

Viele werden annehmen, dass sich hinter der Flasche – also dort, wo sich die brennende Kerze befindet – ein strömungsfreier Raum bildet, die Kerze also im „Windschatten" steht. Tatsächlich wird aber die Kerze ausgepustet.

Erklärung: Die Strömungsfäden bewegen sich anfangs auf einer gekrümmten Bahn und folgen der Form der Flasche. Damit sich die Luftfäden auf einer Kreisbahn bewegen, muss eine Zentralkraft (eine Zentripetalkraft, die zum Krümmungsmittelpunkt zeigt) auf die kleine Luftmasse einwirken. Wie entsteht diese Kraft?
Die kleine Luftmasse hat infolge ihrer Trägheit die Tendenz, auf gerader Bahn weiterzuströmen. Dabei muss sie sich allerdings von der Flaschenoberseite entfernen. Dann entsteht aber zwischen der Flaschenoberfläche und den Luftfäden ein Gebiet mit Unterdruck. Der äußere Luftdruck drückt sofort mit einer senkrechten Kraftkomponente das Luftvolumen in dieses Gebiet, so dass sich die Stromfäden anschmiegen müssen. Die Luft wird gewissermaßen in dieses Unterdruckgebiet „hineingesaugt" und dabei beschleunigt.
So treffen sich die Luftfäden, von beiden Seiten kommend, im Bereich der Kerzenflamme und können diese auspusten.

Wenn man die Kerze hinter zwei Flaschen aufstellt, muss man nur etwas stärker pusten, um die Flamme auszulöschen.

Strömung und Luftdruck

7 – 10 ***Postkarte, zwei DIN-A4-Blätter***

Krümme eine Postkarte so, wie es Bild 1 zeigt. Lege sie auf einen Tisch und versuche jetzt durch kräftiges Pusten, die Postkarte wegzublasen. Richte deinen Luftstrahl ins Innere der Wölbung. Es wird dir nicht gelingen. Im Gegenteil: Der Luftdruck drückt von oben die Karte noch stärker auf den Tisch.

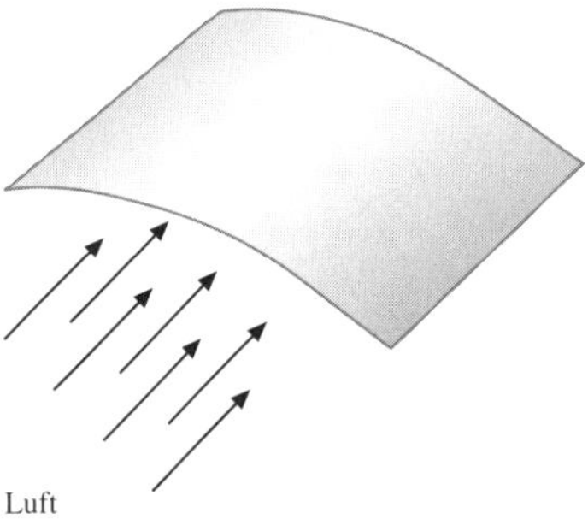

Bild 1

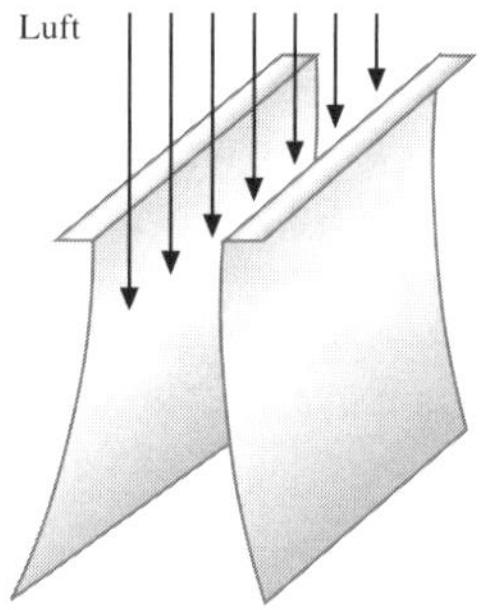

Bild 2

Erklärung: Ein Teil des Luftstromes bewegt sich zwischen der Tischoberfläche und der Postkarte. Da dieser Teil der Luft eine größere Geschwindigkeit als die der ruhenden Umgebung hat, wird unterhalb der Postkarte ein luftverdünnter Raum erzeugt. Der äußere Luftdruck presst die Karte fest auf den Tisch. Ein anderer Teil des Luftstromes streicht von oben über die Karte und verstärkt noch den Anpressdruck.

Ähnliche Gesetzmäßigkeiten treten bei dem nächsten Versuch auf: Zwei leichte DIN-A4-Blätter, deren obere Ränder abgeknickt sind, werden so gehalten, wie es Bild 2 zeigt. Dann bläst man von oben kräftig zwischen die beiden nach unten hängenden Blätter. Der äußere Luftdruck, der auch von der Seite wirksam ist, ist größer als der Druck zwischen den Papierblättern (Erklärung siehe oben) und presst die beiden Blätter zusammen.

Ein ähnlicher, für den Nichtfachmann überraschender Effekt, tritt auf, wenn man so über ein leichtes Papier (am besten nimmt man ein DIN-A5-Blatt) hinwegpustet, wie es die folgende Abbildung zeigt. Das Blatt, mit beiden Händen am geknickten Rand gehalten, hängt zuerst mit der losen Seite nach unten, der Schwerkraft folgend. Dann wird kräftig über das Blatt gepustet. Das Blatt hebt sich fast waagerecht, weil der Druck über dem Blatt kleiner ist als der Luftdruck unter dem Blatt – verursacht durch die größere Luftgeschwindigkeit.

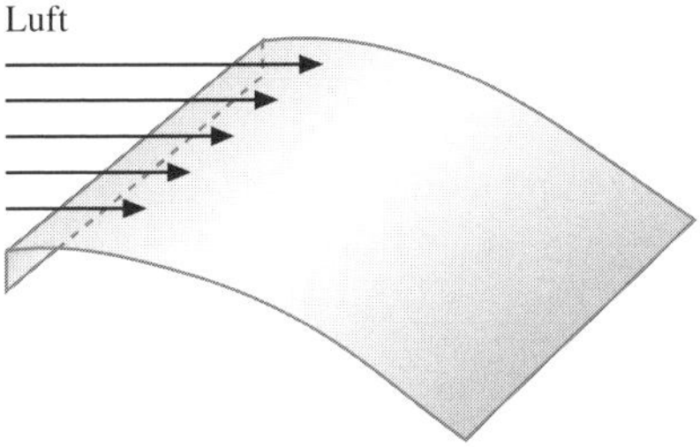

Fallgeschwindigkeit

8 – 10 ***Stahlkugel, Styroporkugel oder Tischtennisball***

Welche Kugel fällt mit größerer Beschleunigung? Natürlich die Stahlkugel, werden die Schüler antworten. Vorher hat der Lehrer zwei gleich große Kugeln gezeigt, eine aus Stahl und eine aus Styropor (oder Holz, Kork, ...). Die Kugeln sollen den gleichen Durchmesser haben, damit beim freien Fall auf beide der gleiche Luftwiderstand wirkt.
Jetzt steigt der Lehrer auf den Tisch und hält beide Kugeln gegen die Decke. Dann zählt er rückwärts von 5 bis 0 und lässt beide Kugeln *gleichzeitig* fallen. Beide Kugeln kommen zur gleichen Zeit auf dem Boden an.

Erklärung: Im luftleeren Raum fallen alle Körper mit der gleichen Beschleunigung, unabhängig davon, wie groß die Masse ist. Das gleiche Gesetz gilt auch für den lufterfüllten Raum, weil auf beide (unterschiedlich schweren) Körper der annähernd gleiche Luftwiderstand einwirkt.

Besonders einleuchtend lässt sich dieser Sachverhalt erklären, wenn man zwei Holzwürfel etwas voneinander entfernt hält und aus gleicher Höhe gleichzeitig fallen lässt. Natürlich haben beide die gleiche Beschleunigung. Sie ändert sich auch nicht, wenn man den Abstand zwischen ihnen verkleinert. Warum sollte die Beschleunigung dann größer werden, wenn der Abstand zwischen ihnen null wird – die Würfel also zusammengeklebt werden?

ARISTOTELES war der festen Überzeugung, dass Körper mit zunehmender Masse auch rascher zu Boden fallen. GALILEI aber folgerte: Wenn man unter einen schweren Körper einen leichteren legt, müsste der leichtere den schwereren Körper beim Fallen abbremsen. Und beide zusammen müssten folglich langsamer fallen als der schwere allein. Das aber steht im Widerspruch zur Aussage von ARISTOTELES.

Nehmen Sie eine 1-Cent-Münze und eine 2-€-Münze. Einmal legen Sie die 1-Cent-Münze unter, einmal über die 2-€-Münze und lassen beide Münzen gemeinsam fallen. Beide Münzen kommen in jedem Fall gleichzeitig auf dem Boden an.

Verhinderter Wassersturz

9–10 ***Wasserglas o. Ä., Stück Papier oder Pappe, evtl. Postkarte***

Sie füllen ein Glas bis zum Rand mit Wasser und decken es mit einem Stück Pappe ab. Dann drehen Sie das Glas mit der Pappe rasch um, wobei Sie die Pappe sanft mit der Hand mitführen. Dann lassen Sie die Karte los. Keine Angst – es fließt kein Wasser heraus.

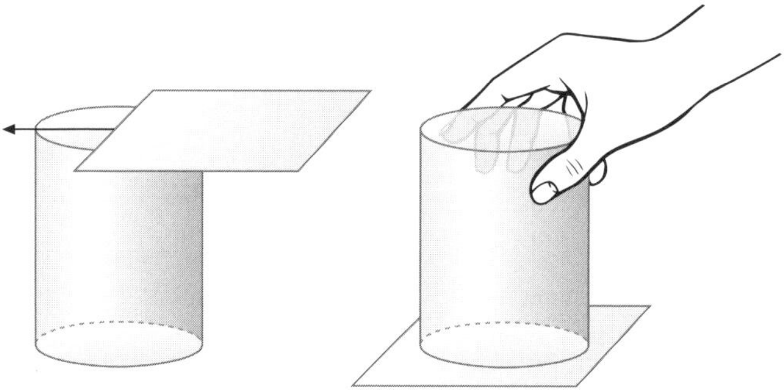

Erklärung: Die Luft, die uns umgibt, übt von allen Seiten einen Druck aus. Das Wasser läuft nicht heraus, weil die Druckkraft von unten mit dem Wasserdruck im Gleichgewicht ist. Der Luftdruck ist so stark, dass er einer etwa 10 m hohen Wassersäule das Gleichgewicht halten könnte.

Die Überraschung lässt sich noch steigern, wenn Sie statt der Pappe den Glasrand mit einem Tüllstreifen aus dem Verbandskasten abdecken. Die Porengröße des Tülls sollte kleiner als 2 mm sein. Jetzt kommen noch die Oberflächenspannung des Wassers und die Adhäsionskräfte zwischen den Maschen hinzu, die das Auslaufen verhindern.

Auftrieb

10 ***Wassergefäß, Plastilin***

Sie nehmen ein Stück Plastilin und teilen es (möglichst genau) in zwei gleich große Teile. Aus der einen Hälfte formen Sie eine Kugel, aus der anderen eine kleine Schale. Beides legen Sie auf die Wasseroberfläche.
Warum geht die Kugel unter, während die Schale auf dem Wasser schwimmt? Beide Körper haben doch die gleiche Masse. Verändert sich vielleicht die Dichte?

Erklärung: Die Kugel hat zwar die gleiche Masse wie die Schale, aber in der Dichte unterscheiden sich beide Körper erheblich. Das wasserverdrängende Volumen der Schale ist viel größer als das der Kugel. Mit steigendem Volumen sinkt aber die Dichte, bis sie genauso groß ist wie die der Flüssigkeit. Dann schwimmt der Körper.

Sprudel und Rosinen

10 ***Standzylinder, Sprudel, Rosinen (evtl. getrocknete Maiskörner, Backpulver, Essig)***

Die Schüler bringen (möglichst hohe) Wassergläser und Sprudelwasser mit. Sie selbst besorgen Rosinen – nicht zu groß und nicht zu fett. Der Versuch gelingt auch mit gut getrockneten Maiskörnern.

Die Schüler füllen das Glas mit Sprudel und lassen ein paar kleine Rosinen ins Glas fallen. Die Rosinen sinken zunächst auf den Boden des Glases, bleiben dort eine gewisse Zeit liegen und steigen dann zur Oberfläche hoch. Gleich darauf sinken sie wieder zu Boden, und das Spiel beginnt von neuem. Was geht hier vor? Reißen die aufsteigenden Bläschen die Rosinen mit nach oben? Das kann nicht die Erklärung für das eigentümliche Verhalten sein, denn dann müssten die Rosinen an der Oberfläche bleiben und dürften nicht wieder absinken.

Der Grund ist ein anderer: Das aus dem Sprudelwasser entweichende Kohlendioxid CO_2 hat das Bestreben, sich an Fremdkörper anzuhaften. Viele anhaftende CO_2-Moleküle bilden eine Gasblase, die die Rosine umhüllt. Damit vergrößern die Bläschen das Volumen der Rosinen, die nun eine größere Wassermenge verdrängen. Der „Gasballon“ steigt an die Wasseroberfläche

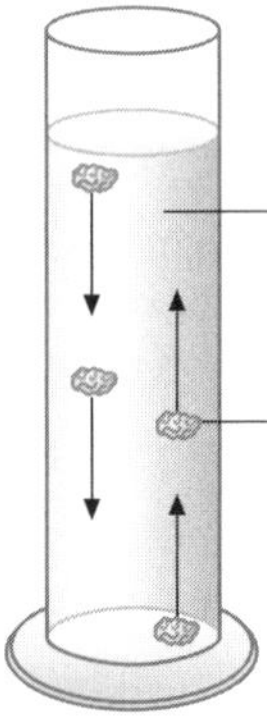

und zieht die eingeschlossene Rosine mit nach oben. Hier platzen die Gasblasen, denn der Innendruck in den CO_2-Bläschen ist größer als der äußere Luftdruck. Die (schweren) Rosinen sinken wieder zu Boden. Das Spiel geht so lange weiter, bis alles CO_2 entwichen ist.
Das Sprudelwasser können die Schüler auch selbst herstellen: In einen halben Liter Wasser geben sie zwei Teelöffel Backpulver, rühren gut um und schütten ca. 50 Milliliter Essig hinzu.

Farben wechseln sich

5–10 ***Farbiger Buchdeckel o.Ä., weiße Wand***

Die Schüler nehmen einen Buchdeckel, eine Mappe oder etwas Ähnliches, das eine grelle Farbe hat. In der Mitte des Gegenstandes bringen sie ein kleines Zeichen, z. B. ein Kreuz, an. Nun halten sie den Gegenstand und den Kopf unbeweglich und fixieren mit beiden Augen das kleine Zeichen etwa eine halbe Minute lang. Während dieser Zeit dürfen sie die Augen nicht vom gezeichneten Punkt abwenden und auf etwas anderes schauen. Dazu gehört schon ein wenig Willenskraft. Nach Verstreichen der genannten Zeit blicken sie vom Gegenstand weg auf eine glatte, weiße Fläche.
Nun vermutet jeder, dass man die weiße Fläche auch in der Farbe Weiß sieht. Aber die Überraschung ist groß: Man sieht das Bild des Gegenstandes – allerdings in einer anderen Farbe! War der Gegenstand z. B. hellrot, sieht man das Bild grün und umgekehrt. Statt der weißen Fläche erscheint die Komplementärfarbe des Gegenstandes.

Erklärung: Während man den farbigen Gegenstand fixiert, werden in der Netzhaut des Auges die für diese Farbe entsprechenden Zäpfchen besonders angestrengt. Nach einer gewissen Zeit laufen die chemischen Vorgänge in den Zäpfchen langsamer ab, sie ermüden. Bei der anschließenden Betrachtung einer weißen Fläche werden die noch leistungsfähigen anderen Zäpfchenarten – jede Zäpfchenart ist ja für eine andere Farbe zuständig – angeregt und rufen den Eindruck der Ergänzungsfarbe (Komplementärfarbe) hervor.

Lochlupe

9–10 ***Tafelbild oder Folie auf OHP, Postkarte, Stecknadel***

Kleine Gegenstände, wie zum Beispiel Buchstaben auf einem Wandkalender, können wir aus größerer Entfernung nur noch sehr undeutlich erkennen. Sie sind – je nach Sehleistung – mehr oder weniger unscharf. Das liegt daran, dass die Irisblende des Auges die einfallenden Lichtstrahlen (der Buchstaben) „überlappen" lässt. Mehrere Sehzellen der Netzhaut werden dann vom gleichen Lichtpunkt L_1 getroffen (Bild 1). Der Bildeindruck ist dadurch verschwommen, die Zerstreuungskreise Z_1 und Z_2 sind zu groß.

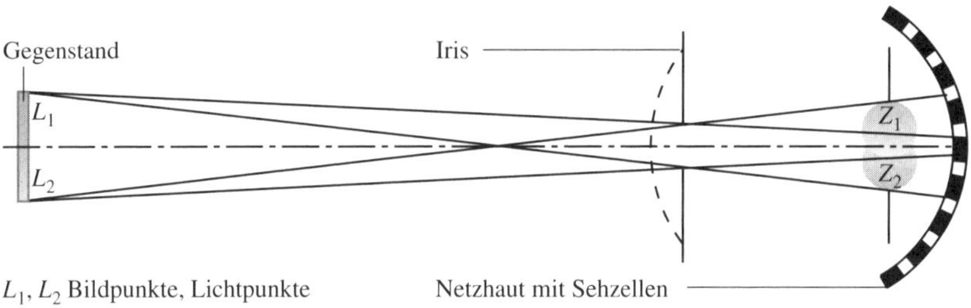

Bild 1

Hält man eine Blende (z. B. eine Postkarte mit einem winzigen eingepiksten Loch) dicht vor das Auge, ist die Überlappung der Randstrahlen so gering, dass die kleinen Zerstreuungskreise von den Sehzellen getrennt wahrgenommen werden (Bild 2). Der Gegenstand erscheint scharf abgebildet. Der Sehwinkel α darf aber nicht kleiner als $1'$ sein, denn sonst fallen die beiden Randstrahlen auf die gleiche Sehzelle. Dann reicht das Auflösungsvermögen der Augen nicht mehr aus, die Lichtpunkte L_1 und L_2 zu unterscheiden.

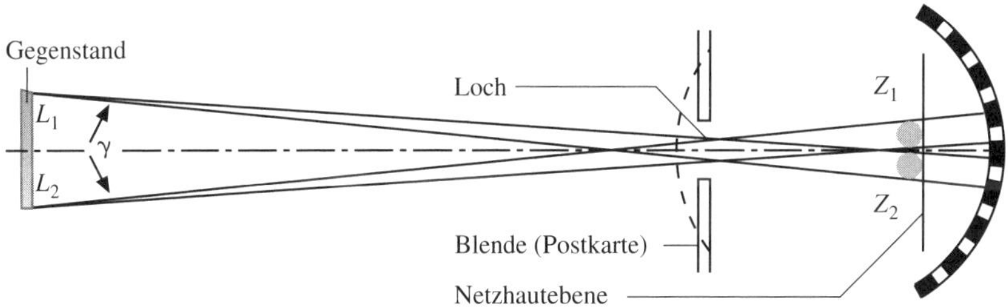

Bild 2

Da die künstliche Blende viel Licht verschluckt, sollte der Gegenstand, den man betrachten will, hell ausgeleuchtet werden.

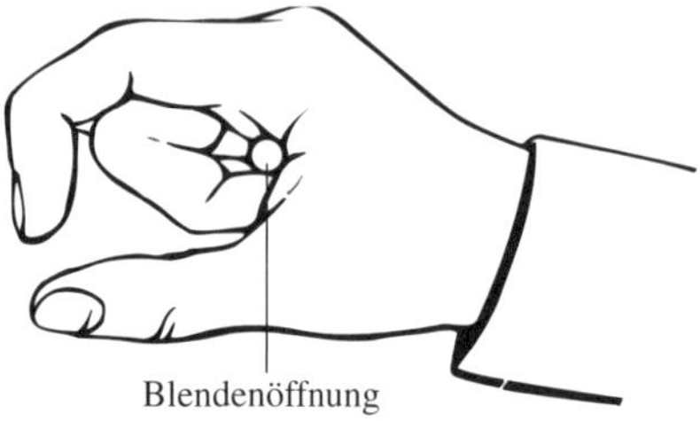

Als künstliche Blende genügt auch der gekrümmte Zeigefinger.

Ein Loch in der Hand

6 – 10 ***Papierbogen***

Ein Stück Schreibpapier wird zu einer Röhre gerollt. Du schaust mit dem linken Auge durch die Röhre, während das rechte Auge ebenfalls geöffnet bleibt. Brillenträger nehmen dazu die Brille ab. Nun halte die Handfläche deiner rechten Hand mit der Handkante gegen die Papierröhre. Die Hand soll ca. 10 bis 15 cm vom Auge entfernt sein und mit der Innenfläche zu dir zeigen. Was stellst du fest?

Du siehst ein großes helles Loch mitten in deiner Hand! Woher kommt das Loch?

Erklärung: Beim gewöhnlichen Sehen erblicken wir die Gegenstände doppelt. Im Gehirn werden jedoch beide Bilder so zur Deckung gebracht, dass wir den Eindruck von nur einem einzigen Bild bekommen. Halten wir jetzt das Rohr an das linke Auge, so erblickt dieses nur einen kleinen, runden Ausschnitt des entfernt liegenden hellen Hintergrundes; die Hand aber sieht es überhaupt nicht.
Das rechte Auge hingegen sieht den ganzen Hintergrund und auch die Hand. Im Gegenlicht erscheint die Hand dunkel.

Gelangen die unterschiedlichen Bilder, die beide Augen sehen, im Gehirn zur Deckung, so geschieht Folgendes: Der kreisrunde Ausschnitt des hellen Hintergrundes, den das linke Auge durch das Rohr sieht, kommt über das Bild des rechten Auges zu stehen, und zwar dort, wo die im Gegenlicht dunkel erscheinende Hand gesehen wird. Dadurch wird der Eindruck erweckt, man blicke durch ein kreisrundes Loch, das mitten in der Hand klafft.

Mondlandung

6 – 10 ***Durchscheinendes Papier, Stecknadel, schwarzer Filzstift***

Markiere mittels zweier Diagonalen den Mittelpunkt auf einem postkartengroßen Stück Papier. Zeichne 2 cm links vom Mittelpunkt einen Kreis von 2,5 cm Durchmesser. Dieser Kreis soll den Mond darstellen, auf dem gleich eine Rakete startet und landet. Zeichne etwa 3 cm rechts vom Mittelpunkt eine 2 cm große Rakete mit der Spitze nach oben. Male die Rakete schwarz aus. Nun steckst du eine Stecknadel durch den Mittelpunkt. Der Stecknadelkopf befindet sich auf der Bildseite.

Halte das Stück Papier vor ein helles Licht und führe es an deine Augen. Brillenträger nehmen die Brille ab. Deine Nase muss den Stecknadelkopf berühren. Die Rakete befindet sich jetzt nicht mehr rechts vom Mittelpunkt, sondern startbereit auf dem Mond.
Drehe jetzt die Karte gegen den Uhrzeigersinn. Die Rakete hebt ab und verschwindet im Weltraum. Wenn du weiterdrehst, landet sie wieder auf dem Mond.

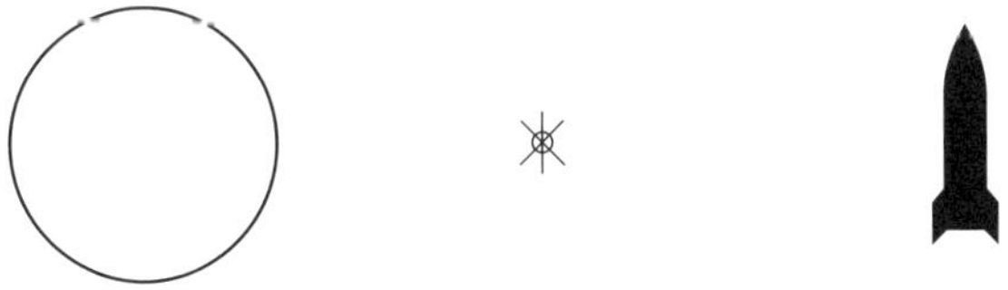

Zuerst sieht das rechte Auge nur die Rakete und das linke Auge den Mond. Diese beiden Bilder werden im Gehirn zu einem Bild zusammengefügt. Scheinbar befindet sich jetzt die Rakete auf dem Mond. Dreht man das Bild gegen den Uhrzeigersinn, verfolgen beide Augen den Weg der Rakete.

Scheinfinger

6–10

Lege den rechten und den linken Zeigefinger zusammen. Drehe die Finger so, dass du deine beiden Fingernägel sehen kannst. Jetzt halte die beiden Finger ca. 30 cm von der Nase entfernt. Fixiere erst einmal die Fingerspitzen und schaue dann „ins Leere“ (nicht alle schaffen es, die Augen auf diesen sog. Tunnelblick umzustellen, aber probier es einmal).
Was stellst du fest? Zwischen die beiden Finger hat sich ein dritter kurzer Finger gesetzt. Und der hat auf beiden Seiten Fingernägel! Wenn du jetzt (du schaust immer noch ins Leere) deine Fingerspitzen langsam voneinander entfernst, wird der dritte Finger immer kürzer, bis du nur noch einen runden Fingernagel siehst. Schließlich verschwindet er ganz.

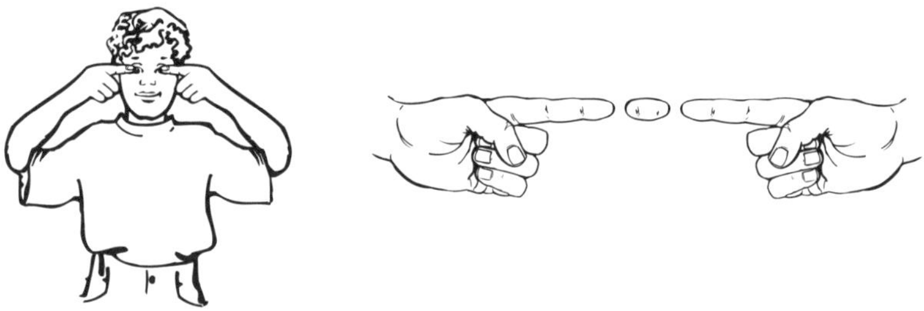

Erklärung: Wenn du über deine Finger hinweg ins Leere schaust, stellen sich die Augen scharf auf die Ferne ein. Eine scheinbare Wand erscheint als ein Bild auf der Netzhaut. Die Finger liegen aber im Nahbereich. Sie werden auf der Netzhaut abgebildet, ohne dass sie sich zu einem Bild vereinen. Das hat zur Folge, dass man die Spitzen beider Finger doppelt sieht. Das Doppelbild vereinigt sich schließlich zu einem länglichen „Scheinfinger“.

Blinder Fleck

6–10 ***Weißes Papier, Lineal, schwarzer Filzstift***

Auf der Netzhaut des Auges gibt es eine Stelle, wo der Sehnerv abzweigt und zum Gehirn führt. Hier gibt es weder Stäbchen noch Zäpfchen, die uns das Sehen von Schwarzweiß- und Farbbildern ermöglichen. Man nennt diese Stelle den „blinden Fleck“. Wie kann man den blinden Fleck ausfindig machen?

Die Schüler zeichnen ein schwarzes Kreuz und im Abstand von 11 cm einen schwarzen Kreis auf ein weißes Blatt Papier. Dann halten sie mit der rechten Hand das Blatt weit von sich. Mit der linken Hand bedecken sie das linke Auge. Nun fixieren sie mit dem rechten Auge das Kreuz und bewegen langsam das Blatt Papier auf sich zu. Plötzlich verschwindet der schwarze Kreis und bei weiterer Annäherung taucht er wieder auf. Der schwarze Kreis war für kurze Zeit im Bereich des blinden Flecks verschwunden.

Aus Schwarz wird Bunt

6 – 10 ***Zeichenkarton oder weiße Pappe, Schere, schwarze Tinte oder Tusche, schwarzer Filzschreiber, Lineal, Schere, Zirkel, Bleistift, dünne Nägel***

Aus weißem Zeichenkarton schneiden wir zwei kreisrunde Scheiben von etwa 10 cm Durchmesser. Auf die eine Scheibe zeichnen wir vier schwarze Kreisausschnitte (Bild 1). Die schwarzen Ausschnitte, die einen Winkel von 60° haben, sind doppelt so groß wie die vier weißen Segmente.
Jetzt wird die zweite Scheibe bearbeitet. Die obere Hälfte färben wir schwarz, auf der anderen Hälfte ziehen wir mit dem Zirkel Kreisbögen: fünf im mittleren Teil der Scheibe, fünf im äußeren Teil (Bild 2). Mit dem schwarzen Filzschreiber ziehen wir die Kreisbögen dick nach.
Durch die Mitte beider Scheiben stechen wir einen dünnen Nagel (Bild 3) und anschließend einen Bleistift.

Zuerst wird die Scheibe 1 in rasche Umdrehung versetzt. Anfangs sehen wir auf der Kreisscheibe nur ein gleichförmiges Grau. Sobald die Scheibe aber ihre Drehbewegung etwas verlangsamt, wird sie plötzlich blau aufleuchten. Es ist zwar kein reines Blau, was wir sehen, sondern ein Schillern in verschiedenen Farbtönen, darunter besonders Rot. Als Mischfarbe ergibt sich schließlich ein schillerndes Violett. Merkwürdig ist, dass man den Versuch einige Male wiederholen muss, bis das Auge statt der Farbe Grau das farbige Aufleuchten erblickt.

Lassen wir die zweite Scheibe rotieren, so sehen wir zunächst lauter konzentrische Kreise. Drehen wir die Scheibe im Uhrzeigersinn – also rechtsherum – so erscheinen die inneren Kreise viel heller als die äußeren. Außerdem fällt auf, dass der innere Teil der Kreisfläche mit den kleineren Kreisen gelb oder orange erscheint, der äußere mit den größeren Kreisen hingegen blau. Umgekehrt verhält es sich, wenn wir die Scheibe in der entgegengesetzten Richtung drehen. Dann wird der äußere Teil der Kreisfläche gelb und der innere blau.

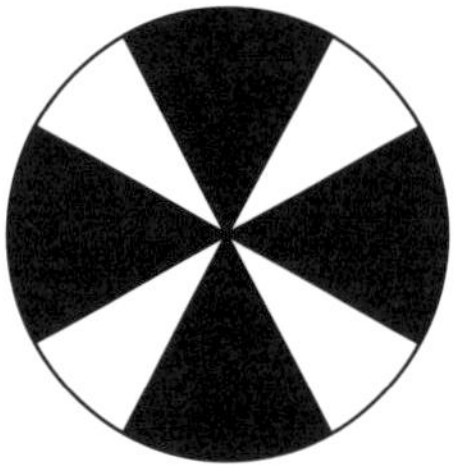

Bild 1

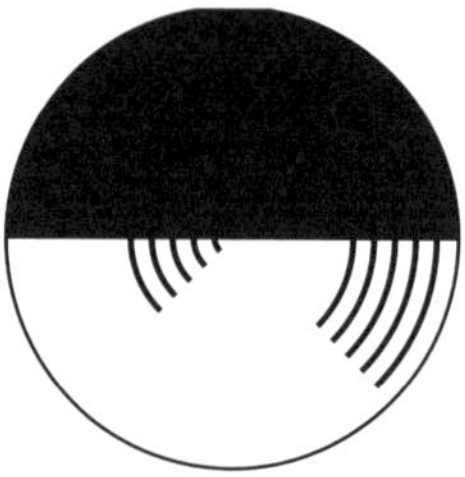

Bild 2

Bild 3

Farbige Schatten

8 – 10 ***Rote, grüne und blaue klare Farbfolie, zwei Teelichter, Streichholzschachtel, weißes Papier, abgedunkelter Raum***

Schatten sind nicht immer grau oder schwarz. Es gibt auch farbige Schatten, wie wir gleich sehen werden. Wir verdunkeln den Raum und stellen zwei brennende Teelichter im Abstand von etwa 20 cm nebeneinander auf. Jetzt stellen wir die Streichholzschachtel etwa 20 cm von den beiden Lichtquellen auf. Es entstehen drei Schattenbilder: zwei graue Halbschatten und der schwarze Kernschatten, wo sich die beiden Halbschatten überdecken. Am besten sieht man die Schatten, wenn die Streichholzschachtel auf weißem Papier steht.

Nun halten wir vor eine Kerze eine rote Farbfolie. Die rote Folie filtert den roten Anteil aus dem weißen Kerzenlicht heraus. Sofort ist die Umgebung rot gefärbt – auch der Halbschatten der anderen Kerze. Der Halbschatten des roten Lichtes ist aber zartgrün – obwohl kein grünes Licht da ist! Es ist die Komplementärfarbe zu Rot. Diese eigenartige Erscheinung ist physikalisch nicht zu erklären; unser subjektives Farbempfinden ist dafür die Ursache.

Färbt man das Licht der Kerze grün, so ist der eigene Halbschatten rot. Halten wir die blaue Folie vor die Kerze, erscheint der Schatten orange.

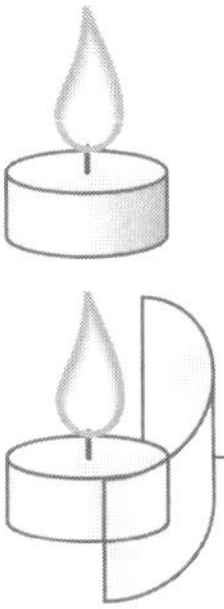

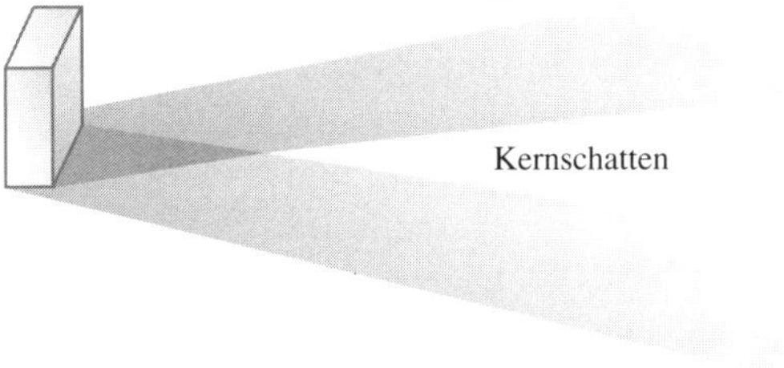

Kino

9 – 10 ***Zeichenkarton, Klebstoff, kleine Holzplatte ca. 10 cm × 10 cm, Schere, schwarzer Filzstift, Nagel oder Schraube, Bohrmaschine***

Warum bewegen sich die Bilder im Film? Mit einem kleinen Spielzeug können Sie den Schülern eine anschauliche Erklärung geben. Entweder, Sie bringen das Spielzeug nebst Zubehör mit oder Sie lassen es im Werkunterricht basteln. Die Anfertigung ist auch als Hausaufgabe gut geeignet.

Bild 1

Bild 2

Anfertigung:

- Besorge dir eine kleine Holzplatte in der Größe ca. 10 cm × 10 cm × 0,5 cm.
- Übertrage die Bilder 1 und 2 auf ein festes weißes Blatt. Der Bildrand sollte so groß wie die Holzplatte sein.
- Schneide die Bilder aus und klebe sie auf die Vorder- und Rückseite der Platte.
- Schlage als Drehachse einen Nagel in die Unterseite der Platte. Vielleicht solltest du ein kleines Loch vorbohren, damit das Holz nicht splittert. Du kannst auch eine kleine Holzschraube einschrauben.
- Spanne den Nagel in eine Bohrmaschine und versetze die Platte in Drehung. Am besten eignet sich eine Handbohrmaschine mit regelbarer Drehzahl. Beobachte den Vogel und den Käfig.

Wie durch Zauberei scheint der Vogel jetzt in dem Käfig zu sitzen.

Erklärung: Dein Sehzentrum im Gehirn behält für eine sehr kurze Zeit das Bild des Vogels, obwohl es eigentlich schon verschwunden ist. In dieser kurzen Zeit wird aber bereits der Käfig sichtbar und du siehst den Vogel im Käfig sitzen. Man nennt diese Erscheinung auch Augenträgheit.

Dasselbe geschieht, wenn du einen Film siehst. Betrachte einmal einen Filmstreifen: Er besteht aus einer langen Reihe von Einzelbildern, die durch dünne schwarze Streifen voneinander getrennt sind. Wenn nun die einzelnen Bilder nacheinander schnell vor deinen Augen aufleuchten, siehst du sie als ununterbrochene Bewegung. Das Auge ist nicht mehr in der Lage, die Bilder voneinander abzugrenzen. Damit das funktioniert, müssen mindestens 16 Bilder pro Sekunde auf die Leinwand projiziert werden – im Kino sind es 24.

Wärmestrahlung mit dem OHP

10 *Overheadprojektor (OHP), weißes und schwarzes Papier, evtl. dunkles Zeitungspapier*

Prüfen Sie gut, ob Sie diesen Versuch in der Klasse vorführen können! Auf keinen Fall ist er zur Nachahmung geeignet.
Zuerst entfernt man die obere Optik des OHP. Dann schaltet man ihn ein und hält ein weißes Blatt Papier in den Brennpunkt der Fresnellinse. Der Brennpunkt wird zwar abgebildet, aber das Papier entzündet sich nicht. Anders dagegen, wenn man schwarzes Papier an dieselbe Stelle hält. Es beginnt sofort zu qualmen und dann entzündet es sich.

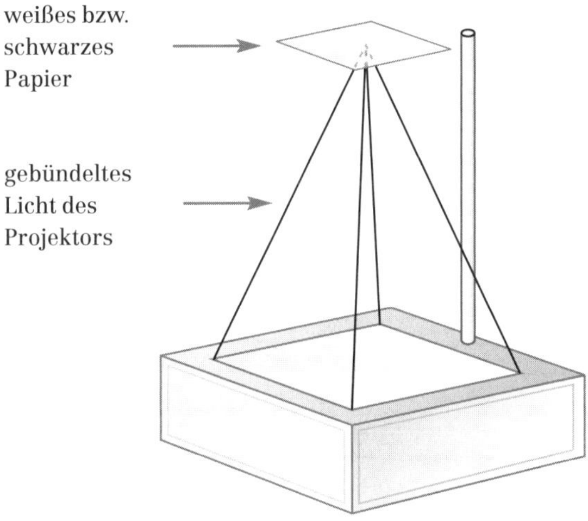

Erklärung: Wie auch das Sonnenlicht besteht das Licht aus der Lampe des OHP aus sichtbarer Strahlung, ultravioletter Strahlung und Wärmestrahlung. Das schwarze Papier absorbiert einen großen Teil der Wärmestrahlung und schnell ist der Flammpunkt erreicht. Weißes Papier reflektiert einen großen Teil der Wärmestrahlung, so dass der Flammpunkt nicht erreicht wird.

7. Basteln und Zeichnen

Das Zaubervierecck

8 – 10 *Pappe, OHP*

Heute lassen Sie ein kleines Quadrat verschwinden. Sie schneiden aus Pappe diese fünf Flächen aus, die hier in Bild 1 im Originalmaßstab abgebildet sind. Achten Sie darauf, dass die Ränder möglichst glatt und scharfkantig sind.

Bild 1

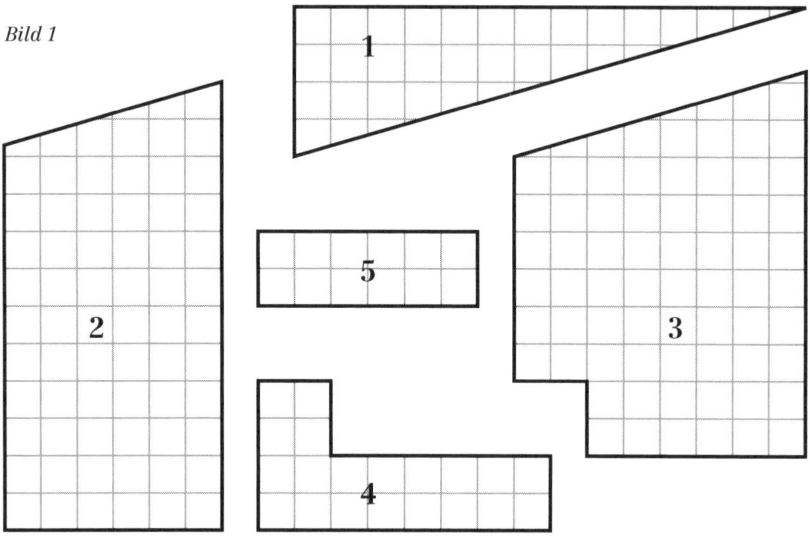

Sie legen die fünf Pappstückchen so auf den Overheadprojektor, wie es Bild 2 zeigt. Dabei entsteht ein Quadrat von 7 cm Kantenlänge. Ein Schüler legt ein durchscheinendes Plastiklineal an die Kante des Quadrats und kontrolliert die Kantenlänge. Jetzt ordnen Sie die fünf Pappstückchen nach Bild 3. Wieder entsteht ein Quadrat mit einer Kantenlänge von 7 cm – das Überraschende ist, dass in der Mitte ein Quadrat von 1 cm Kantenlänge frei bleibt! Wohin ist das kleine Quadrat verschwunden? Auch die Kontrollmessung bringt nicht die Lösung des Rätsels: Es bleiben 7 cm Kantenlänge.

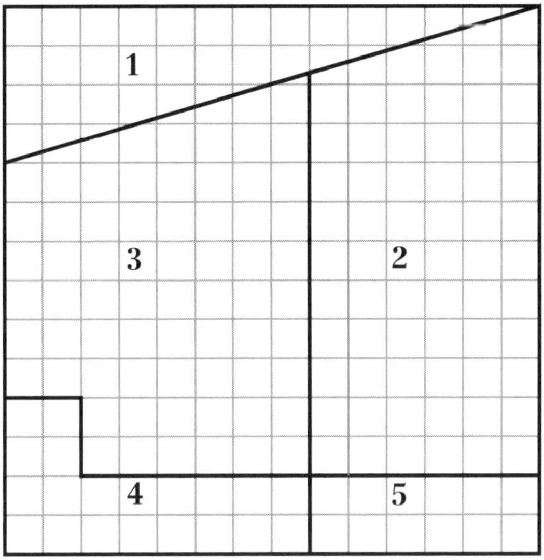

Bild 2

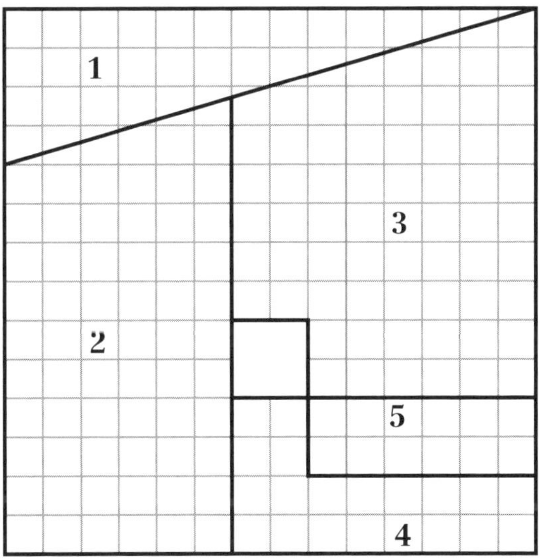

Bild 3

Lösung:

Die Erklärung ist nicht ganz so einfach wie bei der „Zauberei“ mit der verschwundenen Linie (siehe S. 28). Bei sehr genauer Messung der Kantenlänge stellt man nämlich fest, dass das Quadrat um 0,7 mm größer geworden ist: statt 70 mm nun 70,7 mm.

Das Quadrat aus der Abbildung 2 hat einen Flächeninhalt von

$70\text{ mm} \times 70\text{ mm} = 4\,900\text{ mm}^2$,

das aus Bild 3 dagegen von

$4\,900\text{ mm}^2 + 100\text{ mm}^2 = 5\,000\text{ mm}^2$.

Und die Wurzel aus 5 000 beträgt 70,7 …

Verschlüsselung

8–10 *Zeichenkarton, Lineal, Zirkel, Schere, evtl. Teppichmesser, Umschlag-Klammer, Kopierer*

Z S D D G H W L E E K B V M Z W M L W S T W F V R M E W A F W J H S J L Q D W F S

Für die Entschlüsselung dieser Nachricht benötigst du eine „Geheimsprachen-Maschine“. Mit dieser kannst du die Nachricht lesen und selbst Nachrichten verschlüsseln. Dabei werden die Buchstaben nach einem bestimmten System ausgetauscht.

Du legst mit einem Mitschüler einen bestimmten Code fest, z. B. soll *A* immer *S* bedeuten, *B* immer *T*, *C* immer *U* usw. Diesen Code kannst du auf der Scheibe einstellen, indem du die innere Scheibe (siehe Abbildung) auf die 7 stellst. Die Scheibe zeigt dir dann, welcher Buchstabe durch welchen anderen Buchstaben ersetzt wird. Stellst du die Scheibe auf eine andere Zahl (z. B. 13), wird aus dem *A* ein *O*, aus dem *B* ein *P*, aus dem *C* wird *Q* usw.
Wenn du eine verschlüsselte Botschaft übermitteln willst, musst du dem Empfänger die Code-Ziffer mitteilen. Erst dann kann dieser – falls er die gleiche Geheimsprachen-Maschine besitzt – die Nachricht lesen:

HALLOPETERKOMMSTDUHEUTEABENDZUMEINERPARTYLENA

Wenn Lena will, dass nur Peter die Nachricht lesen kann, sollten beide ihre Geheimzahl kennen.
Und so wird die Scheibe gebastelt:

- Zeichne nach Bild 1 fünf Kreise. Bestimme den Durchmesser des äußeren Kreises, zum Beispiel 75 mm.
- Rechne: Durchmesser · 3,14 : 26.
  Bei $d = 75$ ergibt die Rechnung: 75 mm · 3,14 : 26 = 9 mm. Schneide eine kleine Schablone aus (Bild 2), die dieses Teilungsmaß als Breite hat. Teile mit Hilfe der Schablone den Kreis in 26 Teile und zeichne sehr genau die 26 Segmente ein (Bild 3).
- Kopiere die Scheibe. Schneide die große Scheibe aus. Schneide entlang des zweiten kleineren Kreises die kleine Scheibe aus.
- Trage das Alphabet in die äußeren Segmente und beliebige Ziffern in die inneren Segmente der großen Scheibe ein (Bild 4).
- Trage das Alphabet in die äußeren Segmente der kleinen Scheibe ein (Bild 5).

- Schneide vorsichtig und genau ein Fensterchen aus der kleinen Scheibe aus. Nimm dazu evtl. ein Teppichmesser oder lass dir vom Lehrer helfen.
- Lege die Scheiben übereinander und stich ein kleines Loch durch den Mittelpunkt.
- Verbinde die Scheiben mit einer Umschlag-Klammer (Bild 6).

Die Geheimsprachen-Maschine ist fertig.

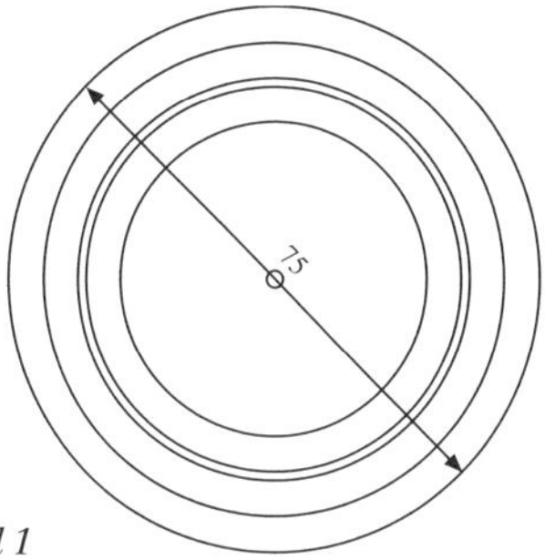

Bild 1

Bild 2

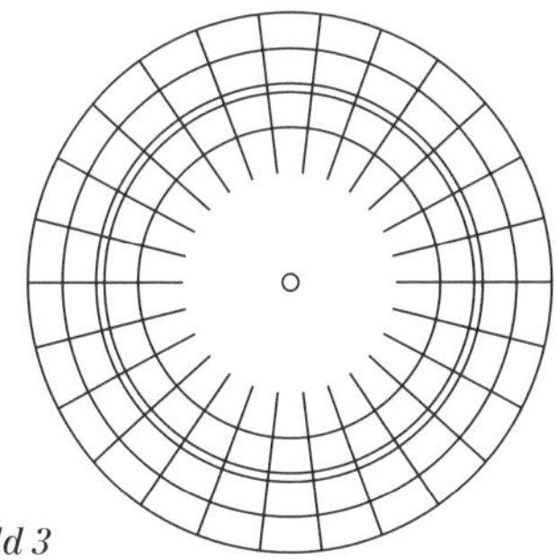

Bild 3

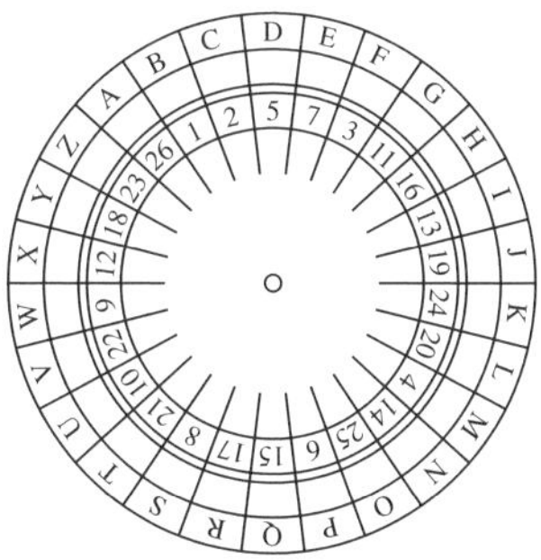

Bild 4

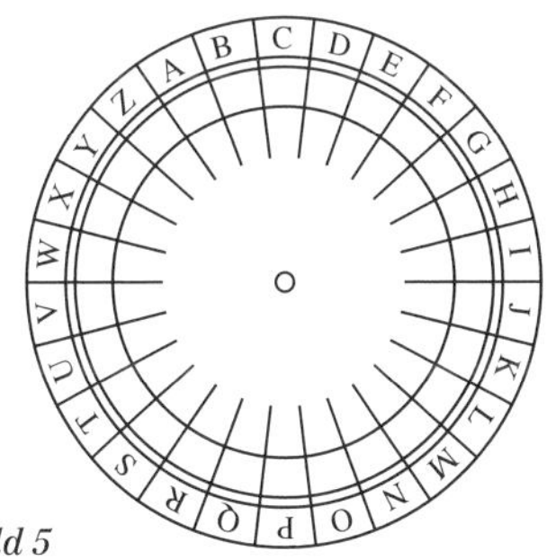

Bild 5

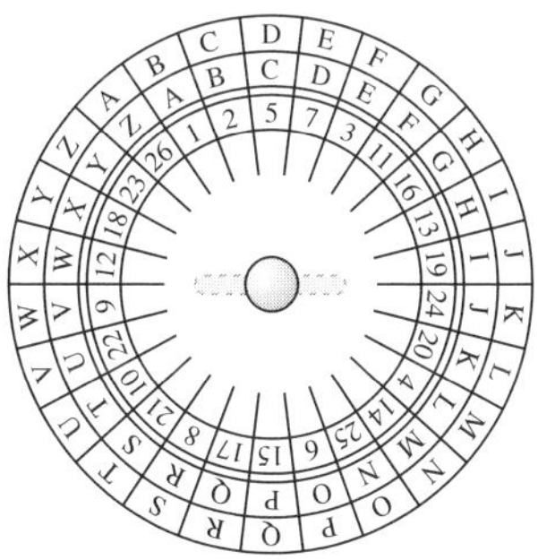

Bild 6

Der Flug des Ahorns

5 – 10 ***Festes Papier, Lineal, Bleistift, Schere***

Wie schafft es der Samen, weit weg von dem Ahornbaum zu fliegen, um sich so einen günstigen Platz zum Aufwachsen zu suchen?

Ganz einfach, er nutzt die Gesetze der Aerodynamik aus. Beim Herunterfallen rotiert er um seinen Schwerpunkt und beschreibt dabei eine spiralförmige Bahn. Durch diese Drehbewegung entsteht eine schnelle Luftströmung und damit oberhalb der kleinen „Flügel“ ein Unterdruck. Wenn man genau hinschaut, sieht man, dass der Ahornflügel leicht angekippt ist und deshalb an der Ober- und Unterseite ein unterschiedlicher Druck entsteht. Der Samen gleitet langsam zur Erde und kann auf seinem Flug von einem leichten Windhauch weit fortgetragen werden.

Wir simulieren den Flug des Ahornsamens mit einem selbst gebastelten Fluggerät. Ein Blatt Papier (gut eignet sich ein DIN-A5-Blatt festes Schreibpapier) schneiden wir entlang der durchgezogenen Linien und falten es entlang der gestrichelten Linien. Flügel 1 wird nach vorn, Flügel 2 nach hinten gebogen, Seitenteil 4 nach innen gefaltet und mit Seitenteil 5 überlappt, dann Teil 6 hochgeklappt (Bild 1). Den fertigen „Propeller“ (Bild 2) lassen wir von einem erhöhten Punkt fallen. Er beginnt zu rotieren und segelt langsam nach unten.

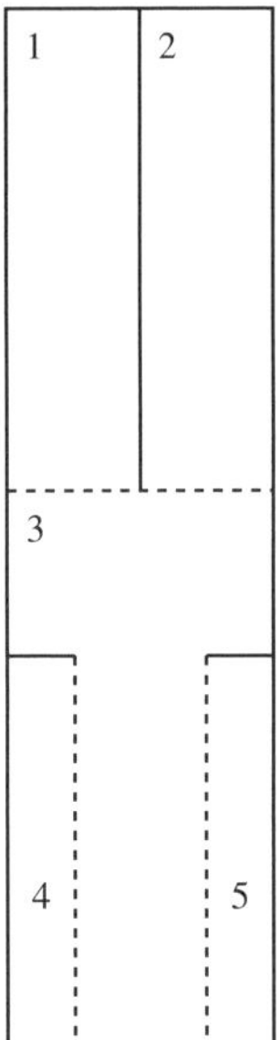

Bild 1

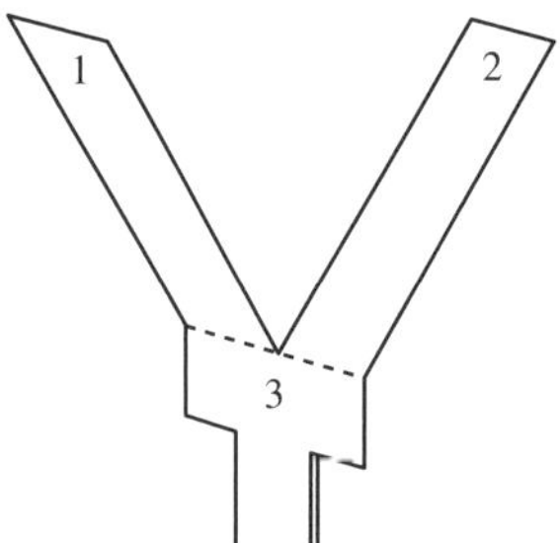

Bild 2

Mit diesem kleinen Experiment kann man auch die „Autorotation" (AR) von Hubschraubern erklären. Fällt der Antriebsmotor aus, kann der Pilot die Rotorblätter auf „AR" stellen und der Hubschrauber segelt wie der Ahornsamen langsam zu Boden. Kurz vor dem Aufsetzen muss der Pilot die Rotorblätter schnell wieder auf Normalstellung bringen, um sanft zu landen.

Lauf-Ei

5–8 ***Pappe, evtl. 2 runde Bierdeckel, Schere, Kleber***

Aus der Abbildung geht schon alles hervor: Du schneidest zwei kreisrunde Scheiben gleicher Größe aus Pappe aus und legst die Mittelpunkte fest. Jetzt machst du mit der Schere einen geraden Schnitt bis in die Mitte der einen Scheibe. Vielleicht musst du zweimal schneiden, denn die Schnittbreite soll etwas weniger als die Pappendicke sein. Schiebe die zweite Scheibe bis zum Mittelpunkt in die erste hinein.

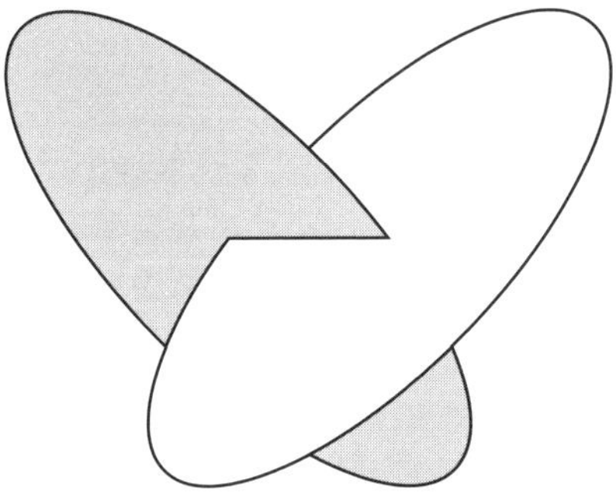

Falls die ineinander gesteckten Scheiben noch wackeln sollten, gib etwas Kleber an die vier Berührungslinien. Stelle das „Lauf-Ei" auf den Tisch und puste leicht. Merkwürdig wankend läuft das Gebilde davon.

Die Größe der Scheiben ist beliebig, von 3 cm Durchmesser bis Bierdeckelgröße und darüber hinaus ist alles möglich. Größere Lauf-Eier kannst du bei Wind draußen auf die Reise schicken.

Neues Lauf-Ei

6 – 8 ***Pappe, Zirkel, Lineal, Bleistift, Schere, Nagel***

Das nächste Lauf-Ei ist ebenfalls schnell gebaut: Aus einem großen Stück Pappe (etwa 30 cm × 30 cm) schneidest du eine kreisrunde Scheibe. Dann zeichnest du mit Zirkel und Lineal nach der Abbildung sechs „Triangel" auf, stichst mit einem Nagel an den Einschnittstellen (A) kleine Löcher und schneidest mit der Schere entlang der durchgezogenen Linien. Entlang der gestrichelten Linien biegst du die Dreiecke hoch – eines auf die eine Seite, eines auf die andere Seite.
In den aufgerichteten Pappstückchen fängt sich der Wind und treibt das Rad vor sich her.

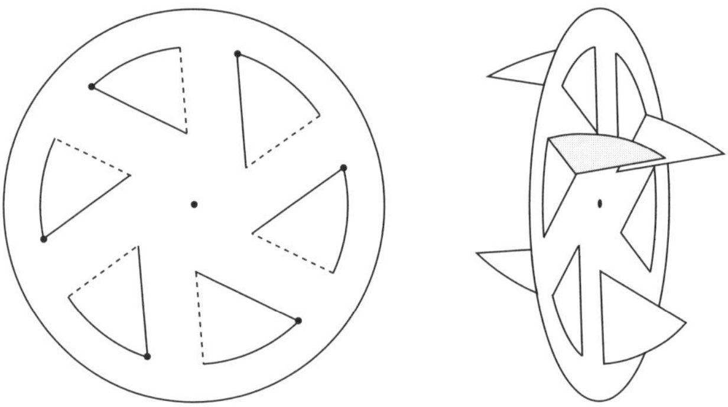

Höhenmessgerät

8 – 10 ***Bastelmaterial nach Beschreibung, Maßband, Taschenrechner***

Im Werkunterricht (falls es diesen noch geben sollte) können die Schüler ein kleines Messgerät basteln, mit dem sie die Höhe von Gebäuden, Bäumen, Masten usw. bestimmen können, wenn einmal die Sonne nicht scheint oder die Schatten unerreichbar sind.

Auf ein 12 cm × 12 cm großes und ca. 0,5 cm dickes Brett wird ein kariertes Blatt geklebt, das die Maße 10 cm × 10 cm hat. Das karierte Blatt schließt mit einer Seite bündig mit dem Brett ab, an beiden Seiten steht das Brett 1 cm über. Auf der unteren Seite, von rechts angefangen, markiert man mit kleinen Strichen eine cm-Einteilung und nummeriert von 1 bis 9. Wenn man genauere Ergebnisse haben will, macht man die Teilung feiner und markiert noch in Millimeter.

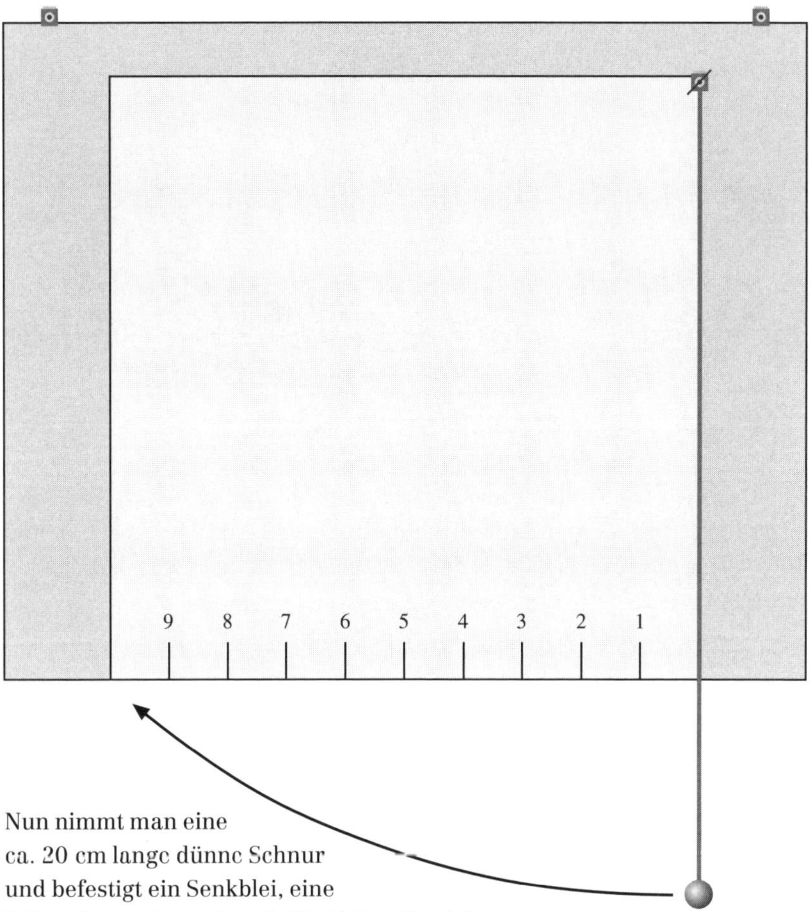

Nun nimmt man eine ca. 20 cm lange dünne Schnur und befestigt ein Senkblei, eine Schraubenmutter oder ein ähnliches Gewicht an dem einen Ende. Das andere Ende wird an eine Heftzwecke befestigt, die man an der rechten oberen Ecke des karierten Papiers angebracht hat. Zum Schluss werden zwei kleine Nägel in die obere Brettkante geschlagen, wie es die Skizze zeigt. Diese Nägel dienen zum Anvisieren des Gegenstandes, dessen Höhe man ermitteln will – sie müssen deshalb gleich weit vorstehen.

Um die Höhe eines Gegenstandes (z. B. eines Baumes) zu messen, richtet man das Messgerät schräg in die Höhe (siehe Abbildung) und peilt über die beiden Nagelköpfe die höchste Spitze des Baumes an. Das Lot hängt nun quer über dem karierten Blatt und schneidet eine Markierung auf der Skala. Ein Helfer notiert die dazugehörige Zahl. Dann wird die Entfernung zum Baum gemessen. Jetzt lässt sich die Höhe leicht ausrechnen:

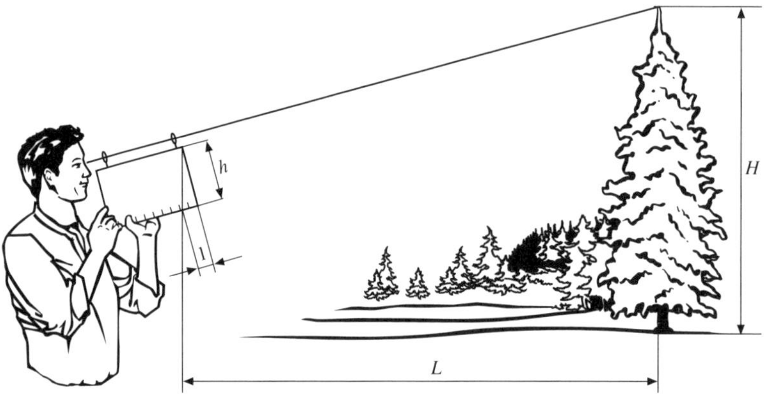

Auch hier gilt der Strahlensatz: *H* verhält sich zu *L* wie *l* zu *h*. *H* ist die gesuchte Höhe des Gegenstandes, *L* die Entfernung zum Messgerät, *h* sind 10 cm, *l* die abgelesene Zahl an der Markierung. Wir stellen nach *H* um:

$$H = \frac{L \cdot l}{h}$$

Angenommen, die Entfernung zu einem Baum beträgt $L = 40$ m und das Lot liegt über der Markierungszahl 3. Dann ergibt sich für die Baumhöhe:

$$H = \frac{40\ \text{m} \cdot 3\ \text{cm}}{10\ \text{cm}} = 12\ \text{m}$$

Da sich beim Anpeilen das Messgerät noch eine bestimmte Höhe (z. B. 1 m) über dem Boden befindet, muss dieser Betrag noch addiert werden: Der Baum ist 13 m hoch.

Schriftübungen

6–10 ***Arbeitsblätter, Vorlagen, Karopapier, Filzstifte; weicher Bleistift oder Füller***

Mit diesen Schriftübungen können Sie die Schüler lange Zeit beschäftigen, ohne dass es ihnen zu langweilig wird. Fangen Sie mit einfachen Übungen an: zuerst ein einzelner Buchstabe, der über eine Reihe geschrieben wird, dann mehrere Buchstaben, dann ganze Sätze.

1. Übung: Blockschrift

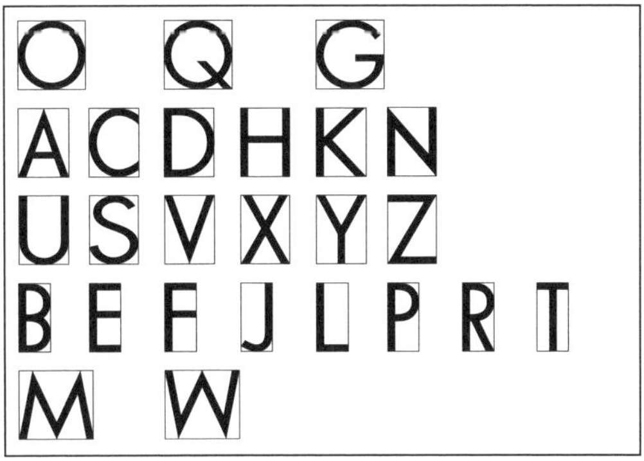

2. Übung: Kursiv A

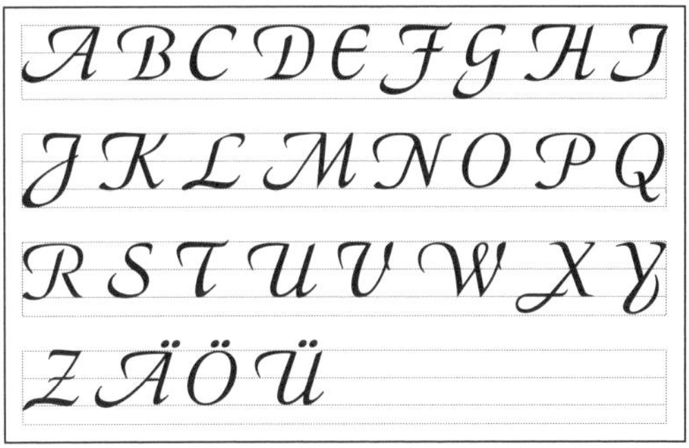

3. Übung: Kursiv B

4. Übung: Schräge Normschrift

Diese Schriftart findet hauptsächlich in technischen Zeichnungen des Bau-, Holz- und Metallgewerbes Anwendung. Die Neigung der Buchstaben beträgt 75°. Mit zwei Zeichendreiecken oder auf kariertem Papier kannst du diesen Winkel bestimmen (siehe Skizze).

5. Übung: Monogramm

Ein Monogramm ist die zeichnerische Zusammensetzung der Anfangsbuchstaben des Vor- und Nachnamens. Fertige verschiedene Motive deines (deines Freundes, deiner Freundin) an und verwende auch verschiedene Schrifttypen. Gestalte die Buchstaben durch Muster, schraffiere sie oder male sie bunt an.

Ein Gesicht verschwindet

5–10 *OHP, Folie nach Muster*

Zum Schluss der Stunde lassen Sie noch schnell ein Gesicht verschwinden: Vergrößern Sie auf dem Kopiergerät die Abbildung und übertragen sie diese auf eine Folie. Mit einem sauberen Schnitt entlang der gestrichelten Linie wird die Folie zerteilt. Sie legen beide Hälften auf den Projektor. Die Schüler sehen sechs Gesichter und zählen auch sechs Nasen. Jetzt verschieben Sie die untere Hälfte nach links: Ein Gesicht ist verschwunden. Nur der Hut ist übrig geblieben. Und wie viele Nasen zählen die Schüler? Fünf.

8. Bewegung

Koordination

7 – 10 ***Parfümflasche***

In einer Vertretungsstunde müssen es nicht immer Spiele, Übungen oder Arbeiten sein, die die kognitiven und affektiven Fähigkeiten Ihrer Schüler fordern. Auch der psychomotorische Bereich sollte nicht vernachlässigt werden. Es folgen einige Übungen, die anschaulich demonstrieren, wie das Gehirn und das Gleichgewichtsorgan mit den Augen und Muskeln zusammenarbeiten und welche Störungen und Abweichungen möglich sind.

Übung 1

Stell dich locker hin und strecke beide Arme waagerecht nach vorn. Dann schließe die Augen und hebe den rechten Arm um etwa 45° schräg nach oben, während dein linker Arm in der waagerechten Stellung bleibt. Diese neue Armhaltung sollst du bei geschlossenen Augen ungefähr 10 Sekunden beibehalten. Dann, bei weiterhin geschlossenen Augen, bringst du den rechten Arm wieder in die horizontale Lage – also parallel zum linken Arm. Öffnest du nun die Augen, wirst du feststellen, dass dein rechter Arm deutlich höher steht als der linke.

Übung 2

Eindrucksvoll ist folgende Übung: Du stellst dich sich so hin, dass du auf einem Bein stehend das andere Bein nach hinten streckst und gleichzeitig einen Arm vorstreckst. Das klappt meist ohne Schwierigkeiten. Dann sollst du die gleiche Stellung bei geschlossenen Augen einnehmen. Siehe da, du fängst sehr schnell an zu wanken und musst dich auf dem anderen Bein abstützen, um nicht hinzufallen.

Übung 3

Schließe die Augen. Strecke mit abgespreizten Zeigefingern die Arme nach rechts und links. Jetzt führe beide Hände gleichzeitig langsam nach vorn. Die beiden Zeigefinger sollen sich in der Mitte treffen. Sei nicht enttäuscht, wenn das nicht auf Anhieb gelingt. Schwieriger ist die Übung, wenn sich beide Finger über dem Kopf treffen sollen oder wenn sich nur ein Finger bewegt.

Übung 4

Versuche deinen Namen zu schreiben und dabei gleichzeitig mit einem Fuß kleine Kreise zu drehen. Du wirst feststellen, dass es fast unmöglich ist, zur gleichen Zeit mit dem Fuß die eingeschlagene Bewegungsrichtung (z. B. rechts herum) einzuhalten. Der Grund ist, dass sich verschieden lokalisierte Bewegungszentren im Kleinhirn nicht ungestört überlagern können.

Übung 5

Stell dich auf das linke Bein und ziehe in der Luft mit dem rechten Fuß kleine Rechtskreise. Zur selben Zeit sollst du mit dem rechten Arm ebenfalls Rechtskreise ausführen. Es wird dir ohne Schwierigkeiten gelingen. Wenn du aber mit dem rechten Fuß Rechtskreise und mit dem rechten Arm Linkskreise beschreiben willst, ist das fast unmöglich. Interessant ist, dass diese Schwierigkeiten nicht auftreten, wenn du mit dem linken Fuß Kreise ziehst und den rechten Arm abwechselnd links- oder rechtsherum drehst. Jetzt kann dein Kleinhirn die unterschiedlichen Bewegungen gut auseinander halten.

Übung 6

Schließe die Hände zu einer lockeren Faust und lege Hände und Unterarme aneinander. Die Knöchel der einen Hand sollen die Knöchel der anderen Hand berühren. Nun spreize die beiden Ringfinger ab und lege sie mit den Fingerspitzen wieder gegeneinander. Die Knöchel sollen sich weiterhin berühren. Jetzt versuche, die Ringfinger zu trennen. Es wird keinem Menschen gelingen.

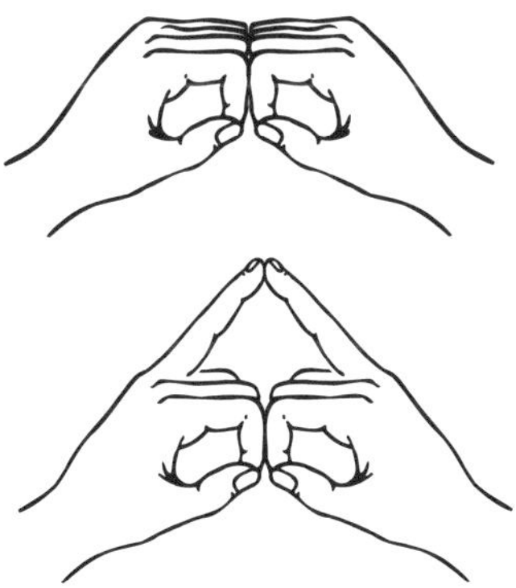

Zum Schluss der Stunde stellen Sie eine auffällige Parfümflasche, die nur Wasser enthält, auf den Lehrertisch und öffnen den Verschluss.

„Wir wollen messen, wie schnell sich der Geruch im Klassenzimmer ausbreitet. Sofort, wenn ihr Parfümgeruch feststellt, meldet euch."

Nach kurzer Zeit des Schnüffelns meldet sich bestimmt ein Schüler. Dann dauert es nicht mehr lange, bis auch der letzte Schüler den Phantomgeruch anzeigt. Die Überraschung ist dann groß, wenn Sie das Geheimnis preisgeben. Eine gewisse Enttäuschung bei den Schülern ist nicht zu vermeiden.

Blindgänger

5–10 ***Stock, Augenbinde, Maßband, Münze***

Ein Stock, eine Augenbinde, ein Geldstück und ein Maßband – mehr brauchen Sie nicht für dieses lustige und spannende Spiel. Sie können es im Freien, in der Pausenhalle oder sogar im Klassenraum spielen. Eine gelungene Vertretungsstunde ist Ihnen sicher.

Sie legen die Münze als Markierung auf den Boden. Dann lassen Sie sich die Augen verbinden. Sie nehmen den Stock und ein Schüler führt die Stockspitze auf das Geldstück. Jetzt gehen Sie los (ein Schüler kommandiert):

Zehn Schritte geradeaus, dann rechtsum und wieder zehn Schritte nach rechts. Und wieder einen 90°-Schwenk nach rechts und noch einmal zehn Schritte gehen und dann zum letzten Mal rechtsum und zehn Schritte gehen. Jetzt müssten Sie doch wieder am Ausgangspunkt sein? Sie stechen mit der Stockspitze auf den Boden – dorthin, wo Sie die Münze vermuten. Dann nehmen Sie die Augenbinde ab.

Ein Schüler misst die Entfernung zum tatsächlichen Liegeplatz der Münze und notiert das Ergebnis. Der Nächste ist an der Reihe ...

Stuhl-Rennen

8 – 10 ***Stabile Stühle***

Dieses Spiel sollten Sie nur ausführen, wenn a) die Schüler diszipliniert und einigermaßen beweglich sind und b) stabile Stühle zur Verfügung stehen.

Start- und Ziellinie sind markiert. Zwei Mannschaften, die aus je zwei Schülern und zwei Stühlen bestehen, stehen an der Startlinie. Die beiden Schüler stehen dicht an dicht auf einem Stuhl – den anderen Stuhl hält einer der beiden an der Lehne. Und los geht das Rennen. Der mitgeführte Stuhl wird abgesetzt und die beiden Schüler wechseln ihren Platz, ohne den Boden zu berühren, und stellen sich auf diesen Stuhl. Sie nehmen den ersten Stuhl und setzen ihn ein Stück weiter in Richtung Ziellinie und wechseln wieder ihren Platz.

Sie sollten als Spielleiter auch eine Begründung für diese ungewöhnliche Art der Vorwärtsbewegung geben: „Auf dem Boden wimmelt es von giftigen Schlangen und anderen gefährlichen Kriechtieren. Ihr müsst gemeinsam auf Stühlen euer Ziel erreichen.“

Zielwerfen

5–10 ***Softbälle, Getränkedosen, Papierkorb, Steine, Kreide***

1. Leere Getränkebüchsen sind in einer langen Reihe aufgebaut. In 5 m Abstand steht der Schütze hinter einem Tisch. Als Wurfgeschoss dienen Softbälle, die Sie Ihrer Materialkiste für Vertretungsstunden entnehmen. Sieger ist, wer mit fünf Bällen die meisten Treffer erzielt hat. Ein Schüler führt Protokoll.

2. Ein Papierkorb dient als Zielobjekt. Wieder versuchen die Schüler, aus 5 m Entfernung fünf Softbälle in den Papierkorb zu werfen. Herausgesprungene Bälle werden als Punkt gezählt. Schwieriger ist es, wenn Sie statt der Softbälle Tennisbälle nehmen.

3. Jeder Mitspieler hat fünf Steine gesammelt. Es kommt nun darauf an, jeden Stein in ein bestimmtes Feld zu werfen, wo er dann auch liegen bleiben muss. Vorher haben Sie die Felder markiert: entweder mit Kreide auf dem Asphaltboden des Schulhofes oder mit Strichen auf dem Sandplatz. Es werden die Punkte (entsprechend der Skizze) gezählt. Eines ist ganz klar: Je weiter das Feld entfernt ist, desto schwieriger ist es, Punkte zu gewinnen. Aber die weit entfernten Felder bringen die meisten Punkte. Liegen mehrere Steine in einem Feld, gilt nur einer.

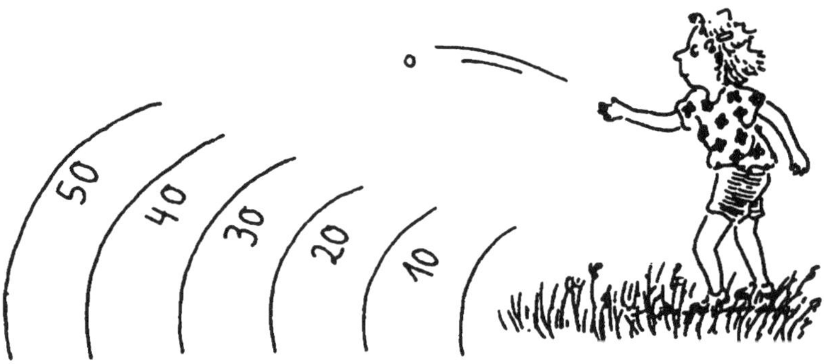

9. Vermischtes

Test: Konzentriere dich beim Kopfrechnen

9 – 10 ***Kopfrechenaufgabe***

Nimm 1 000. Zähle 40 hinzu. Nochmals 1 000 hinzuzählen. 30 hinzuzählen. Nochmals plus 1 000. Plus 20. Plus 1 000. Und plus 10.

Ist deine Summe 5 000? Rechne noch einmal nach und vergleiche dann mit der Lösung.

Lösung:
Ist deine Summe tatsächlich 5 000? Ich stelle die Aufgaben noch einmal. Immer noch 5 000? Dann rechne jetzt mit dem Taschenrechner. Die richtige Lösung ist 4 100!

Hier hilft nur probieren

9 – 10 ***Arbeitsblatt***

Du sollst in die acht Quadrate die Zahlen von 1 bis 8 so eintragen, dass weder horizontal, vertikal noch diagonal eine Zahl angrenzt, die direkt aufeinander folgt.

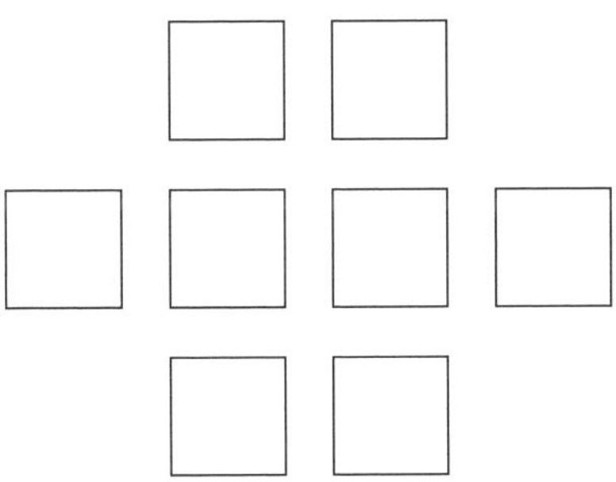

Lösung:

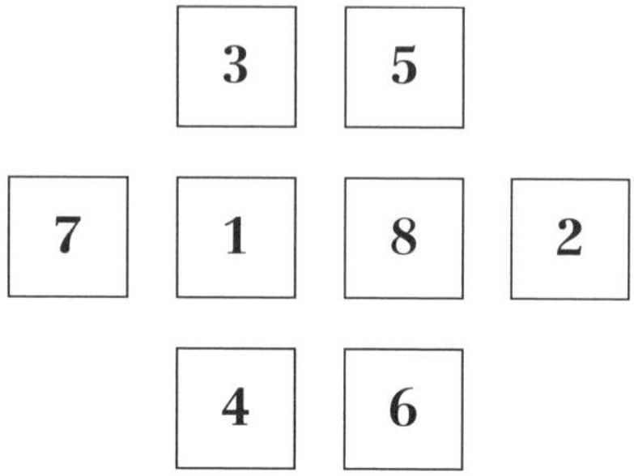

Nicht verwirren lassen

9 – 10 *Tafelbild*

Wie lang ist die Diagonale *BD*?

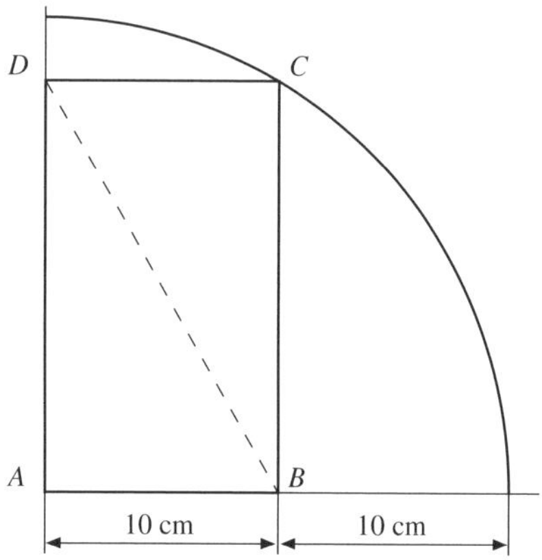

Lösung:
AC ist ebenfalls die Diagonale des Rechtecks *ABCD*. Und das ist auch der Radius des Viertelkreises: 20 cm.

Versuch und Irrtum mit Messern

8 – 10 ***Drei gleiche Messer und drei gleiche Flaschen, Wasserglas o. Ä.***

Sie stellen die drei Flaschen so auf den Tisch, dass sie ein gleichseitiges Dreieck bilden. Der Abstand von Flasche zu Flasche muss etwas größer (ca. 5 cm) sein als die Länge eines Messers.

„Baue nun eine Plattform, indem du die drei Messer auf die drei Flaschenöffnungen legst. Die Plattform soll in der Lage sein, ein Wasserglas zu tragen. Beobachte deine Vorgehensweise! Nach zwei oder drei Fehlversuchen wirst du wahrscheinlich die Lösung finden.“

Lösung:

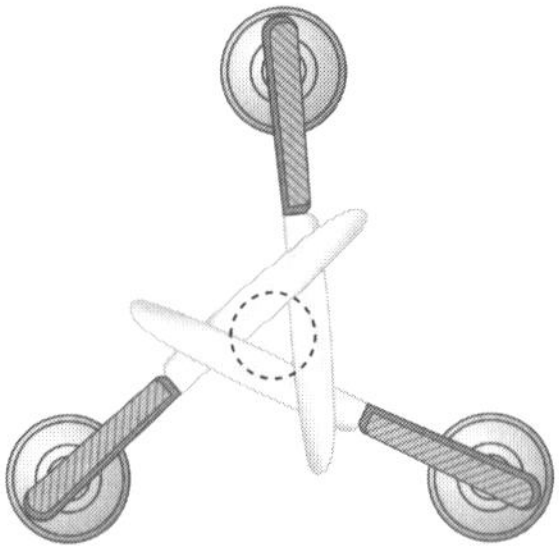

8 – 10 ***Vier gleiche Messer und vier gleiche Flaschen, Wasserglas o. Ä.***

Jetzt stellen Sie vier Flaschen so auf den Tisch, dass sie ein Quadrat bilden. Der Abstand von Flasche zu Flasche soll wieder etwas größer (ca. 5 cm) sein als die Länge eines Messers.

„Baue nun eine Plattform, indem du die vier Messer auf die vier Flaschenöffnungen legst. Die Plattform soll in der Lage sein, ein Wasserglas zu tragen.“

Lösung:

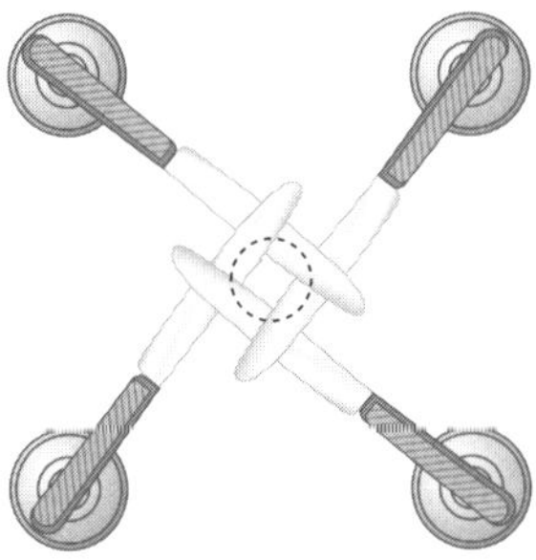

Gerechte Teilung

9 – 10

Ein Mexikaner hat 17 Pferde. Nach seinem Tode lesen seine Söhne das Testament: „Mein erster Sohn soll die Hälfte der Pferde erhalten, mein zweiter Sohn ein Drittel und mein dritter Sohn ein Neuntel.“

Die Söhne rechnen hin und her und kommen zu keinem Ergebnis, denn ein Pferd schlachten wollen sie auch nicht. Da kommt eines Tages ein fremder Reiter in das Dorf. Er hört von der schwierigen Erbschaft und findet eine *Lösung*: Er gibt sein Pferd zu den 17 Pferden, so dass es jetzt 18 Pferde sind. Der erste Sohn bekommt die Hälfte, also 9 Pferde. Der zweite Sohn ein Drittel, das sind 6 Pferde und der dritte Sohn ein Neuntel, das sind 2 Pferde. Zusammengezählt sind es 9 + 6 + 2 = 17 Pferde. Mit dem übrig gebliebenen Pferd reitet der Fremde wieder davon.

Wer findet die Erklärung?

Lösung:
Der Trick liegt darin, dass $^1/_2 + {}^1/_3 + {}^1/_9$ nicht ein Ganzes ergeben. Erst wenn noch $^1/_{18}$ hinzugezählt wird, kommt 1 heraus.

Der schlaue Radfahrer und sein Freund

10

Klaus und Ede haben nur ein einziges Fahrrad und wollen möglichst schnell von Celle ins 18 km entfernte Bergen. Und sie wollen auch gemeinsam ankommen. Das Fahrrad kann aber nur von einer Person gefahren werden. *Frage:* Wie können beide möglichst schnell in Bergen ankommen?

Lösung:
Klaus fährt mit dem Fahrrad bis zur Hälfte der Strecke, stellt das Fahrrad am Straßenrand ab und geht zu Fuß weiter. Ede geht los, bis er das Rad am Straßenrand findet. Mit diesem fährt er nun bis nach Bergen, wo beide gleichzeitig eintreffen. Sie glauben nicht, dass sie erhebliche Zeit sparen? Machen wir eine einfache Rechnung:
Nehmen wir an, beide sind gute Fußgänger und schaffen 6 km in der Stunde. Auf dem Fahrrad sind sie dreimal schneller, schaffen also 18 km/h. Klaus fährt mit 18 km/h los und nach 9 km (der Hälfte der Strecke) und 30 Minuten Fahrt geht er zu Fuß weiter. Für die noch vor ihm liegenden 9 km braucht er 90 Minuten, zusammen 120 Minuten oder 2 Stunden.

Ede geht zuerst die 9 km (dafür braucht er 90 Minuten) und fährt dann 30 Minuten. Sie kommen also gleichzeitig an. Schade nur, dass das Fahrrad eine Stunde ungenutzt am Wegesrand steht. Auch wenn beide die Geh- und Fahrstrecken vierteln, brauchen sie 2 Stunden.

Gläser tauschen

8 – 10 *6 Gläser, Wasser*

Vor dir stehen in einer Reihe sechs Gläser; drei davon sind mit Wasser gefüllt, drei sind leer. Die drei vollen und die drei leeren Gläser stehen nebeneinander, wie es die Abbildung zeigt. Verändere nun die Reihe so, dass sich volle und leere Gläser abwechseln. Du darfst aber nur ein Glas bewegen!

erst so dann so

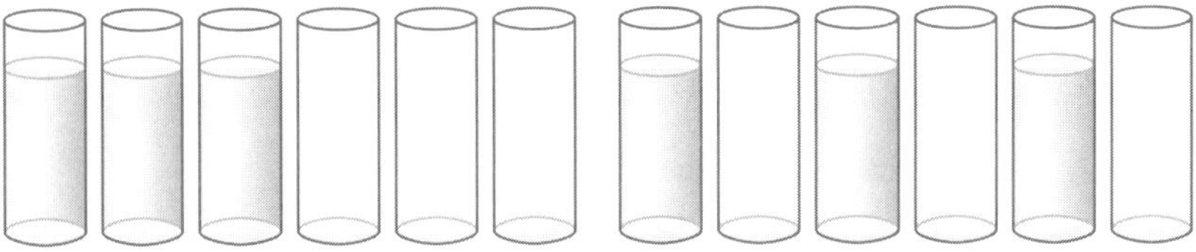

Lösung:
Du nimmst das zweite volle Glas und gießt das Wasser in das fünfte Glas (niemand hat behauptet, dass Umfüllen verboten ist).

Münzen verschieben

7 – 10 *Zehn gleiche Münzen, evtl. Spielmarken*

Vor dir liegen als Pyramide aufgebaut zehn gleiche Münzen. Du sollst nun durch Verschieben von *drei* Münzen diese Pyramide auf den Kopf stellen.

Lösung:

Nicht voreilig schließen

8 – 10

Der Vater von Monika hat fünf Töchter. Sie heißen Lala, Lele, Lili und Lolo. *Frage:* „Wie heißt wohl die fünfte Tochter?"

Kurz nachdenken und die Antwort überprüfen! Lulu? Falsch. Monika natürlich.

Zauberlehrer

6 – 10 ***Papierstreifen, 2 Büroklammern***

In der letzten Minute vor Ferienbeginn führen Sie den Schülern noch ein Zauberkunststück vor: Sie verhaken zwei Büroklammern ineinander, ohne sie zu berühren.

- Sie falten den Papierstreifen (der etwa die Größe eines Zehn-Euro-Scheines hat) nach Bild 1 in drei Teile.
- Sie befestigen die beiden Büroklammern nach Bild 2.
- Halten Sie den Papierstreifen an den beiden Rändern fest.
- Ziehen Sie dann mit einem Ruck den Streifen auseinander (Bild 3).

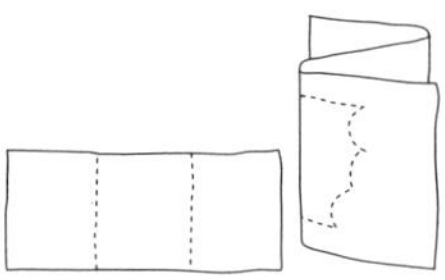

Bild 1

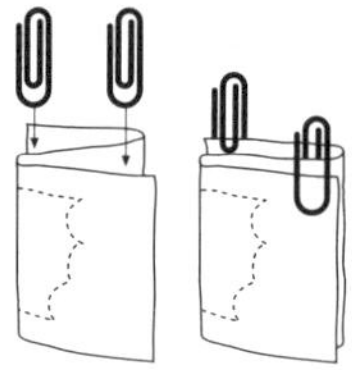

Bild 2

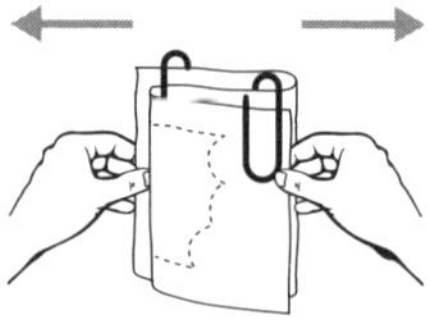

Bild 3

Bild 4

Oh Wunder: Die beiden Büroklammern fliegen davon und hängen aneinander (Bild 4)!

Anhang

1. Arbeitsblatt: „Es verhält sich“

1	Uhr	: Zeit	= Metermaß	:
2	Ganzes	: Teil	= Haus	:
3	Mauer	: Baustein	= Satz	:
4	Henne	: Ei	=	: Milch
5	Not	: Gabe	= Unglück	:
6	Schule	: Lehrer	= Krankenhaus	:
7	Berg	: Gebirge	= Einzelner	:
8	Papier	: Schere	=	: Säge
9	wiegen	: Gewicht	= messen	:
10	Bett	: liegen	=	: sitzen
11	Auto	: fahren	= Pferd	:
12	Gabel	: Küche	=	: Tankstelle

Lösung:

1 Länge | 2 Zimmer | 3 Wörter | 4 Kuh | 5 Hilfe | 6 Arzt | 7 Gruppe
8 Holz | 9 Länge | 10 Stuhl | 11 reiten | 12 Schwamm

2. Arbeitsblatt: „Es verhält sich“

1	Luft	: Vogel	= Wasser	: ____________
	Schlange, Schiff, Fisch, Welle, Wind			
2	Wüste	: Sand	= See	: ____________
	Wasser, Sonne, Land, Meer, Wind			
3	Freizeit	: Hobby	= Arbeit	: ____________
	Ruhe, Anstrengung, Einkommen, Beruf, Mühe			
4	Uhr	: Zeit	= Metermaß	: ____________
	Zeiger, Meter, Länge, Zifferblatt, Zollstock			
5	Kreis	: Quadrat	= Kugel	: ____________
	Ellipse, Würfel, Rechteck, Zylinder, Fläche			
6	Bluse	: Hemd	= Stiefel	: ____________
	Hut, Hose, Rock, Jacke, Schuhe			
7	Wein	: Traube	= Brot	: ____________
	Getreide, Mehl, Bäcker, Ofen, Teig			
8	Berg	: Gebirge	= Baum	: ____________
	Zweig, Blatt, Wald, Wiese, Rinde			
9	Suppe	: Salz	= Witz	: ____________
	Humor, Lachen, Pointe, Ironie, Komik			
10	Rauchzeichen	: Telefon	= Ochsenkarren	: ____________
	Telegramm, Last, Eisenbahn, Rad, Flugzeug			
11	Kapitel	: Absatz	= Satz	: ____________
	Buchstabe, Bedeutung, Überschrift, Wort, Aussage			
12	Obst	: Birne	= Getreide	: ____________
	Mais, Gemüse, Apfel, Nahrung, Halm			
13	Wärme	: Hitze	= Wut	: ____________
	Trauer, Ärger, Trübsinn, Mörder, Hass			
14	glauben	: wissen	= behaupten	: ____________
	ahnen, beweisen, meinen, bestreiten, denken			
15	Benzin	: Erdöl	= Stahl	: ____________
	Blech, Kupfer, Eisen, Erz, Metall			
16	Erfolg	: Leistung	= Strafe	: ____________
	Urteil, Gesetz, Verbrecher, Verbrechen, Richter			

Lösungen:

1 Fisch | 2 Wasser | 3 Beruf | 4 Länge | 5 Würfel | 6 Schuhe | 7 Getreide | 8 Wald | 9 Pointe | 10 Eisenbahn | 11 Wort | 12 Mais | 13 Hass | 14 beweisen | 15 Erz | 16 Verbrechen

1. Arbeitsblatt: „Außenseiter“

7 – 10 *Folie, OHP, evtl. Tafelanschrieb*

	a	b	c	d
1	Gefährte	Freund	Kamerad	Mitglied
2	Kirche	Moschee	Religion	Tempel
3	Ständer	Gerüst	Pfeiler	Säule
4	makellos	sinnlos	fehlerlos	einwandfrei
5	behände	flink	hurtig	gescheit
6	unartig	unbeholfen	ungezogen	frech
7	heiter	vergnügt	ausgelassen	zufrieden
8	nützen	helfen	beaufsichtigen	heilen
9	abhalten	belauern	verwehren	hindern
10	langweilig	andauernd	immer	ständig
11	kühl	gefroren	frisch	kalt
12	hungrig	ärmlich	dürftig	karg
13	kaufen	zahlen	erwerben	anschaffen
14	dreist	keck	schlau	frech
15	überlegen	angeben	protzen	prahlen
16	ausprobieren	auswählen	erproben	prüfen
17	raufen	prügeln	brüllen	schlagen
18	misshandeln	quälen	martern	dressieren
19	heimzahlen	prügeln	rächen	vergelten
20	vollständig	allseitig	ganz	restlos
21	riesig	gewaltig	gewaltsam	ungeheuer
22	schimmern	beleuchten	funkeln	glitzern
23	häufig	wiederholt	oft	immer

Lösung:

1d | 2c 3b | 4b | 5d | 6b | 7d | 8c | 9b | 10a | 11b | 12a | 13b | 14c
15a | 16b | 17c | 18d | 19b | 20b | 21c | 22b | 23d

2. Arbeitsblatt: „Außenseiter“

9–10 *Folie, OHP, evtl. Tafelanschrieb*

	a	b	c	d
1	vermögend	wohlhabend	überflüssig	reich
2	religiös	glaubhaft	fromm	gläubig
3	wittern	riechen	schnuppern	suchen
4	glänzend	rein	blank	sauber
5	missglücken	versehen	fehlschlagen	scheitern
6	Vergnügen	Freude	Spaß	Ferien
7	Junge	Früchtchen	Knabe	Bub
8	Wolle	Zwirn	Garn	Stoff
9	Pflock	Pfahl	Stamm	Pfosten
10	Aussprache	Ansprache	Rede	Vortrag
11	Sprung	Riss	Spalte	Bruch
12	Stille	Nacht	Ruhe	Friede
13	Schimmer	Glanz	Strahlen	Schein
14	Ozean	Gewässer	Meer	See
15	Schneid	Mut	Tapferkeit	Held
16	Rundfunk	Nachricht	Kunde	Botschaft
17	Bund	Ballen	Paket	Bündel
18	Rast	Unterbrechung	Ruhe	Pause
19	Jux	Fasching	Scherz	Spaß
20	Schande	Schimpf	Scheu	Schmach
21	Fehlschlag	Versager	Unding	Misserfolg
22	Gefecht	Kampf	Scharmützel	Sieg
23	Nachfrage	Erlaubnis	Billigung	Genehmigung
24	Apfel	Birne	Traube	Pflaume

Lösung:

1c | 2b | 3d | 4a | 5b | 6d | 7b | 8d | 9c | 10b | 11d | 12b | 13c | 14b
15d | 16a | 17c | 18c | 19b | 20a | 21c | 22d | 23a | 24c

Lösung von S. 99:

Herrenfahrrad – Kinderfahrrad

Das Dynamorädchen hat meist einen Durchmesser von 20 mm oder 0,02 m. Die Geschwindigkeit von 18 km/h ist gleichbedeutend mit 5 m/s. Die Formel ist bekannt: v = d
Nach der Drehzahl *n* umgestellt:
Umdrehungen pro Sekunde
oder etwa 5 000 Umdrehungen pro Minute.

Lösung von S. 31:

Wo liegt Bielefeld?

Arbeitsblatt: Tangram

1. Kopiervorlage: Merkfähigkeit

Lösung: 2V, 3J und F | 4Z, O und L | 5 Zimmer, M, A und U

2. Kopiervorlage: Merkfähigkeit

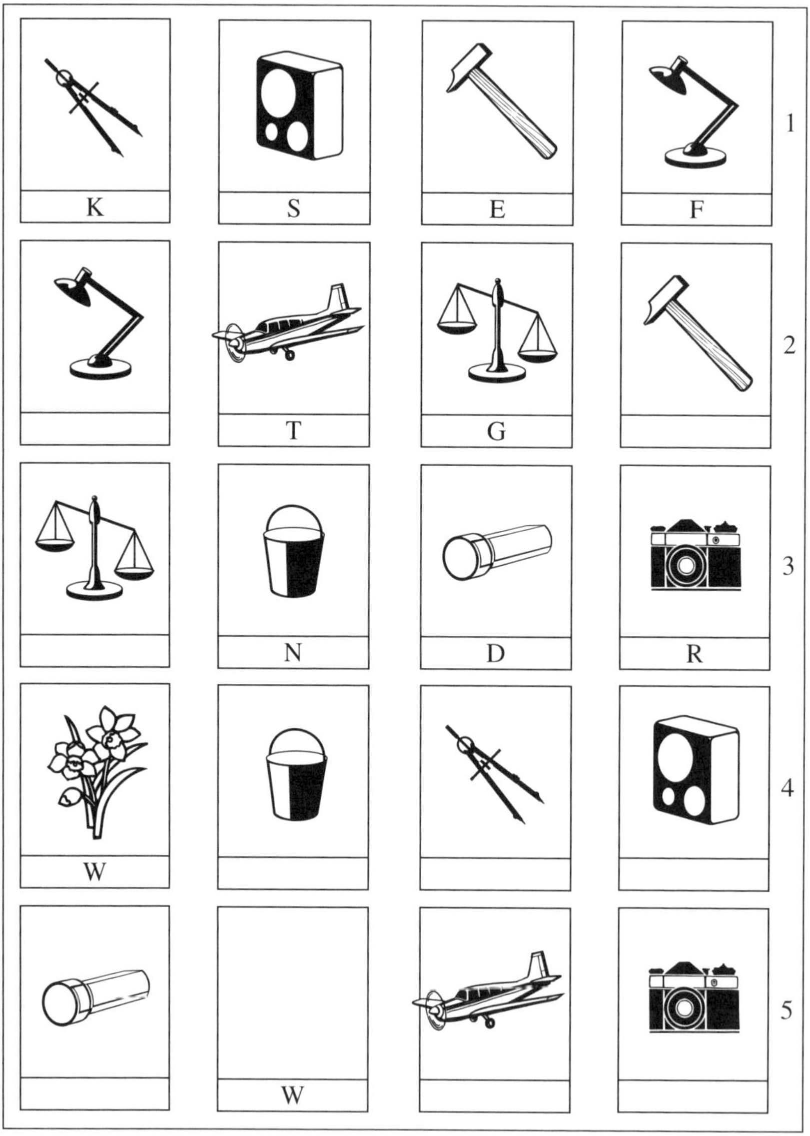

Lösung: 2F und E | 3G | 4N, K und S | 5D, Blume, T und R